Thüringen – Führer

Zur Erinnerung an
Ihren 60. Geburtstag
und an die Zeit der
Wiedervereinigung.
Ihr
Günther [illegible]
Sept. 1990

LAND
THÜRINGEN

Thüringen-Führer

Ausflugsziele
Sehenswürdigkeiten, Veranstaltungen,
Kunst und Kultur

von
Axel Schneider

Wartberg Verlag

Fotos: Andreas Vogt

1. Auflage 1990

Umschlaggestaltung: Marja Metz
Druck: Thiele und Schwarz, Kassel
Buchbinderische Verarbeitung: Kilanowski, Kassel

3505 Gudensberg-Gleichen, Im Wiesental 1, Tel.: 05603/4451
ISBN 3-925277-48-X

Inhalt

Übersichtskarte Thüringen

Weitere Übersichtskarten mit den dazugehörigen Kreisen und Orten für die Bereiche:

- Nord (Seite 210)
- West (Seite 212)
- Mitte (Seite 214)
- Ost (Seite 216)
- Süd (Seite 218)

Vorwort

Der „Thüringen-Führer" wendet sich an Urlauber und Ausflügler, die das „grüne Herz Deutschlands" entdecken möchten. Das Land zwischen Südharz, Rhön und Frankenwald, zwischen Werra und Weißer Elster bietet eine Vielfalt an Sehenswürdigkeiten, Kultur- und Freizeitstätten. Nicht nur der Thüringer Wald, sondern auch kleinere Gebirgszüge wie Dün, Hainich und Kyffhäuser bieten Wanderern, Wintersportlern und Erholungssuchenden abwechslungsreiche Landschaftsbilder. Die reizvollen Täler von Ilm, Unstrut und Saale, alte Burgen und imposante Schlösser, Talsperren und Seen, berühmte Städte und idyllische Dörfer finden sich im Südwesten der DDR. Nach der Ostsee gehört Thüringen zum beliebtesten Urlaubsziel im anderen deutschen Staat.

In knapper Form werden über 250 Städte und Gemeinden auf den folgenden Seiten präsentiert. Der „Thüringen-Führer" will damit auch auf wenig bekannte Orte abseits der ausgetretenen Pfade hinweisen. Neben kurzen geschichtlichen und geographischen Angaben enthalten die Ortsbeschreibungen konkrete Hinweise auf Museen (mit Öffnungszeiten), sehenswerte Gebäude, Parks und touristisch interessante Freizeitstätten. Tips für Gaststätten, das Veranstaltungsangebot und Ausflüge runden die Information ab. Sternchen (✻) verweisen auf nahegelegene Orte, die ebenfalls einen Abstecher lohnen. Ein umfangreiches Register erleichtert nicht nur Orientierung, sondern weist auf Hotels, Jugendherbergen, Campingplätze und Sehenswürdigkeiten hin.

Während diese Broschüre entstand, befand sich das Land im Umbruch vor den ersten freien Wahlen. Die Wiederherstellung der alten Länder (Sachsen, Sachsen-Anhalt, Brandenburg, Mecklenburg und Thüringen) mit einer umfassenden Gebiets- und Verwaltungsreform zeichnete sich bereits ab. So kann es sein, daß die politischen Veränderungen auch rasche Neuerungen im touristischen Bereich mit sich führen: Gaststätten, Hotels, Parks und Straßen, die bislang nach Marx, Liebknecht, Thälmann und anderen benannt worden waren, erhalten neue Namen; Öffnungszeiten ändern sich; neue Kultur- und Freizeitstätten entstehen, alte werden geschlossen.

Die gebotenen Informationen basieren auf dem Stand vom Januar 1990. Für Berichtigungen und Verbesserungsvorschläge ist der Wartberg Verlag Peter Wieden, Im Wiesental 1, 3505 Gudensberg-Gleichen, stets dankbar.

Benutzerhinweis

Zur besseren Orientierung für die Benutzer des „Thüringen-Führers“: Alle Kreisstädte haben in der Rubrik „Ausflüge“ Hinweise auf alle im Kreis bzw. in der näheren Umgebung gelegenen Orte, die alphabetisch im Text eingeordnet sind. Zur individuellen Planung einer Tour in die Umgebung ist es ratsam, auch dort nachzuschlagen und den Verweisen zu folgen.

Wer vom Harz oder aus dem Raum Göttingen nach Thüringen einreist, kommt zunächst nach *Nordthüringen.* Dieser Raum nördlich der Unstrut umfaßt die Kreise:
Bad Langensalza, Heiligenstadt, Mühlhausen, Nordhausen, Sömmerda, Sondershausen, Worbis und den Raum Bad Frankenhausen (der im Bezirk Halle liegt).

Reisende aus Hessen kommen nach *Westthüringen,* zu dem folgende Kreise zugeordnet werden:
Eisenach, Gotha, Bad Salzungen, Meiningen, Schmalkalden, Suhl-Land, Suhl-Stadt.

Wer aus Nordbayern bzw. Franken anreist, erreicht *Südthüringen,* wozu die genannten Kreise gehören:
Hildburghausen, Ilmenau, Lobenstein, Neuhaus am Rennweg, Saalfeld, Schleiz, Sonneberg.

Im Thüringer Becken zwischen Saale, Unstrut und Thüringer Wald liegen die Kreise *Mittelthüringens:*
Apolda, Arnstadt, Erfurt-Land, Erfurt-Stadt, Jena-Land, Jena-Stadt, Rudolstadt, Weimar-Land, Weimar-Stadt.

Östlich der Saale befindet sich *Ostthüringen* mit den Kreisen:
Eisenberg, Gera-Land, Gera-Stadt, Greiz, Pößneck, Stadtroda, Zeulenroda, sowie Altenburg und Schmölln (beide im Bezirk Leipzig).

Am Ende des Buches (Seite 210–218) befinden sich zu den einzelnen Gebieten Übersichtskarten, in denen alle erwähnten Kreise und Ortschaften aufgeführt sind.

Allstedt

(Kreis Sangerhausen, Bezirk Halle)

Die kleine Stadt (4300 Einwohner) wurde 777 erstmals als Burg urkundlich erwähnt. Die Festung bauten die Grafen von Mansfeld als Schloß aus. Thomas Müntzer hielt in der Schloßkapelle am 13. Juli 1524 seine „Fürstenpredigt", in der er den Adel aufforderte, für eine wirkliche Reformation einzutreten. Allstedt gehörte von 1741-1920 zu Sachsen-Weimar. Bis 1920 existierte hier ein bekanntes Pferdezucht-Gestüt („Allstedter Rappe").

Museum

Um einen sechseckigen Hof gruppiert sich die Burganlage mit Wohn- und Wirtschaftsgebäuden. Im Ostflügel liegt die Thomas-Müntzer-Gedenkstätte (Di-Fr 10.00-12.00 und 13.00-16.00, Sa,So 14.00-17.00). Sie dokumentiert das Wirken des Predigers in der damals kursächsischen Stadt.

Sehenswert

Das Rathaus am Markt stammt aus der 2. Hälfte des 15. Jhs. Im Gebäude kann man eine Heimatstube und die reiche Innenausstattung sowie eine moderne Müntzer-Büste von Zeiner (1975) besuchen. Aus dem 12. Jh. stammt die Pfarrkirche St. Wigperti, in deren Turm Müntzer gewohnt hat. Heute bestehen dort Arbeits- und Ausstellungsmöglichkeiten moderner Künstler. Die St. Johanniskirche wurde 1775 errichtet, der Taufstein stammt aus dem 16. Jh.

Ausflüge

✻ Bad Frankenhausen

Altenburg

(Kreisstadt im Bezirk Leipzig)

Die 1.000jährige Kreis- und ehemalige Residenzstadt im Osten Thüringens hat heute 55.000 Einwohner. Altenburg wurde als Marktsiedlung niedersächsischer Kaufleute erstmals 976 urkundlich erwähnt. Im Mittelalter war die Stadt an der Pleiße im Süden der Leipziger Bucht ein wichtiger Handelsplatz. Von 1603-1672 und von 1826-1918 war sie die Residenz des Herzogtums Sachsen-Altenburg. Zwischen 1810 und 1818 wurde hier das Skatspiel erfunden. Als Stadt der Spielkartenherstellung und als Sitz des „Skatgerichts", dessen Entscheidungen international anerkannt werden, ist Altenburg bekannt. Heute wird nördlich der Stadt Braunkohle abgebaut, Arbeitsplätze bietet auch die Papierindustrie, ferner gibt es pädadogische und landwirtschaftliche Fachschulen.

Museen

„Mauritianum", Naturkundliches Museum im „Park des Friedens" (Schloßpark), Parkstraße 1, geöffnet Mo bis Fr 8.00-12.00 und 13.00-17.00, So 10.00-17.00. In dem 1908 eröffneten Haus befinden sich die Sammlungen der „Naturforschenden Gesellschaft des Osterlandes zu Altenburg", der auch Brehm und Humboldt angehörten.

Schloß- und Spielkartenmuseum, Schloß II, geöffnet Di-So 9.00-17.00. Die Spielkartenausstellung ist die weltweit größte Sammlung, zu sehen ist auch eine Kartenmacherwerkstatt aus dem Jahr 1600. In den historischen Räumen befinden sich außerdem Ausstellungen zur Ur- und Frühgeschichte, zur Stadtentwicklung, eine Waffen- und Porzellansammlung.

Lindenau-Museum, Ernst-Thälmann-Straße 5, geöffnet Di-So 9.00-12.30 und 13.30-17.00. Eine der wertvollsten Kunstsammlungen in der DDR. Schwerpunkte sind: etruskische Tongefäße (700-400 v. Chr.), italienische Tafelmalerei der Renaissance, deutsche Malerei seit dem 15. Jh., mit Arbeiten von Cranach, Liebermann, Barlach, Dix, Kollwitz und Heisig.

Sehenswert

Das Schloß, dessen Anfänge auf das 10. Jh. zurückgehen, stammt überwiegend aus dem 17. und 18. Jh. Im Schloßhof befindet sich die Freilichtbühne. Unmittelbar neben dem Eingang zur ehemaligen Residenz steht die 1413 geweihte Schloßkirche, die eine einheitliche Barockausstattung hat. Der älteste Marktplatz Altenburgs ist der Brühl, hier befindet sich der Skatbrunnen, der an die Kartenspieltradition Altenburgs erinnert. Ferner sollten der große Marktplatz mit dem Rathaus und die spätgotische Bartholomäus-Kirche besucht werden.
Kulturhistorische Bedeutung haben auch das Landestheater (seit 1648 finden in Altenburg regelmäßig Aufführungen statt) und die sogenannten „Roten Spitzen", das Westwerk einer 1588 abgebrochenen Kirche des ehemaligen Berger Klosters, wo eine Sammlung sakraler Plastik besichtigt werden kann.
Einen Spaziergang lohnt das alte Nikolaiviertel, vom Nikolaiturm aus dem 12. Jh. hat man eine gute Aussicht über die Stadt.
Attraktiv ist auch der Volkspark, ein beliebter Treffpunkt im Sommer mit einem 10 Hektar großen Teich, einem Inselzoo, einer Schwimmhalle und Restaurants.

Gastronomie

Empfehlenswerte Gaststätten sind der Ratskeller (Markt 1), die Skatgaststätte Grand (Sporenstraße), das Casino (Roßplan 17), das Weiße Roß (Teichplan), das Theatercafé (Luxemburg Platz) und das Volkshaus (Am goldenen Pflug).

Veranstaltungen

Jährlich im Juli finden die Altenburger Sommerfestspiele mit Theater und Konzerten auf der Freilichtbühne im Schloßhof statt.

Ausflüge

✻Gößnitz✻Lucka✻Meuselwitz✻Windischleuba ✻ Schmölln

Apolda

(Kreisstadt im Bezirk Erfurt)

Apolda (29.000 Einwohner) am Ostrand des Thüringer Waldes ist als Stadt der Strickwarenherstellung und der traditionsreichen Glockengießerei bekannt. Die Stadt wurde im Jahre 1119 erstmals erwähnt. Im 16. Jh. führte „David, der Strickersmann" das Strumpfstricken mit fünf Nadeln aus der Schweiz ein. Daraus entwickelte sich ein blühendes Handwerk. Die Wirkereien in Apolda galten Anfang des 18. Jh. als größte Manufakturen des Reiches. Seit 1722 werden in der Stadt Glocken gegossen; die 24 Tonnen schwere Glocke für den Kölner Dom entstand 1923 in Apolda. Wichtigster Betrieb ist heute der VEB Thüringer Obertrikotagen, zudem gibt es eine Ingenieurschule für das Bauwesen.

Museum

Das Glocken- sowie das Stricker- und Wirkermuseum befindet sich in der Bahnhofstraße 41. Öffnungszeiten: Di-Fr 9.00-12.00 und 14.00-17.00, Sa-So 9.00-12.00.
Das 1952 eröffnete Haus stellt 3.000 Jahre Glockengeschichte vor. Die Sammlung umfaßt auch asiatische und afrikanische Klangkörper. Das Stricker- und Wirkermuseum zeigt die regionale Geschichte und die Lebens- und Arbeitsbedingungen der Textilhandwerker.

Sehenswert

Das Renaissance-Rathaus am Markt und die neugotische Stadtkirche (80 m hohe Türme) gehören zu den wichtigsten historischen Gebäuden der Stadt.

Glockenmuseum in Apolda

Gastronomie
Im Weinrestaurant „Falstaff" mit Barbetrieb, Klause 2, ist es sinnvoll zu reservieren (Tel. 2750). Empfehlenswert sind die Gaststätten Zum Adler, Bahnhofstraße 9, Volkshaus, Klause 3, Zur Post (mit Intershop), Bahnhofstraße 35, und das Café Gramont am Puschkinplatz.

Veranstaltungen
Im Juni findet in der Glockengießer-Stadt das traditionelle Park- und Heimatfest statt.

Ausflüge
✻ Bad Sulza ✻ Kapellendorf ✻ Oßmannstedt

Arnstadt

(Kreisstadt im Bezirk Erfurt)

Arnstadt, das „Eingangstor zum Thüringer Wald", wurde 704 erstmals urkundlich erwähnt und gilt als älteste Stadt der DDR. Im Mittelalter war hier ein wichtiger Kreuzungspunkt verschiedener Handelsstraßen. Aufgrund der zentralen Lage fand 954 ein Reichstag in „Arnestati" statt. Seit dem 14. Jh. gehörte die Stadt zur Herrschaft der Grafen und späteren Fürsten von Schwarzburg-Sondershausen. In Arnstadt lebten mehrere Generationen der Musiker-Familie Bach, außerdem wirkten hier die Schriftstellerin Eugenie John, die unter dem Pseudonym Marlitt erfolgreiche Trivialromane verfaßt hat, und der Autor Willibald Alexis. Wirtschaftlich gehörte Arnstadt zu den wichtigen Waidhandelsstädten (Blaufärbe-Pflanze) Mitteldeutschlands. Im 19. Jh. wurden vor allem Handschuhe, Seide und Schuhe produziert. Heute ist Arnstadt (29.000 Einwohner) eine Industriestadt mit ausgedehnten Neubaugebieten, die wichtigsten Betriebe produzieren Chemie- und Fernmeldeanlagen sowie elektrotechnische Erzeugnisse. Die Partnerstadt Arnstadts in der Bundesrepublik ist Kassel.

Museen

Das *Museum für Stadtgeschichte mit Bachgedenkstätte* befindet sich im „Haus zum Palmbaum", Markt 3, und ist von So-Do 8.30-12.00 und 13.00-16.30 geöffnet. Das restaurierte Gebäude aus dem 16. Jh. ist auch Sitz der „Arnstadt-Information". Die in den 80er Jahren neugestaltete Bach-Gedenkstätte ist ebenfalls in dem Museum untergebracht. Johann Sebastian Bach war von 1703-1707 Organist an der heutigen Bachkirche. Unter anderem ist der originale Spieltisch einer Orgel zu sehen, die Bach bedient hat. Die Geschichte des politischen und wirtschaftlichen Lebens der Stadt wird in den anderen Räumlichkeiten gezeigt.

Bachdenkmal in Arnstadt

Das *Schloßmuseum,* Schloßplatz 1 (Di-So 8.00-12.00 und 13.00 17.00), befindet sich im Neuen Palais aus dem 18. Jh., einem Schloß der Herzöge von Schwarzburg. Die ohne Führung zugängliche Sammlung zeigt die „Puppenstadt Mon Plaisir" der schwarzburgischen Fürstin Auguste Dorothea, in der über 400 Figuren aller Stände und Schichten aus dem 18. Jh. in 26 Häuschen gezeigt werden. Ferner werden mit Führung in den historischen Schloßräumen Gemälde, Fayencen, Gobelins („Arnstädter Affenteppich") und Kunsthandwerk präsentiert. Bemerkenswert ist das barocke Porzellankabinett.

Sehenswert

Die Liebfrauenkirche gehört zu den bedeutendsten Baudenkmälern aus der romanisch-gotischen Übergangsperiode in Thüringen. Der spätgotische Altar (Marienkrönung) von 1498 und das Hochgrab (Doppeltumba) des schwarzburgischen Grafen Günther XXV. und seiner Gemahlin sind im Inneren beeindruckend. Sehenswert ist die historische Altstadt: der Hopfenbrunnen (1573) vor der Bachkirche, der Marktplatz mit Rathaus, Haus zum Palmbaum und Renaissancegalerie, die Ruine von Schloß Neideck, das Schloß Neues Palais mit seinem Museum, die Reste der alten Stadtbefestigung mit Riedtor und Jakobsturm. Für historisch Interessierte ist ein Spaziergang zum alten Friedhof (mit der achteckigen barocken Gottesackerkirche) interessant: Hier sind 25 Mitglieder der Musiker-Familie Bach bestattet, zugleich findet man die Gräber der Schriftsteller Willibald Alexis und Eugenie John („E. Marlitt").

Gastronomie

Arnstadt hat eine vielfältige Gastronomie zu bieten. Ohne Ruhetag ist allein die Gaststätte Völkerfreundschaft in der Rudolstädter

Hopfenbrunnen in Arnstadt

Straße, empfehlenswert sind weiter der Thüringer Hof, Zimmerstraße 3, Hedan, Ohrdruffer Straße 25, RFT-Klubhaus, Alexisweg 1, Bahnhofshotel, Am Bahnhof 6 und der Ritter am Holzmarkt. Zu Kaffee und Abendessen lädt die Gaststätte Alte Burg auf der Alteburg mit Aussichtsturm ein (Mo und Di Ruhetage). Lohnende Ausflugsziele sind die Gaststätte Fasanerie mit Heimattiergarten (Mo und Di Ruhetage, Tel. 8469) und das 3 km entfernte „Rößchen" im Dorotheental.
Junge Leute finden im Jugendklubhaus, Karolinenstraße, schnell Kontakt, wo fast jeden Abend eine Disko veranstaltet wird.

Veranstaltungen
Eines der größen Volksfeste Thüringens ist der traditionelle „Wollmarkt" im Juni. Im Oktober findet auf dem Marktplatz ein Volksfest statt. Zu den kulturellen Höhepunkten gehören die Konzerte im Rahmen der Thüringer Bachtage im März und April.

Ausflüge
In der Nähe von Arnstadt liegt die Burgengruppe die „Drei Gleichen". Sagenumwoben sind die beiden Ruinen Mühlburg und Burg Gleichen sowie die in 421 m Höhe gelegene Wachsenburg. Das kleine Museum in der Burg Gleichen ist von März bis Okt. 10.00-14.00 zugänglich. Die Wachsenburg wurde um 900 erbaut und beherbergt heute ein zumeist ausgebuchtes Hotel mit Restaurant. Den besten Überblick über das reizvolle Burgenensemble hat man vom 393 m hohen Kaffberg, der in unmittelbarer Nähe der Autobahn-Abfahrt Wandersleben erklommen werden kann.
Schöne Wanderungen bieten auch die Wege zur ehemaligen Käfernburg (unterwegs in Arnstadt-Oberndorf steht eine der ältesten romanischen Kirchen der DDR) und der Naturlehrpfad „J.E. Mahler" im Jonastal.
❊Frankenhain❊Gräfenroda❊Ichtershausen ❊ Plaus ❊ Siegelbach ❊ Singen ❊ Stadtilm ❊ Mühlberg ❊ Wandersleben

Schaubergwerk Finstertal, Asbach

Asbach

(Kreis Schmalkalden, Bezirk Suhl)

Der staatlich anerkannte Erholungsort (1500 Einwohner) ist von steilen Bergen umschlossen. Die meisten Einwohner arbeiten in der Holz- (Möbel, Sportgeräte) und Kleineisenindustrie.

Museum

Das Schaubergwerk „Finstertal" ist in den Monaten April bis Oktober von Di-Sa von 9.00-16.00 geöffnet. In der Grube wurde bis in die 1920er Jahre Roteisen und Manganerz gefördert. Das Museum veranschaulicht auch die Arbeitsbedingungen von Bergleuten.

Sehenswert

Asbach hat eine schlichte, aber innen reich ausgestattete barocke Kirche und einige unter Denkmalschutz stehende Fachwerkhäuser. Der Naturlehrpfad lohnt ebenso wie die Naturdenkmäler „Breitensteine" und „Hachelstein" (Felskanzel) einen Spaziergang.

Ausflüge

✻ Schmalkalden

Auma

(Kreis Zeulenroda, Bezirk Gera)

Der kleine Ort (4.000 Einwohner) an der einstigen Nürnberg-Leipziger Handelsstraße hat bereits seit dem 14. Jahrhundert die Stadtrechte. Neben kleinen Industriebetrieben befinden sich heute im Ortsbereich zahlreiche Karpfenteiche.

Museum

Die Heimatstube im Rathaus ist zu den Öffnungszeiten der Verwaltung (Mo-Fr) und nach Vereinbarung zugänglich. Die kleine

Sammlung zeigt Handwerksgerät, Hausrat und Dokumente zur Stadtgeschichte.

Sehenswert
Die Stadtkirche, 1793-94 im frühklassizistischen Stil erbaut, hat einen eingebauten Ostturm. Der Raum ist von Doppelemporen und spätgotischen Schnitzereien geprägt. Das spätgotische Pfarrhaus stammt aus dem 15. Jh. Die sehenswerte Postsäule ist eine Kopie nach einem Original von 1722. Das Rathaus wurde in den Jahren 1907-08 gebaut.

Ausflüge
✻ Zeulenroda

Bad Berka

(Kreis Weimar-Land, Bezirk Erfurt)

In dem Kurort an der Ilm (heute etwa 5.000 Einwohner) wurden 1812 Heilquellen entdeckt. Das Weimarer Fürstenhaus und auch Goethe förderten den Badebetrieb. Parkanlagen, Bade- und Kurhaus entstanden in den darauffolgenden Jahren. Neue Heilquellen wurden 1877 (Carl-August-Quelle) erschlossen. Den Namen Bad erhielt der Ort 1911. In den 1950er Jahren wurde Bad Berka zu eine der wichtigsten Lungenheilanstalten in Europa. Heute werden hier vor allem Erkrankungen der Atemwege sowie Herz- und Gefäßleiden mit Trink- und Badekuren behandelt. In den letzten Jahren hat sich die Herzchirurgie zu einem Schwerpunkt entwickelt.

Museum
Im alten, 1825 eingeweihten Kurhaus ist eine Goethe-Stube sehenswert, in der die Tätigkeit des Dichters in Berka dokumentiert wird (Allende-Straße, geöffnet Mi 14.00-16.00, Sa. 10.00-12.00).

Sehenswert
Die Pfarrkirche stammt aus dem Jahr 1739, im Inneren sind Kanzelaltar und Taufgestell bemerkenswert. Die Burgruine -erstmals im 13. Jh. erwähnt – besteht nur noch aus geringen Resten. Kulturhaus und Tuberkulose-Klinik sind typische Bauten der 1950er Jahre. 1986 entstand ein neues Kurmittelhaus und Therapiegebäude.

Gastronomie
Empfehlenswerte Gaststätten sind der Ratskeller und das Konsum-Café am Markt, im Kurhotel ist nicht nur Hotel und Restaurant, sondern am Wochenende auch die Diskothek des Kurortes. Beliebte Ausflugsgaststätte ist die Rauschenburg.

Veranstaltungen
Kultureller Höhepunkt neben den Kurkonzerten ist das Brunnenfest, das nur alle 5 Jahre im Juli/August stattfindet (1993). Im Winter gibt es eine Eisbahn, auch Rodeln und Skilauf sind möglich.

Ausflüge
Kleine Wanderungen zum Adelsberg (mit Friedensturm) und Kötsch (497 m mit Karolinenturm) bieten eine reizvolle Aussicht auf das Ilmtal. Ein schöner Spaziergang führt in den Dambachsgrund.
✻ Weimar ✻ Blankenhain

Bad Blankenburg

(Kreis Rudolstadt, Bezirk Gera)

Der Kurort liegt an der Schwarza umgeben von 600 m hohen Bergen und dichten Wäldern am Eingang zum Schwarzatal. Seit dem Mittelalter war hier ein Zentrum des Silber- und Kupferbergbaus im Thüringer Wald. 1840 eröffnete Friedrich Fröbel im Ort den ersten deutschen Kindergarten. Im 19. Jh. entwickelte sich Blankenburg zum Kurort. Heute leben hier 10.000 Menschen vom Kur- und Erholungswesen sowie von der Industriearbeit (Antennen, Pappe, Gummiwaren, Elektrogeräte). Eine zentrale Sportschule des DDR-Sportverbandes befindet sich ebenfalls in Bad Blankenburg. Jährlich verbringen etwa 35.000 Menschen ihre Kur (Atemwegserkrankungen, nervöse Leiden) oder ihren Urlaub in der Stadt.

Museum
Das Fröbel-Museum, Johannisstraße 4 „Haus über dem Keller" (Di-So 9.00-12.00 und 13.00-17.00), wurde anläßlich des 200. Geburtstags des Pädagogen neugestaltet. Bis 1844 bestand in diesem Haus eine „Spiel- und Beschäftigungsanstalt", der erste Kindergarten. Die Ausstellung würdigt Leben und Werk Fröbels und zeigt Spielzeug, das er für verschiedene Altersgruppen entwarf.

Sehenswert
Die 400 m hoch gelegene Burgruine Greifenstein überragt Bad Blankenburg. Im Palas der Ruine befinden sich Gaststätte und Heimatstube.
Der Markt gehört zum ältesten Teil der Stadt. Das Rathaus stammt aus dem 14. Jh. und wurde nach einem Stadtbrand im 18. Jh. erneuert. Ein Sandsteinrelief am Gebäude zeigt das „Hungermännchen" und das Stadtwappen. Die einschiffige Stadtkirche St. Nikolai wurde im 18. Jh. nach dem Stadtbrand neu errichtet. Sehenswert sind ferner das „Sanatorienviertel" und der Kurpark mit Schwimmbad und Fröbel-Denkmal (Kugel, Walze und Würfel).

Gastronomie
Am Markt und in der Marktstraße befinden sich der Ratskeller, der Goldene Löwe, das Klubhaus, die Gaststätte Zur Harfe, das Marktcafé und die Gaststätte Greifenstein. Empfehlenswert sind ferner der Magdeburger Hof, Magdeburger Gasse 12, und der Schützenhof in der Königseer Straße 50. Das Bergcafé Sängergrotten (130 m über dem Schwarzatal) und die Gaststätte in der Burgruine Greifenstein (170 m über der Stadt) sind die beliebtesten Ausflugsziele.

Veranstaltungen
Im Pavillon am Schwimmbad werden im Sommer Parkkonzerte gegeben, auf der Freilichtbühne am Fuße des Goldbergs gibt es Aufführungen des Rudolstädter Theaters. Beliebt ist auch das jährliche Wohngebietsfest in der Alfred-Sobik-Siedlung. Kremserfahrten ins Schwarzatal werden in der Sommersaison angeboten.

Ausflüge
Vom nahe gelegenen Goldberg und von der Ruine Greifenstein hat man einen guten Überblick über die Stadt. Zwischen Bad Blankenburg und Schwarzburg befindet sich die reizvolle Schwarzatal-Landschaft mit steilen Talhängen und einem kühlen Schluchtwald. Das kurvenreiche Tal voller geologischer Besonderheiten ist durch Wanderwege gut erschlossen; man kann auch mit dem „Schwarzatal-Expreß", einem speziellen Ausflugsbus, die Landschaft erkunden. Ortsnamen wie Schwarzmühle, Blechhammer und Katzhütte weisen auf die einstigen Mühlen und Hammerwerke hin, die die Wasserkraft des Flusses nutzten.
✻ Rudolstadt ✻ Schwarzburg

Bad Frankenhausen

(Kreis Artern, Bezirk Halle)

Der Ort im Tal der Wipper wurde bereits im 8. Jahrhundert urkundlich erwähnt und ist, wie der Name bereits sagt, eine fränkische Gründung, die wohl nach der Zerschlagung des Thüringerreiches im Jahr 531 an den Salzquellen am Fuße des Kyffhäusergebirges erfolgt ist. Im Mittelalter lebte die Stadt von der Salzherstellung. Am 15. Mai 1525 unterlagen hier im Bauernkrieg die Aufständischen unter der Führung Thomas Müntzers den fürstlichen Truppen. Das Solbad grün-

Kyffhäuserdenkmal bei Bad Frankenhausen

dete Dr. Maniske im Jahr 1818, es verfügt heute über zwei radioaktive Solequellen und ein Soleschwimmbad. Das Leben in der Stadt ist durch die größte Kinderkureinrichtung der DDR geprägt. Ein wichtiger Erwerbszweig ist seit dem 19. Jh. die Knopffabrikation. Heute werden hier auch Elektroherde, Möbel, Strickwaren und Schuhe hergestellt. Das Wahrzeichen Bad Frankenhausens (8100 Einwohner), der Hausmannturm, ist ein Rest der alten Befestigungsanlage.

Museen

Das *Kreisheimatmuseum* (Di-So 10.00-12.00 und 14.00-17.00) im ehemaligen Schloß Frankenhausen, einem Barockbau aus dem 17. Jahrhundert, zeigt ein Diorama über die Entscheidungsschlacht im Deutschen Bauernkrieg, bei der am 15. Mai 1525 das Bauernheer unter der Führung von Thomas Müntzer geschlagen wurde. Schwerpunkt der Sammlung ist die Darstellung des Kyffhäuser-Gebiets und –als Bauernkriegsgedenkstätte –bäuerliches Kulturgut aus dem 16. Jahrhundert.

Die *Bauernkriegsgedenkstätte „Panorama“* (Di-So 9.00-17.00, Tel. 425) auf dem Schlachtberg nördlich der Stadt wurde im Herbst 1989 neueröffnet. Der Rundbau wird von einem 123 m langen und 14,5 m hohen Rundbild ausgefüllt, dem größten Ölgemälde der Kunstgeschichte, das unter der Leitung Werner Tübkes geschaffen wurde. Das Bild zeigt mit 3.000 teilweise überlebensgroßen Figuren die vielfältigen Aspekte des Lebens im 16. Jahrhundert.

Das *Kyffhäusermuseum* (täglich 9.00-16.30) befindet sich in der Nähe des Kyffhäuser-Denkmals und stellt die Geschichte der Kaiserpfalz Tilleda und der Reichsburg Kyffhausen dar.

Sehenswert

Die Altstädter Kirche im historischen Stadtkern ist eine der ältesten Gotteshäuser Thüringens mit bedeutenden Wandmalereien aus dem 12. Jahrhundert. Die Unterkirche ist ein Barockbau von 1701. Der Hausmannsturm bietet eine gute Sicht auf Stadt und Umgebung. Sehenswert sind der Marktplatz mit Rathaus und zahlreichen alten Fachwerkhäusern, der Botanische Garten mit Resten der alten Stadtmauer und der Kurpark mit Solebad.

Gastronomie
Empfehlenswert ist das Restaurant im Hotel Stolberg, Bahnhofsstraße 15, sowie verschiedene Gaststätten am Marktplatz. Beliebte Aufflugsgaststätten befinden sich an der Barbarossahöhle, am Kyffhäuser-Denkmal und auf dem Fernsehturm Kulpenberg.

Veranstaltungen
In jedem Jahr finden Thomas-Müntzer-Festspiele in Bad Frankenhausen statt.

Ausflüge
Wichtigstes Naherholungs- und Ausflugsgebiet ist das Kyffhäusergebirge. Auf der höchsten Erhebung, dem Kulpenberg (477 m), steht ein 94 m hoher Funkturm mit Turmcafé. Vielbesucht sind das Kyffhäuserdenkmal, das auf den Resten einer mittelalterlichen Reichsburg in den Jahren 1890-1896 errichtet wurde, die Ruine der Rothenburg, die Barbarossa-Höhle, die Ausgrabungen der Kaiserpfalz Tilleda, der Stausee bei Kelbra (Wassersport) und die Ausflugsgaststätten in dem kleinen Gebirge. Das ehemalige Jagdschloß auf dem Rathsfeld ist heute ein Jugenderholungsheim. Beliebtes Ausflugsziel ist das 1975 aufgebaute Jagd- und Naturschutzzentrum Seega (Hainleite) mit Ausstellung, Tiergehege und Naturlehrpfad. Die Gaststätte „Weidmannsheil" bietet in rustikaler Atmosphäre Wildgerichte an (Mo Ruhetag).
✻ Allstedt

Bad Klosterlausnitz

(Kreis Stadtroda, Bezirk Gera)

Der kleine Luftkurort (3300 Einwohner) ist seit 1939 offiziell als Bad anerkannt. Mit Moor- und Kohlensäurebädern werden vor allem Frauenleiden und chronische rheumatische Erkrankungen behandelt. Der Ort geht auf ein 1137 gegründetes und im 16. Jh. aufgehobenes Kloster der Augustiner-Chorfrauen zurück. Im Mittelalter fanden hier nicht nur Wallfahrten und Jahrmärkte statt, es wurde in dem sandreichen Waldgebiet auch Glas hergestellt. Heute hat Bad Klosterlausnitz einen kleinen Kurpark, in dem gelegentlich Konzerte stattfinden.

Sehenswert
Die romanische Klosterkirche wurde in der 2. Hälfte des 19. Jh. auf altem Grundriß stilecht neuerrichtet. Sehenswert ist im Inneren des Gotteshauses das überlebensgroße Kruzifix aus dem 13. Jh.

Gastronomie
Empfehlenswert ist das Waldhaus Zur Köppe.

Veranstaltung
Jährlich an den Pfingsttagen finden hier auf dem Marktplatz die traditionellen Holzlandfestspiele statt. Am 2. Pfingsttag wird hier Thüringens höchster Maibaum feierlich aufgestellt.

Ausflüge
Spaziergänge führen in das Eisenberger Mühltal mit Ausflugsgaststätten über die nahe Meuschkensmühle im Norden des Ortes. Das waldreiche Altenburger Holzland (Landschaftsschutzgebiet) ist ein beliebtes Wandergebiet.
✻ Eisenberg ✻ Stadtroda ✻ Hermsdorf

Bad Köstritz

(Kreis Gera-Land, Bezirk Gera)

Das Städtchen ist einerseits als Rheuma-Heilbad, andererseits aufgrund seiner Brautradition aus dem 16. Jh. bekannt. Das Köstritzer Schwarzbier wird in Thüringen besonders gelobt. Der 1364 erstmals erwähnte Ort an der alten Heerstraße zwischen Gera und Eisenberg gehörte den Grafen von Reuß. Der große Komponist Heinrich Schütz wurde hier 1585 im Gasthaus „Goldener Kranich" geboren. Ende des 17. Jh. war Köstritz Residenz einer reußischen Nebenlinie. Im 19. Jh. wurde eine Solbadeanstalt eröffnet, die erforderliche Sole lieferte die benachbarte Saline Heinrichshall. 1926 erhielt Köstritz die Bezeichnung „Bad", ein Jahr später kamen die Stadtrechte hinzu.

Sehenswert

Das Schloß ist ein schlichter Barockbau, der von 1689-1704 entstand. Einen Besuch lohnt der Landschaftspark aus dem frühen 19. Jh., in dem auch Blumenzucht betrieben wird. Gegenüber der Schütz-Gedenkstätte ist ein modernes Heinrich-Schütz-Denkmal aus dem Jahr 1985, eine ältere Büste befindet sich 200 m entfernt.

Museen

Die *Forschungs- und Gedenkstätte Heinrich-Schütz-Haus* (Di-So 10.00-12.00 und 14.00-18.00, Sa-So 10.00-13.00), Thälmann Straße 1, präsentiert im Geburtshaus des großen Komponisten nicht nur Leben und Werk, sondern auch das soziale Umfeld seiner Zeit. Im Konzert und Vortragsraum finden regelmäßig Veranstaltungen statt.

Die *„Kleine Galerie 'Gucke'"* (Di-Sa 14.00-18.00), Heinrich-Schütz-Straße 10, zeigt in Verkaufsausstellungen moderne Malerei der Region.

Gastronomie

Neben der Schütz-Gedenkstätte ist in einem restaurierten Altbau das beste Gasthaus der Stadt, das Hotel Goldener Löwe.

Heinrich-Schütz-Geburtshaus

Veranstaltungen
Die Köstritzer Schütz-Tage bieten jährlich vom 1. bis 15. Oktober Kolloquien, Vorträge, Gespräche und Konzerte.

Ausflüge
✻ Gera

Bad Langensalza
(Kreisstadt im Bezirk Erfurt)

An der Salza nahe der Unstrut liegt die Kreisstadt Bad Langensalza mit rund 17.000 Einwohnern. Das Dorf nahe der Burg Salza wurde aufgrund eines kaiserlichen Privilegs zur Stadt ausgebaut. Im Mittelalter sicherte der Waidhandel einen wirtschaftlichen Aufschwung. Als Hauslehrer lebte hier Friedrich Gottlieb Klopstock (Wohnhaus Salzstraße 2), der gefeierte Autor des „Messias", von 1748-1750. Der berühmteste Sohn der Stadt ist der Mediziner und Volkserzieher Christoph Wilhelm Hufeland (1762-1836, Geburtshaus Kornmarkt 9), der als Begründer der Pockenschutzimpfung und der Leichenhäuser gilt. Aus der Stadt stammt auch der Journalist Ernst Keil (Geburtshaus Marktstraße 11), der die erfolgreichste Zeitung seiner Zeit, die „Gartenlaube" herausgab. 1815 wurde Langensalza preußisch und erhielt den Status einer Kreis- und Garnisonstadt. 1866 fand auf dem Judenhügel die Schlacht zwischen preußischen und hannoverschen Truppen statt, die unentschieden ausging. Die Hannoveraner kapitulierten wenige Tage später, nachdem die mit ihnen verbündeten Österreicher in Königrätz gegen Preußen unterlagen. Die Kapitulation führte zur Annexion des Königreichs Hannover. Im 19. Jh. wurden die schwefelhaltigen Quellen in der Nähe der Stadt entdeckt, das erste Kurmittelhaus stammt aus dem Jahr 1928. In der seit 1959 „Bad" genannten Stadt werden vor allem rheumatische Erkrankungen behandelt. Der wirtschaftliche Schwerpunkt liegt seit dem 19. Jh. in der Textilindustrie.

Museum
Das Kreisheimatmuseum, Thälmannplatz 7 (Di-Fr 9.30-12.00 und 13.30-16.30, So 9.00-12.30), vermittelt einen Überblick über die Geschichte der Region und die Textilherstellung. Besonders wird das Wirken von Hufeland und Klopstock gewürdigt. Das Museum befindet sich in einem Fachwerkhaus aus dem 18. Jh.

Sehenswert
Die Altstadt ist von einer noch fast vollständigen mittelalterlichen Stadtmauer umschlossen, das „Klagetor" und 17 Wehrtürme blieben erhalten. Die Wälle wurden zu Grünanlagen. Die Bonifatiuskirche und die Bergkirche St. Stephan stammen aus dem 15. Jh. Der Marktplatz wird vom barocken Rathaus und dem Marktbrunnen aus dem Jahr 1582 geprägt. In dem barocken Friederikenschlößchen ist heute das Klubhaus der Kurverwaltung. Schloß Dryburg entstand im 12. Jh. und wurde im 17. Jh. als Renaissance-Gebäude und Amtshaus umgebaut.

Gastronomie
Für eine Mittagsrast oder ein abendliches Menü sind die historische Sonnenkugel, das Hotel Zum Schwan, Rathausstraße 9, und der Bürgerhof, Steinweg 11, zu empfehlen.

Veranstaltung
Zu den kulturellen Höhepunkten gehört das jährlich vier Wochen nach Pfingsten gefeierte Heimat- und Brunnenfest. Das Fest geht auf die Einweihung des Badehauses 1812 zurück, der Festzug führt durch die Stadt zum Kurmittelhaus.

Ausflüge
Ein Spaziergang zu den nahen Quellen der Salza, den sogenannten Golken ist interessant. Im Kreis Bad Langensalzungen liegt

Marktbrunnen aus dem 16. Jahrhundert

das kleine Dorf *Neunheiligen.* Im dortigen Schloß befindet sich eine Heimatstube mit einer Sammlung von Trachten, landwirtschaftlichen Geräten des 19. Jh. und Stein- und Bronzefunden. Hier gibt es auch ein Goethezimmer, denn der „Dichterfürst" traf sich in Neunheiligen mehrmals mit dem Grafen Werthern. Ein Besuch ist nach vorheriger Anmeldung beim Rat der Gemeinde (Tel. Kirchheiligen 323) möglich. In *Alterstedt,* Teichstraße 35, befindet sich ein Dorfmuseum; in dem 600 Jahre alten Fachwerkgebäude wird die Geschichte des Dorfes dokumentiert, ferner sind Thüringer Trachten und Möbel zu sehen (geöffnet nach Vereinbarung, Tel. 2786).

✻ Gräfentonna ✻ Bad Tennstedt

Bad Liebenstein

(Kreis Bad Salzungen, Bezirk Suhl)

Der Kurort am Südwestrand des Thüringer Waldes ist eine verhältnismäßig junge Gründung: Die beiden Dörfer Grumbach und Sauerborn am Fuß der Ruine Liebenstein wurden 1801 zusammengeschlossen. Bedeutendstes historisches Ereignis war am 3. Mai 1521 die scheinbare Entführung Martin Luthers, der vom Reichstag in Worms kam und als „Junker Jörg" auf die Wartburg gebracht wurde. Anfang des 17. Jhs. ließ Casimir von Coburg die Heilquellen erschließen. 1800 war Liebenstein vom Herzog von Sachsen-Meiningen erworben worden, im 19. Jh. wurde der Ort mit seinen Heilquellen zum Modebad der Aristokratie. Heute leben in dem Herzbad, das 1959 zur Stadt erhoben wurde, etwa 4.000 Menschen, jährlich kommen rund 16.000 Kurgäste.

Museum
Im Steinschen Schloß im Schloßpark der nahegelegenen Gemeinde *Barchfeld* kann man die ständige Ausstellung zur Geschichte des Bauernkrieges in Südthüringen, des Ortes und des Gebäudes besuchen (geöffnet nach vorheriger Anmeldung, Tel. Bad Liebenstein 4340).
Im 2 km entfernten *Steinbach* befindet sich ein Heimatmuseum, Heinrich-Heine-Straße 3 (Mi, Sa 14.00-17.00), in dem die Ortsgeschichte, das örtliche Handwerk und die traditionelle Messerherstellung vorgestellt werden. Das Museum ist in einer alten Schule untergebracht.

Sehenswert
Neben den Kuranlagen mit Therapiegebäude und Kurhaus ist die Burgruine Liebenstein (14. Jh.) mit Resten eines gotischen Palas (Ausblick bis ins Werratal) sehenswert. Das ehemalige Fürstenhaus und der Brunnentempel sind im klassizistischen Stil erbaut. Spaziergänge können zum Marienthaler Schlößchen führen, in dem sich eine kleine Fröbel-Gedenkstätte befindet. Der Pädagoge hatte hier nach 1849 das erste deutsche Seminar für Kindergärtnerinnen eingerichtet. Das Grab Fröbels befindet sich übrigens auf dem Bergfriedhof in *Schweina.*
In einem schönen Landschaftspark mit seltenen Baumbeständen liegt Schloß Altenstein, das in den 1980er Jahren nach einem Brand wieder aufgebaut wurde. Schloß Glücksbrunn, heute ein Klub der Werktätigen, ist ein Barockbau etwas außerhalb der Stadt.

Gastronomie
Die meisten Gaststätten befinden sich in der Thälmann-Straße: Zum Löwen, Goldener Hirsch, Zur Einnahme, Kaffeestübchen und Theatercafé. Empfehlenswert sind außerdem das Kulturhaus in der Ruhlaer Straße, der Hubertushof am Elisabethpark und das Café am Bahnhof.

Veranstaltungen
Im Bad Liebensteiner Kurtheater gastieren regelmäßig die Orchester und Theaterensembles aus Eisenach und Meiningen. Auch im Kulturhaus finden vielfältige Veranstaltungen statt. In der Altensteiner Höhle werden sonntags häufig Konzerte veranstaltet, kultureller Höhepunkt im Sommer ist das „Altensteiner Höhlenfest“.

Ausflüge
Wichtigstes Ausflugsziel ist die Altensteiner Höhle an der Ruhlaer Straße, die 1799 entdeckt wurde und 270 m tief begehbar ist. Ein kleiner Bach fließt durch die Höhle, in der Knochenreste eines eiszeitlichen Bären gefunden wurden. Beliebte Ausflugsziele sind auch die Gaststätten Luthergrund, Steinbach, Altenstein, Dreiherrenstein und das 8 km entfernte Jagdhaus Kissel (Mi und Do Ruhetage). Das ständig zugängliche Tiergehege im Park des Friedens an der Straße nach Steinbach-Winterstein beherbergt 20 Tierarten auf einer Fläche von 2 Hektar.
✻ Bad Salzungen

Bad Salzungen
(Kreisstadt im Bezirk Suhl)

Bereits im Jahr 58 n. Chr. hat hier wahrscheinlich die sogenannte Salzschlacht zwischen den Chatten (Vorfahren der Hessen) und Hermunduren (Ahnen der Thüringer) stattgefunden.
775 wurde der Ort erstmals urkundlich erwähnt. Nach dem 30jährigen Krieg kam die Stadt zum Fürstentum Sachsen-Meiningen. Im 18. Jh. nahm die Salzproduktion einen beträchtlichen Aufschwung, im 19. Jh. entwickelte sich der Kurbetrieb. Seit 1950 ist Bad Salzungen Kreisstadt (22.000 Einwohner), jährlich kommen etwa 10.000 Kurgäste (Atemwegserkrankungen) und 12.000 Touristen. Geprägt wird der Raum Bad Salzun-

Bad Salzungen

gen durch den „VEB Kalibetrieb Werra" mit Zweigwerken in Merkers, Unterbreizbach und Dorndorf, wo 7500 Menschen beschäftigt sind.

Museum
Im Konzert- und Ausstellungsraum am Sächsischen Hof in der Sulzberger Straße finden gelegentlich Sonderausstellungen statt.

Sehenswert
Die Ruine der spätgotische Husenkirche und die Wendelskirche stammen aus der Zeit um 1500. Das Rathaus ist ein schlichter Barockbau, die Burg aus dem 12. Jh. wurde Ende des 18. Jh. verändert aufgebaut und beherbergt heute das Kreisgericht. Einige alte Bürgerhäuser in der Altstadt sind gut erhalten. Sehenswert sind der Burgsee (Fontäne) mit dem angrenzenden Rathenaupark in der Stadtmitte sowie der Puschkinpark jenseits des Bahnhofs an der Werra mit Gradiergarten, Gradierwerk und Café.

Gastronomie
Empfehlenswert ist der Weinkeller im Haunschen Hof, Unter den Linden, von der Terrasse hat man einen schönen Blick zum Burgsee. Gut essen kann man in den Hotels Freundschaft, Thälmann-Straße 3, und Kugler, Pieck-Straße 30, sowie im Ratskeller am Markt, im Henneberger Haus oder im Sächsischen Hof in der Eckardt-Straße. Beliebte Cafés sind Seepforte, Seeblick und Milchbar in der Thälmann-Straße, Thüringer Wald im Neubaugebiet Allendorf, Bein am Markt und Römhild in der Bebel-Straße 77. Tanzgaststätten sind vor allem die Tanzbar am Leninplatz, Rhönklause, Drei Eichen, Freundschaft und für Jugendliche die Gaststätte Thüringer Wald (Tel. 6422).

Veranstaltungen
Kulturelle Veranstaltungen finden regelmäßig im Kurhaus Festsaal und im Kulturhaus des Kaltwalzwerkes statt. Das Planetarium, Burgseestraße 7, hat jeden Mittwoch um

Kali-Kombinat Werra bei Bad Salzungen

16.00 eine öffentliche Vorführung, Gruppen können Sondervorstellungen vereinbaren (Tel. 2209).

Ausflüge
Die Bad-Salzungen-Information, Leninplatz (Tel. 2509), bietet Kutsch- und Kremserfahrten durch die Rhön an. Von der Gaststätte „Grüne Tanne“ in Bernshausen führt die Route über Roßdorf und Wiesenthal. Ein Spaziergang zum nahen Mühlberg (373 m) kann in die Gaststätte Waldschänke (Mo, Di Ruhetage) führen. Im Umkreis von 2 km befinden sich der Grundhof, im Wald am Fischteich, die Gasthäuser Adam und Zur Linde im Ortsteil Langenfeld und das Eiscafé Grundecke. Etwa 5 km in Richtung Stadtlengsfeld ist der Hundskopf entfernt, im Forsthaus befindet sich eine beliebte Ausflugsgaststätte (Tel. 2568, Mo, Di geschlossen). Im Sommer werden insbesondere von jungen Leuten die Kiesseen bei Immelborn zum Baden genutzt.
Weitere Ausflugsziele sind die Ruine der Krayenburg (12. Jh.) bei Tiefenort, der Hautsee bei Dönges und die nahe Rhön.
❋ Bad Liebenstein ❋ Dermbach ❋ Empfertshausen ❋ Frauensee ❋ Geisa ❋ Kaltennordheim ❋ Kieselbach ❋ Leimbach-Kaiserode ❋ Merkers ❋ Möhra ❋ Stadtlengsfeld ❋ Vacha

Bad Sulza

(Kreis Apolda, Bezirk Erfurt)

Vor mehr als 900 Jahren wurden die Siedlungen der Salzsieder am rechten Ilmufer erstmals erwähnt. Der protestantische Sulzaer Pfarrer Thomas Kirchmaier (Naogeorgus) verfaßte hier im 16. Jahrhundert antipäpstliche Dramen. Um 1600 wurde eine neue Saline eingerichtet, 100 Jahre später folgte eine Strumpfwirkerei. Goethe setzte sich für die Errichtung eines Heilbades ein. Ende des 19. Jh. gewann die kleine Stadt (etwa 4.000 Einwohner) durch den Kurbetrieb an Bedeutung. Heute ist die Salzgewinnung eingestellt, ein modernes Badehaus wurde 1961 errichtet, ein Sole-Freibad steht nicht nur Kurgästen (Atemwegserkrankungen) zur Verfügung.

Museum
Das Salinemuseum (Mo-Fr 14.30-17.00 und Sa-So 9.00-12.00) informiert über die 900jährige Geschichte der Salzgewinnung in Bad Sulza. Im Mittelpunkt der Ausstellung steht der Original-Konventsaal aus dem späten 18. Jh. Das Museum berichtet nicht nur über die Lebens- und Arbeitsbedingungen von Salinenarbeitern im 19. Jh., sondern bietet auch die beiden ältesten Siedehäuser der DDR mit alter Technik (Solebohrtürme, -behälter, Handgöbel, Kunstrad).

Sehenswert
Die Pfarrkirche ist ein einschiffiger Barockbau mit schöner Stuckdecke und stammt wie das Rathaus aus der ersten Hälfte des 18. Jhs. Das Gradierwerk und die Kuranlagen mit Park und Trinkhalle wurden im frühen 19. Jh. angelegt. Eine Gedenkstätte am Ortsausgang und der Ehrenfriedhof (für 442 Kriegsgefangene) erinnern daran, daß von 1933 bis 1937, vor der Errichtung der Konzentrationslager Buchenwald, hier eines der ersten „Schutzhaftlager" der NS-Zeit war.

Ausflüge
✻ Apolda

Bad Tennstedt

(Kreis Bad Langensalza, Bezirk Erfurt)

Die kleine Stadt im Thüringer Becken wurde 775 erstmals erwähnt. Im 15. Jh. wurden die Befestigungsanlagen der Ackerbürgerstadt ausgebaut. Mit dem Bau einer Salpeterhütte, mehrerer Mühlen und einer Papierfabrik setzte die Industrialisierung ein. 1794 war Friedrich von Hardenberg (Novalis) als Hilfsarbeiter in Tennstedt tätig. Erst die Entdeckung einer Schwefelquelle 1811 brachte einen Aufschwung, prominentester Kurgast war Goethe 1816. Heute ist hier ein bedeutendes Heilbad, das jährlich etwa 5.000 gelenkerkrankte Patienten aufsuchen. Viele Menschen arbeiten hier in der Verarbeitungsindustrie und in der Landwirtschaft. Am Stadtrand fällt die riesige Kartoffelaufbereitungshalle auf.

Sehenswert
Die Altstadt ist von einem fast vollständig erhaltenen Mauerring mit dem historischen Osthöfer Tor umschlossen. Die Stadtbefestigung entstand in den Jahren 1448-1483. Die Pfarrkirche ist eine dreischiffige Basilika, die nach einem Brand im 17. Jh. wiederaufgebaut wurde. Die Gottesackerkirche stammt aus dem 15. Jh.

Ausflüge
Die Umgebung wird von industriemäßiger Landwirtschaft geprägt, Hochsilos und Großmaschinen bestimmen das Bild.
✻ Bad Langensalza ✻ Gräfentonna

Bauerbach

(Kreis Meiningen, Bezirk Suhl)

Das kleine Dorf unweit des Grenzübergangs Mellrichstadt-Meiningen war zwischen 1952 und 1989 für Touristen nicht zugänglich, da es im Grenzsperrgebiet lag. Auf Einladung des Herzog von Wolzogen, dessen Familie der Ort von 1701-1808 gehörte, lebte Friedrich Schiller hier unter dem Pseudonym „Ritter" vom 7.12.1782 – 24.7.1783. Er befreundete sich mit dem meiningischen Bibliothekar Reinwald, der seine Schwester heiratete. Schiller schrieb hier an seinem „Don Carlos" und vollendete „Kabale und Liebe". 1787 besuchte er Bauerbach nochmals von Weimar aus.

Museum
Das Schillerhaus (Di-So nach Vereinbarung geöffnet, Tel. 400) im Wohnhaus des Rittergutes Bauerbach zeigt das Arbeitszimmer des Dichters im oberen Stockwerk. Es ist im Originalzustand erhalten geblieben und vermittelt die Atmosphäre, in der Schiller arbeitete.

Veranstaltung
Die dörfliche Laienspielgruppe spielt jährlich im Juni Stücke von Schiller.

Ausflüge
Die Burg Henneberg, Stammsitz des gleichnamigen Grafengeschlechts, erbaut vor

1037, ist weitgehend erhalten geblieben. Der Bergfried stammt aus dem 12. Jh., Palas, Verlies, Kapelle, Kemenate und großer Burghof können besichtigt werden, eine Ausflugsgaststätte befindet sich im Ort Henneberg.
✻ Meiningen ✻ Römhild

Benneckenstein

(Kreis Wernigerode, Bezirk Magdeburg)

Das Gebiet um Benneckenstein (erstmals vor 900 Jahren erwähnt) ist der nördlichste Teil des Landes Thüringen, es gehörte seit dem 15. Jahrhundert den schwarzburgischen Grafen und wurde im Verlauf der Geschichte mehrmals geteilt. Im 30jährigen Krieg wurde der Ort völlig zerstört. Der älteste Teil der kleinen Stadt (etwa 3500 Einwohner) ist Wildenbach unterhalb der früheren Burg. In Benneckenstein an der Rappbode waren die Einwohner zunächst im Eisenbergbau und der Verhüttung tätig, im 19. Jh. siedelten sich kleinere Fabriken (Holzwaren, Zündhölzer) an. Seit etwa 100 Jahren ist der Luftkurort und Wintersportplatz für den Tourismus interessant.

Sehenswert
Ein Spaziergang durch den Kurpark mit Gondelteich und Badeanstalt lohnt sich. In der Nähe des Städtchens befinden sich eine Skisprungschanze und Abfahrtsstrecken.

Veranstaltung
Das traditionelle Finkenschlagen findet jedes Jahr am 2. Pfingsttag auf der Waldbühne statt. Ein Jury ermittelt den Vogel mit der besten Stimme.

Ausflüge
Eine Fahrt mit der Harzquerbahn in Richtung Wernigerode führt durch die reizvolle Harzlandschaft nach Sorge, Elend, Drei Annen Hohne und Schierke. Von dort kann der höchste Berg Norddeutschlands, der Brokken (1141 m) in einem 10 km langen Marsch „bezwungen“ werden.
✻ Ellrich ✻ Nordhausen

Berga/Elster

(Kreis Greiz, Bezirk Gera)

Der Ort wurde im 13. Jh. erstmals erwähnt. Im Mittelalter wechselten mehrfach die Herrscher, über längere Zeiträume gehörte Berga den Vögten von Weida und den albertinischen Kurfürsten. 1815 kam Berga zu Sachsen-Weimar. Anfang dieses Jhs. wurde die Kunstseidenproduktion in dem Ackerbürgerstädtchen eingeführt, die einen wirtschaftlichen Aufschwung brachte. Heute hat Berga etwa 4.000 Einwohner, die vor allem in der Textilindustrie tätig sind.

Sehenswert
Das ehemalige Schloß aus dem 13. Jh. weist noch Reste der Wehrmauern auf, es wurde mehrmals umgebaut und präsentiert sich als schlichter Barockbau, in dem ein volkseigenes Gut untergebracht ist. Die einschiffige Pfarrkirche St. Erhard wurde von 1822-1827 erbaut und ist mit einer schlichten klassizistischen Ausstattung versehen.

Ausflüge
✻ Greiz ✻ Weida ✻ Hohenleuben

Berka/Werra

(Kreis Eisenach, Bezirk Erfurt)

Das einstige Straßendorf an der wichtigen Fernstraße von Frankfurt nach Leipzig wurde 1847 zur Stadt erhoben. 1521 rastete Luther auf seiner Reise zum Reichstag nach

Worms im Gasthaus „Stern". Die Grenze zwischen beiden deutschen Staaten verschloß Berka lange Jahre für den Tourismus, bis die Sperrgebietsverordnung im November 1989 aufgehoben wurde. Bereits 1539 tagten hier hessische und kursächsische Räte, um über Grenzstreitigkeiten zu verhandeln.

Sehenswert
Zahlreiche alte Gebäude sind in Berka erhalten geblieben. Die meisten Fachwerkhäuser stammen aus dem 16.-18. Jh., die Storchenbäckerei ist im ehemaligen Amtshaus untergebracht. Die Pfarrkirche, ein spätgotisches Gebäude aus dem 15. Jh., ist auch von innen sehenswert. Von der Ausstattung sind das Kruzifix (1500), der Taufstein (1530), Kanzel, Orgelprospekt und Chorgestühl erwähnenswert.

Ausflüge
Von hier aus können im sogenannten Thüringer Zipfel die früheren Sperrgebietsdörfer *Untersuhl* (mit Renaissance-Kirche), *Dippach, Dankmarshausen und Großensee,* die über 30 Jahre von der Außenwelt abgeschnitten waren, besucht werden.
✻ Eisenach ✻ Gerstungen

Beuren

(Kreis Worbis, Bezirk Erfurt)

Zwischen Heiligenstadt und Leinefelde an der F 80 liegt der kleine Ort Beuren. 1208 wurde hier ein Kloster der Zisterzienserinnen gegründet. Nach dem 30jährigen Krieg wurde nach den Plänen von Antonio Petrini ein Neubau der Klostergebäude errichtet. 1810 säkularisierte die Regierung des Königreichs Westfalen das Kloster. Heute befindet sich in den historischen Gebäuden ein Altenheim.

Sehenswert
Im ehemaligen Kloster stammen die Deckengemälde (Heiligenlegenden) aus dem Jahr 1718. Die Dorfkirche besitzt einen bemerkenswerten spätgotischen Flügelaltar mit einer Passionsdarstellung.

Ausflüge
Die 2 km südwestlich gelegene Burg Scharfenstein, im 13. Jh. gegründet, im 15. Jh. abgebrannt und später teilweise wieder aufgebaut, hat eine wechselhafte Geschichte. Anfang des 15. Jh. war sie Sitz des berüchtigten Raubritters Hans von Wintzigerode, im 16. Jh. wurde sie von aufständischen Bauern erobert und zerstört. Seit 1961 sind in den restaurierten Gebäuden ein Kinderferienlager und Naherholungszentrum untergebracht. Die Burggaststätte mit Terrasse ist ein beliebtes Ausflugsziel (Mo, Di geschlossen).
✻ Heiligenstadt ✻ Leinefelde ✻ Worbis

Biberau

(Kreis Hildburghausen, Bezirk Suhl)

Der kleine Ort (900 Einwohner), im engen Tal der Biber in etwa 400 m Höhe gelegen, ist 1950 aus den Ortsteilen Lichtenau, Biberschlag, Engenstein und Tellerhammer hervorgegangen. In früheren Jahrhunderten lebten die Menschen vom Wald und waren als Holzfäller, Köhler, Pechsieder und Schreiner tätig. Der Fremdenverkehr begann in den 1950er Jahren und ist heute neben kleinen Industriebetrieben (Holzwolle, Elektorgeräte) wichtigster Wirtschaftsfaktor. Der Tourismus konzentriert sich auf den Ortsteil Biberschlag, wo die jährlich 10.000 Urlauber im Ferienheim „Robert Stamm", Hauptstraße 94, und in Privatquartieren unterkommen.

Gastronomie
In Biberschlag laden die Gaststätten Zum

Zuckerwatte-Verkäufer

Kastanienbaum und Zum Bibergrund ein, in Engenstein gibt es das Gasthaus Zum Goldenen Engel.

Ausflüge

Der 780 m hohe Simmersberg bietet einen weiten Rundblick auf den Thüringer Wald und die Gleichberge bei Römhild. Ein Ringbusverkehr ergänzt das Netz der Wanderwege. Beliebte Ausflugsgaststätten sind die Brunnenbergbaude bei Waldau, die Schönbrunner Berghütte und die Schnetter Waldschänke am Simmersberg.

✻ Hildburghausen ✻ Schleusingen ✻ Eisfeld

Bibra

(Kreis Meiningen, Bezirk Suhl)

Im 13 Jh. wird der Ort, der im Laufe der Geschichte sowohl zu Fulda als auch zum Großherzogtum Würzburg gehörte, erstmals erwähnt. In der Zeit der Reformation war hier ein Zentrum der Wiedertäufer, ihr Führer war Hans Hut, der später im süddeutschen Raum große Wirkung erzielte. Nach 1808 kam Bibra, am gleichnamigen Fluß gelegen, zu Sachsen-Meiningen.

Sehenswert

Die Dorfkirche ist ein einschiffiger Bau (1492 begonnen), aus jener Zeit stammen auch die Wandmalereien, die drei Altäre, Kanzel und Taufstein. Bemerkenswert der geschnitzte St. Kilian aus der Riemenschneider-Werkstatt.

Erhalten blieb bei der Burgruine (1525 zerstört) die „Würzburger Kemenate". Das Schloß ist ein zweigeschossiger Renaissancebau um 1580 mit reichem Portal.

Ausflüge

✻ Meiningen ✻ Römhild

Blankenhain

(Kreis Weimar-Land, Bezirk Erfurt)

Der von Nadelwäldern umgebene Luftkurort (4.000 Einwohner) wurde 1252 erstmals erwähnt. Der an der historischen Kupferstraße gelegene Ort gehörte zeitweilig zu Mainz und zu Preußen. 1790 wurde hier eine Porzellanfabrik errichtet, die bis heute wichtigster Betrieb Blankenhains ist. Erst 1815 kam es zu Sachsen-Weimar-Eisenach, im Schloß war bis zum Ende des 1. Weltkrieges die Irrenanstalt des Großherzogtums untergebracht.

Sehenswert

Das ursprünglich spätgotische Schloß wurde nach einem Brand Ende des 17. Jh. verändert aufgebaut. Hoftor, Treppenturm, Prunkerker und die Brüstung mit gotischem Wappen sind gut erhalten. In dem Gebäude sind das Stadtarchiv und eine Bücherei untergebracht. Es beherbergt auch eine Sammlung der Erzeugnisse der Porzellanfabrik von 1790 bis zur Gegenwart. Die spätgotische Pfarrkirche stammt aus dem 15. Jh. und wurde im vergangenen Jh. umgebaut. Die Schnitzfiguren wurden um 1525 gestaltet.

Gastronomie

In der Ortsmitte gibt es eine Vielzahl von Restaurants, empfehlenswert sind das Parkhotel, Zur Krone, Zur Traube, der Thüringer Hof und das Lindenhaus. Das Haus der Schaffenden hat keinen Mittagstisch, zum Kaffeetrinken lädt die Gaststätte Espresso ein.

Ausflüge

Das Waldbad am Ortsrand ist selbst bei Weimarern beliebt. Ausflugsgaststätten sind die Waldgaststätte Müllershausen (Mo, Di Ruhetage) und Pfennigspfeife im Pfingsthal (Do, Fr Ruhetage).

✻ Weimar ✻ Bad Berka

Bleicherode

(Kreis Nordhausen, Bezirk Erfurt)

Der kleine Ort zwischen den Bleicheroder Bergen und dem „Eichsfelder Tor" an der alten Heerstraße durch das Bodetal gelegen, erhielt bereits im 14. Jh. die Stadtrechte. Bis 1683 war Bleicherode Regierungssitz der Grafschaft Honstein, später kam die Stadt an Brandenburg und an Preußen, nach 1816 war hier Sitz eines Amtsgerichts. Berühmtester Sohn der Stadt ist der 1822 geborene Geograph Petermann. Wirtschaftlich lebte der Ort von der Leineweberei, der Schneckenzucht und seit dem 19. Jh. vom Kalibergbau. Heute arbeiten die knapp 9.000 Einwohner vor allem in der Kali-, Textil- und Möbelproduktion.

Museum

Das Heimatmuseum in der Maxim-Gorki-Straße 56 (Di-Fr u. So 10.00-12.00 und 13.00-17.00) ist in einem 250 Jahren alten Bauernhof untergebracht. Die Regionalgeschichte von den Anfängen bis zur Gegenwart wird hier präsentiert, unter anderem eine Bauernstube aus dem 18. Jh.

Sehenswert

Das Rathaus weist Spuren aus dem 16. Jh. auf (Fachwerkgeschoß, gotische Innentüren). Von der Stadtbefestigung sind noch Reste erhalten, der Zinsturm stammt aus dem 18. Jh. Die Pfarrkirche wurde im 15. Jh. errichtet, im Inneren ist die Deckenmalerei aus der Renaissance-Zeit erhalten.

Gastronomie

Das Waldhaus Japan ist eine im Umkreis beliebte historische Gaststätte (Mo, Di geschlossen, Reservierung unter Tel. 2608 ist empfehlenswert). Das Gebäude hat noch eine Ausstattung aus dem 18. Jh., darunter auch französische Tapeten jener Zeit.

Ausflüge
Die nahegelegenen Bleicheroder Berge mit einem reichen Eibenbestand laden zu Wanderungen ein. Das Naherholungsziel Teichtal bei Hainrode ist etwa 4 km entfernt. Das Tal im Norden der Hainleite mit Campingplatz, Gondelteich und Ausflugsgaststätte ist reizvoll von steilen Berghängen eingefaßt. Der Ausblick reicht bis zum Kyffhäusergebirge.
✻ Nordhausen ✻ Worbis

Bornhagen

(Kreis Heiligenstadt, Bezirk Erfurt)

Das kleine Dörfchen am Hang Höhenberges war über Jahrzehnte für Touristen nicht zugänglich, da es bis zum Herbst 1989 im Grenzsperrgebiet lag. Der Ort entstand im Schatten der Burg an der sogenannten „kleinen Heerstraße“, der Verbindung zwischen dem Werratal und dem Eichsfeld.

Sehenswert
Die Burg Hanstein wurde im 11. Jahrhundert erbaut. Von der Anlage sind noch Teile der Ringmauer, der fünf Tore, der Rundtürme und der einst mächtigen Wohngebäude erhalten. Der hessische Werratal-Verein hat sich in den vergangenen Jahrzehnten intensiv um die Erhaltung der von Hessen aus gut zu sehenden Burg bemüht. Die Festung war im Mittelalter Gerichtssitz für die umliegenden Dörfer. Im 19. Jh. ließ man das Bauwerk umfassend restaurieren, im frühen 20. Jh. war die Burg häufiger Treffpunkt der Jugendbewegung. Von Burg Hanstein hat man einen guten Ausblick auf das Werratal mit Burg Ludwigstein bei Witzenhausen.

Ausflüge
✻ Heiligenstadt

Breitenbach

(Kreis Suhl, Bezirk Suhl)

Der zur Grafschaft Henneberg gehörige Ort wurde im 12. Jahrhundert erstmals erwähnt. Im Mittelalter lebten die Menschen hier als Köhler und Holzfäller, zudem gab es am Breitenbach etliche Mahl-, Hammer- und Schneidmühlen. Im 19. Jh. kamen ein Sägewerk und eine Porzellanfabrik hinzu. Heute leben die knapp 1.000 Einwohner von der Landwirtschaft, vom Fremdenverkehr und der Industrie in der Umgebung. Breitenbach liegt in 450 m Höhe und ist anerkannter Erholungsort, der ein Mittelgebirgsreizklima aufweist.

Sehenswert
Für den Tourismus wurden ein schön gelegenes Waldschwimmbad mit Campingplatz, ein Kulturhaus, eine Sportanlage und eine Kegelbahn geschaffen. Angelmöglichkeiten bestehen am Breitenbach.

Gastronomie
Im Ort gibt es die Gaststätten Aldersberg, Zur Erholung und Haus Stang, die sich alle in der Hauptstraße befinden. Eine beliebte Ausflugsgaststätte in der Nähe ist das Blockhaus Wilke.

Ausflüge
✻ Schleusingen ✻ Suhl

Breitungen

(Kreis Schmalkalden, Bezirk Suhl)

Zwischen dem Thüringer Wald und der Rhön liegt Breitungen (knapp 6.000 Einwohner) im Werratal. Der Ort gehört zu den ältesten Siedlungen der Region, die erste urkundliche Erwähnung stammt aus dem Jahr 933. Zunächst entstanden die drei Niederlassungen Alten-, Königs- und Herrenbreitungen, die sich erst im Jahre 1950 endgültig zusammenschlossen. Im 11. Jh. wurden hier Klöster (Benediktiner) errichtet, die im 16. Jh. aufgehoben wurden. Nach Ende der hennebergischen Herrschaft kamen die drei Orte zu Sachsen-Meiningen. Im Zuge der Industrialisierung entstanden Tabak- und Metallfabriken sowie ein Kraftwerk. Noch heute wird hier Tabak angebaut, die meisten Einwohner sind in der Landwirtschaft, der Metall- und Kunststoffindustrie tätig.

Museum
Ein kleines Heimatmuseum befindet sich im Turm (Aussichtsturm) der romanischen Klosterbasilika, in dem die Orts- und Klostergeschichte dokumentiert wird (geöffnet nach Vereinbarung, Tel. 7131).

Sehenswert
Das ehemalige Benediktinerkloster und spätere Schloß Herrenbreitungen stammt aus dem 11.-12. Jh. und wurde im 16. Jh. ausgebaut, die dreischiffige Basilika wurde in neuerer Zeit restauriert. Sehenswert sind ferner die barocke Dorfkirche im Ortsteil Herrenbreitungen und die Brückenkapelle an der Farnbachbrücke, die im 18. Jh. als Fachwerkbau über einem älteren Unterbau errichtet wurde. Im Ortsteil Frauenbreitungen entwickelte sich die Pfarrkirche (1615) aus einem romanischen Bauwerk. Beachtenswert ist der Schnitzaltar mit bemalten Außenflügeln aus dem frühen 16. Jh. In diesem Ortsteil bietet der Friedenspark ein kleines Tiergehege.

Gastronomie
Am Markt liegen die Gasthäuser Zur Linde und Markthalle, das Werraschlößchen, Gasse, Nürnberger Hof, Liebknecht-Straße, Anacker und Burgbreitungen, Hauptstraße sind ebenfalls empfehlenswert. Im Ortsteil Altenbreitungen bietet das Gasthaus Schmalz Unterkünfte an.

Ausflüge
Das Naturschutzgebiet „Breitunger Seen" (76 Hektar) birgt eine üppige Flora (Seerosen) und Fauna (150 Vogelarten wurden gezählt), ein Rundgang um das von einem breiten Schilfgürtel umrahmte Gebiet beträgt etwa 3,5 km. Das von Breitungen etwa 1 km entfernte Ausflugsgasthaus Seeblick bietet eine weite Aussicht über Breitungen und die benachbarten Orte. Beliebt sind in der Umgebung die Anglergaststätte Schwarzer Hecht in Barchfeld und der knapp 3 km entfernte Hauenhof im Naturschutzgebiet.
✻ Schmalkalden ✻ Bad Salzungen ✻ Bad Liebenstein

Brotterode

(Kreis Schmalkalden, Bezirk Suhl)

Der Erholungs- und Wintersportort im Thüringer Wald hat etwa 4.000 Einwohner und über 20.000 Feriengäste pro Jahr. Brotterode am Großen Inselsberg gehörte im 11. Jh. zu den ältesten Besitzungen der Ludowinger. Bereits im Mittelalter wurde hier Eisenerz gefördert, daraus entwickelte sich eine bedeutende Kleineisenindustrie (Schnallen- und Ringelschmiede). Darüber hinaus spielten im 19. Jh. die Drahtzieherei, die Holz- und Tabakverarbeitung eine Rolle. 1895 brannte der kleine Marktflecken fast vollständig nieder, nach dem Wiederaufbau erhielt der Ort kleinstädtischen Charakter. Mit der Verbreitung des Wintersports Anfang dieses Jahrhunderts und der Entwicklung des Tourismus wuchs die Bedeutung Brotterodes. 1907 fand hier das erste Wintersportfest mit Skiläufern und Rodlern statt. 1936 erhielt Brotterode die Stadtrechte. Arbeitsplätze bieten ein Betrieb für Fahrzeugelektrik, kleine Industriebetriebe, die Landwirtschaft und das Erholungswesen. In Thüringen bekannt ist das „Rennsteig Ensemble Brotterode“ mit Trachtentanz- und Musikgruppen.

Sehenswert
Brotterode bietet sportlichen Urlaubern eine Vielfalt an Möglichkeiten: Kuranlage mit Eisstadion, Schwimmbad, Waldsportgarten, Sport-, Tennis- und Volleyballplätze, Rodelbahn und Skigelände mit Lift sowie Sprungschanzen. Die Inselsbergschanze ist einer der Austragungsorte der Thüringer Dreischanzentournee. Ein Naturlehrpfad ergänzt das touristische Angebot. Gedenksteine erinnern an eine alte Hinrichtungsstätte (Galgenstein), an den Stadtbrand und an in der Umgebung tödlich verunglückte Wintersportler. Einer Sage nach soll Kaiser Karl V. dem Ort verbunden gewesen sein, der Carolus-Brunnen weist darauf hin.

Gastronomie
Die Hotels Zur Krone und Zur guten Quelle, beide in der Schmalkalder Straße, haben ebenso gute Restaurants wie das Gasthaus Thüringer Wald, Platz der DSF, der Treffpunkt, Platz der Jugend, das Deutsche Haus, Liebensteiner Straße, der Thüringer Hof, der Inselsberger Hof und der Berggarten in der Inselsbergstraße. Zu Kaffee und Kuchen laden das Stadt-Café, Inselsbergstraße, und das Café am Mühlrain ein.

Ausflüge
Brotterode ist von Bergen und Wanderwegen umgeben. Zum Großen Inselsberg (918 m, Ausflugsgaststätten, Jugendherberge) sind es gut 4 km. Eine schöne Aussicht auf Thüringer Wald und Rhön bietet auch der 700 m hohe Mommelstein. Die Waldgaststätte Gehege (in der Nähe ist eine Skiroller-Übungsstrecke) und das Berghaus Zum Fuchsbau am Mommelstein sind jeweils etwa 3 km von Brotterode entfernt.
✻Schmalkalden✻Pappenheim✻Friedrichroda ✻ Bad Liebenstein

Buchfart

(Kreis Weimar-Land, Bezirk Erfurt)

Das kleine Dorf im mittleren Ilmtal südlich von Weimar gehörte zum Großherzogtum Sachsen-Weimar.

Sehenswert
Die oberhalb von Buchfart am Steilhang des linken Ilmufers in Muschelkalk getriebene Höhlenburg stammt vermutlich aus der Altsteinzeit, später wurde sie als Raubrittersitz genutzt. Im 14. Jh. gehörte sie den Grafen von Orlamünde, dessen schwach erkennbares Löwen-Wappen am Eingang noch darauf hindeutet. Etwa 20 Felskammern liegen neben- und übereinander und sind teilweise noch gut erhalten. Die Burg ist wegen Steinschlags nicht zugänglich und kann nur aus angemessener Entfernung betrachtet werden. Die überdachte Holzbrücke aus dem 17. und 19. Jh. über die Ilm diente dazu, daß sich Fuhrwerke bei schlechtem Wetter unterstellen konnten. Die sogenannte Hausbrücke ist heute noch für den Verkehr freigegeben. In der Dorfkirche befinden sich ein beachtenswerter Flügelaltar und ein Kruzifix aus der Zeit um 1500.

Gastronomie
Die beiden Gaststätten in Buchfart sind das Burgschloß (Mi, Do Ruhetag) und das Ferienheim Balsamine (Mo, Di Ruhetag).

Ausflüge
✻ Bad Berka ✻ Weimar ✻ Blankenhain

Bürgel

(Kreis Eisenberg, Bezirk Gera)

Das nahegelegene ehemalige Benediktiner-Kloster Thalbürgel wurde 1133 erstmals er-

Überdachte Holzbrücke über die Ilm

wähnt und im 16. Jh. aufgehoben. Die benachbarte kleine Stadt Bürgel gehörte seit 1691 zu Sachsen-Weimar. Mit der Einführung der Bleiglasur erlebte seit dem 17. Jh. die Töpferei in Bürgel einen Aufschwung. Die Ackerbürgerstadt hatte dagegen im 19. Jh. eine geringe wirtschaftliche Kraft. Heute bestimmen das traditionelle Töpfergewerbe und die holzverarbeitende Industrie das wirtschaftliche Leben Bürgels (einschließlich Thalbürgel knapp 3.000 Einwohner).

Museum
Das Keramische oder Töpfermuseum Bürgel (Di-So 13.00-17.00), Badertor, vermittelt die 300jährige Geschichte der Töpferkunst der Stadt. Charakterisches Merkmal der Bürgeler Keramik sind die weißen Tupfen auf blauem Grund. Ausgestellt werden vor allem typische Erzeugnisse der Bürgeler Handwerker. Ein historischer Brennofen befindet sich in der Töpfergasse 14.

Sehenswert
Die Klosterkirche des ehemaligen Benediktiner-Klosters gehört zu den wichtigsten romanischen Bauten der DDR. Die beachtliche dreischiffige romanische Flachdecken-Basilika verfiel nach der Säkularisation 1526 langsam, im 19. Jh. wurde sie wiederaufgebaut und zwischen 1964 und 1970 aufwendig restauriert. Von der Bürgeler Stadtbefestigung ist das Badertor aus dem 13. Jh. mit Fachwerktorhaus erhalten. Die spätgotische Pfarrkirche wurde im 17. und 19. Jh. erneuert. Neben Gottesdiensten finden hier auch Klosterkonzerte statt.

Ausflüge
✻ Jena ✻ Eisenberg

Burgk

(Kreis Schleiz, Bezirk Gera)

Die Festung mit dem kleinen Ort Burgkhammer (250 Einwohner) wurde in der 2. Hälfte des 14. Jh. erstmals erwähnt, scheint aber wesentlich älter zu sein. Mitte des 16. Jh. wurde die Burg in ein modernes Wohnschloß umgestaltet. Gebäude und mittelalterliche Wehranlagen blieben gut erhalten. Besitzer von Schloß Burgk waren zunächst die Herren von Gera, später die Burggrafen von Meißen und schließlich von 1590-1927 die Fürsten von Reuß.

Museum
Das Staatliche Museum Schloß Burgk (geöffnet Di-So 10.00-12.30 und 14.00-17.00; von November bis Februar nur bis 16.00) präsentiert in den historischen Räumen die Petzinger-Galerie (Uniformdarstellungen des Hofmalers), eine Waffen-, Zinn-, Instrumenten- und Glassammlung. Wallensteins Schutzbrief von 1632 ist ebenso zu sehen wie eine Ausstellung über Buchkunst (Pirckheimer-Gesellschaft). Gedenkräume für den Erfinder des Porzellans, Böttger, und für Konrad Duden können ebenfalls besucht werden. Ferner finden wechselnde Ausstellung zur modernen Kunst statt.

Sehenswert
Von der in 410 m Höhe gelegenen Burg hat man einen schönen Ausblick auf das Ausgleichsbecken des Bleilochstausees. Die original Silbermann-Orgel (1743), deren Chortonsystem aus dem Barock erhalten blieb, ist hörenswert. Im Schloßpark steht das Sophienhaus (18. Jh.)

Gastronomie
Die Gaststätte in Schloß Burgk bietet bei gutem Wetter eine sehr schöne Aussicht von der Schloßterrasse.

Veranstaltungen
Von Mai bis September finden in der Schloßkapelle wöchentlich Konzerte auf der Silbermann-Orgel statt.

Ausflüge
Ein schöner Wanderweg entlang der Saale führt zur Ruine Walsburg. Flußaufwärts kann man bequem zur Staumauer der Bleilochtalsperre wandern.
✻ Schleiz ✻ Saalburg

Buttelstedt

(Kreis Weimar-Land, Bezirk Erfurt)

Der Ort wurde im 9. Jh. erstmals erwähnt, kam im 15. Jh. an die Ernestiner und erhielt zu jener Zeit das Stadtrecht. Nach kurzer wirtschaftlicher Blüte verlor Buttelstedt im 18. und 19. Jh. an Bedeutung. Später gehörte die heute noch landwirtschaftlich geprägte Stadt (1200 Einwohner) zu Sachsen-Weimar.

Sehenswert
Die Nikolai-Kirche stammt aus der Spätgotik, wurde aber im 19. Jh. im Inneren neugotisch gestaltet, das Tafelbild und einige Grabmäler sind aus dem 16. Jh. An der Straße nach Olbersleben steht der „Wetzstein", ein hoch aufgerichteter Menhir aus der Jungsteinzeit.

Ausflüge
Ein schöner Spaziergang führt den Rabenbach entlang, der etwa 3 km weiter durch die kleine Talsperre Großbrembach aufgestaut wird.
✻ Weimar ✻ Kölleda

Buttstädt

(Kreis Sömmerda, Bezirk Erfurt)

Die erste urkundliche Erwähnung stammt aus dem 9. Jh. Nach einer wettinischen Herrschaftsperiode fiel der Ort 1485 an die Ernestiner und 1603-1920 an Sachsen-Weimar. Im 17. Jh. wurde Buttstädt durch seine Ochsen- und Pferdemärkte bekannt. Noch heute hat die Gemeinde eine Mittelpunktfunktion in einer ländlich strukturierten Gegend.

Museum

Das Heimatmuseum im alten Vogtshaus, Freiheitsstraße (geöffnet an Sonn-und Feiertagen 14.00-16.00, Januar und Februar geschlossen, für Gruppen nach Vereinbarung, Tel. 333 und 334), zeigt Ausstellungen zur Frühgeschichte und neueren Ortsentwicklung. Zu sehen sind bäuerliches Gerät, eine alte Apotheke sowie historische Möbel.

Sehenswert

Der Bau des Rathauses wurde 1501 begonnen und erst Anfang des 17. Jhs. beendet, in den folgenden Jahren ist der Gemengbau mehrfach verändert worden. Die Michaelis-Kirche ist eine dreischiffige Hallenkirche, die im Barock nach einem Brand neu aufgebaut wurde. Beeindruckend sind der Kanzelaltar und die Ausmalung durch den Florentiner Minetti.

Ausflüge

✻ Rastenberg

Camburg

(Kreis Jena-Land, Bezirk Gera)

Camburg war einst eine durch die Saale geteilte Stadt, links des Flusses lag die thüringische, rechts die meißener Hälfte. Die heute noch erhaltene Ruine Camburg wurde erstmals 1116 erwähnt. Über lange Zeit war der Ort Zentrum der Holzflößerei auf der Saale. Seit dem 15. Jahrhundert gehörte Camburg zu verschiedenen ernestinischen Herrschaften, 1680 zu Sachsen-Altenburg, 1707 zu Sachsen-Gotha-Altenburg, 1802 zum fernen Meiningen.

Museum

Das Heimatmuseum Camburg (Di 8.00-12.00, 14.00-16.00; Mi-Do, So 14.00-16.00; Fr 9.00-11.00 und nach Vereinbarung, Tel. 2652), Amtshof 1-2, stellt die Geschichte von Camburg und der Umgebung vor. Schwerpunkt der Sammlungen ist altes Handwerksgerät, die traditionellen Berufe der Blaudrucker und Töpfer werden präsentiert. Der Amtshof wurde 1742 auf dem Gelände der Unterburg errichtet.

Sehenswert

Der Bergfried der über dem Ort gelegenen Ruine wird Matzturm genannt (37 m). Die spätgotische Pfarrkirche wurde im frühen 18. Jh. in barocken Formen umgestaltet, der alte Turm blieb erhalten. Die Cyriakskirche (12. Jh.) liegt etwa 1,5 km außerhalb, sie ist eine beeindruckende Ruine einer romanischen Pfeilerbasilika. Interessant sind ferner eine gedeckte Holzbrücke über die Mühllache und saaleabwärts eine in den Fels gehauene romanische Klause.

Gastronomie

Das Gasthaus Weintraube, Kirchstraße 20, erinnert an den noch heute an der mittleren Saale betriebenen Weinbau. Hier kann man essen und auch übernachten.

Ausflüge

✻ Dornburg ✻ Jena ✻ Apolda

Catterfeld

(Kreis Gotha, Bezirk Erfurt)

Man vermutet, daß bereits Bonifatius die Johanniskirche im 8. Jh. und damit den Ort Altenbergen, ein Ortsteil von Catterfeld, gegründet hat. Die erste Erwähnung stammt jedoch erst aus 1195. Die Bewohner der beiden zusammengeschlossenen Dörfer lebten von der Waldarbeit, Frauen und Kinder stellten im 19. Jh. in Heimarbeit Puppen her. Heute leben in dem staatlich anerkannten Erholungsort etwa 1400 Einwohner, die in holz- und kunststoffverarbeitenden Kleinbetrieben beschäftigt sind und die zehnfache Zahl an Feriengästen betreuen.

Sehenswert
Ein Denkmal des Kandelabers auf dem Johannisberg aus dem Jahre 1811 erinnert an Bonifatius. Das Naherholungszentrum Paulfeldteich ist etwa 2 km entfernt. Hier befinden sich Sportanlagen, ein Zeltkino und Versorgungseinrichtungen.

Gaststätten
Für Verpflegung sorgen Schillershöhe, Waldfrieden und Zum Candelaber sowie das Bierstübel im Ortsteil Altenbergen.

Ausflüge
Zur Gaststätte Neues Haus (5 km) führt ein schöner Wanderweg, auf dem man einen weiten Ausblick auf den Ort und die Höhen des Thüringer Waldes hat.
✻ Friedrichroda ✻ Georgenthal

Clingen

(Kreis Sondershausen, Bezirk Erfurt)

Der Ort gehört zu einer Reihe von Siedlungen, die an der künstlich angelegten sächsischen Helbe liegen. Der Name Clingen deutet bereits darauf hin, denn er bedeutet künstliche Wasserläufe. Clingen, im Zusammenhang mit Greußen zuerst im 9. Jh. erwähnt, lebte vor allem von seiner Kupferhütte. Im 14. Jh. wurde es zur Stadt erhoben.

Sehenswert
Die Parkanlage im Ort ist bei den Besuchern besonders beliebt. Das Helbe-System ist ein Meisterwerk mittelalterlicher Wasserbautechnik (13. und 14. Jh.). Der eigentliche Flußlauf wurde um etliche Kanäle erweitert, um ein Dutzend Mühlen und Hütten zu betreiben.

Ausflüge
✻ Greußen ✻ Weisensee ✻ Sondershausen

Creuzburg

(Kreis Eisenach, Bezirk Erfurt)

Der Ort entstand an einer wichtigen Furt eines West-Ost-Handelsweges über die Werra. Die Burganlage aus dem 12. Jh. war neben der Wartburg Hauptsitz der Thüringer Landgrafen, die Hl. Elisabeth gebar hier ihren Sohn Hermann. 1213 beschloß Landgraf Hermann von Thüringen, hier eine Stadt zu gründen. Im 13. Jh. entstanden so das Schloß, die Nikolaikirche und die steinerne Werrabrücke. Im 15. Jh. wurde Creuzburg den Ernestinern zugeschlagen und gehörte später zumeist zu Sachsen-Weimar-Eisenach. Durch die innerdeutsche Teilung lag das Städtchens an der Peripherie, Kleinindustrie und Landwirtschaft prägen das Leben der rund 2500 Einwohner. Seit Öffnung eines neuen Grenzübergangs an der F 7 wird der Ort häufiger besucht.

Sehenswert
Creuzburg ist reich an historischer Bausubstanz. Von Eisenach kommend überquert

man die Werra parallel der 1225 erbauten romanischen Steinbrücke. Die Liboriuskapelle ist der Kopfbau der Brücke. Sie wurde umfassend restauriert. Im Innern sind wertvolle spätgotische Fresken (1520). Die 44 Wandbilder stellen Szenen aus dem Leben der Hl. Elisabeth dar. Von der Stadtbefestigung ist der Mauerring teilweise erhalten geblieben. Die Nikolaikirche und die Gottesackerkirche wurden ebenfalls im romanischen Stil errichtet. Das Schloß (Schule und Verwaltung) hat sich aus einer romanischen Burganlage entwickelt und wurde im 16. und 18. Jh. umgebaut. Im Palas steht die restaurierte Elisabeth-Kemenate. Das gelbe Haus ist ein schlichter Renaissancebau. In der Stadtmitte befinden sich zahlreiche beachtliche Fachwerkbauten.

Ausflüge
In der Nähe liegt die ehemalige Saline Wilhelmsglückbrunn. Der 504 m hohe Heldrastein im Norden kann erwandert werden und bietet einen weiten Blick in den hessischen Ringgau.
✻ Eisenach

Cursdorf

(Kreis Neuhaus a.R., Bezirk Suhl)

Der in über 700 m Höhe liegende Ort wurde erstmals im 16. Jh. erwähnt und gehörte bis 1920 zu Schwarzburg-Rudolstadt. Forstwirtschaft und Glaserzeugung waren die Haupterwerbszweige. Heute leben hier 850 Menschen, über 10.000 Touristen verbringen hier pro Jahr ihren Urlaub.

Sehenswert
Das Bergdorf besitzt keine historische Bausubstanz, dafür aber schmucke mit Schiefer verkleidete Häuser. Für Wintersportler gibt es ein Skiübungsgelände, den Lift Talmühle,

eine Sprungschanze und einen Sportgeräteverleih. Durch das Königstal und das Grundermannstal wurden Naturlehrpfade in schöner Umgebung angelegt, zudem stehen dem Besucher ein Waldsportgebiet und eine Kleinsportanlage zur Verfügung.

Gastronomie
Die größte Gaststätte ist die Cursdorfer Höhe, verpflegt wird man aber auch in den Gasthäusern Zum Roten Hirsch, Koch, Bergtourist und Talmühle. Das Café zur Biene hat nachmittags geöffnet.

Ausflüge
Eine Talfahrt mit der Oberweißbacher Bergbahn ins Schwarzatal gehört zu den beliebtesten Exkursionen. Nicht weit sind die Spaziergänge zur Meuselbacher Kuppe (789 m) und zum Fröbelturm, jeweils mit Gaststätte und Aussichtsturm. Im benachbarten Deesbach gibt es eine mittelalterliche Wallanlage sowie einen Betrieb für Porzellanmalerei, den man mit etwas Glück besichtigen kann.
✻ Oberweißbach ✻ Neuhaus a.R.

Dermbach

(Kreis Bad Salzungen, Bezirk Suhl)

Der im 12. Jh. erstmals genannte Ort gehörte lange Zeit zum Stift Fulda. Im 30jährigen Krieg wurde Dermbach zerstört. Nach 1707 errichteten die Fuldaer Bischöfe hier ein Schloß und nutzten den Rhönort zweitweilig sogar als Residenz. 1815 trat Preußen Dermbach an das Großherzogtum Sachsen-Weimar ab. Mitte des 19. Jh. wurde hier die Korkschneiderei eingeführt, heute befindet sich an dieser Stelle der einzige derartige Betrieb in der DDR. Neben der Glas- und Holzverarbeitung spielen die Land- und Forstwirtschaft eine Rolle im wirtschaftlichen Leben. Etwa 3500 Einwohner leben gegenwärtig in der Gemeinde.

Museum
Das Kreis-Heimatmuseum, Bahnhofstraße 16 (Di-Sa 9.00-17.00; März bis Oktober auch So. 14.00-17.00, nach Vereinbarung auch zu anderen Zeiten, Tel 413), zeigt Leben und Alltag in der Vorderrhön. Die Werkstatt eines Pfeifenkopfdrehers wird ebenso dokumentiert, wie die Korkverarbeitung im Ort.

Sehenswert
Die katholische Kirche ist ein einschiffiger Barockbau aus dem 18. Jh. mit einem sehenswerten Wappenportal. Die evangelische Pfarrkirche stammt aus der gleichen Zeit und wurde auf einer spätgotischen Anlage errichtet. Bemerkenswert ist das Abendmahlsrelief aus dem 15. Jh. Das barocke Schloß wird von der Armee genutzt. Im Ortsteil Glattbach befindet sich ein Naturschutzgebiet am Westhang des Neuberges, der Ibengarten. Die etwa 400 Eiben sind zwischen 800 und 1.000 Jahren alt.

Gastronomie
Der Sächsische Hof, Bahnhofstraße 2, bietet Speisen und Übernachtungsmöglichkeiten. In der gleichen Straße ist noch die Klause zu nennen; am Markt befinden sich das Deutsche Haus, Markert und Café Beckmann. Für kleine Ausflüge laden die Gasthäuser Zum Baier im nahen Unteralba und Zur Linde in Oberalba ein.

Ausflüge
Der 714 m hohe Baier ist der Hausberg Dermbachs, an dem sich im Winter auch Skihänge befinden. Angelmöglichkeiten bietet die Felda südlich und nördlich des Ortes. Ein Ausflug lohnt das nahe Bernshausen (Renaissancekirche, Jugendherberge). Nahe dem Dorf liegt das Naturschutzgebiet „Bernhäuser Kutte“, ein fast 50 m tiefer See, der durch den Einbruch einer etwa 350 m breiten Erdfläche entstanden ist.
✻ Bad Salzungen ✻ Kaltennordheim ✻ Stadtlengsfeld

Deuna

(Kreis Worbis, Bezirk Erfurt)

Der kleine Ort am Fuß des Düns entstand im Zuge des Baus der Wasserburg im 12. Jh. Im Bauernkrieg, als der Ort dem Geschlecht von Hagen und den Grafen von Schwarzburg unterstand, wurde die Burg zerstört. Im späten 16. Jh. wurde mit dem Wiederaufbau begonnen. Die Menschen in Deuna lebten im 18. und 19. Jh. vor allem von der Leineweberei. 1973-1975 wurde hier der VEB Eichsfelder Zementwerk errichtet, eines der größten Werke Europas.

Sehenswert
Die Wasserburg besteht aus einem Naturstein-Unterbau und Fachwerkobergeschossen. Mauern, Wehrturm und Schießscharten blieben erhalten. Das Schloß ist heute ein Altersheim, das nur von außen besichtigt werden darf.

Ausflüge
Der Dün ist ein Natur- und Landschaftsschutzgebiet mit Höhen bis zu 516 m. Hier kann man stundenlang einsam wandern.
✻ Worbis ✻ Heiligenstadt ✻ Bleicherode ✻ Dingelstädt

Dingelstädt

(Kreis Worbis, Bezirk Erfurt)

Die eichsfeldische Stadt nahe der Unstrutquelle hat etwa 5.000 Einwohner. Um 900 wird der Ort erstmals erwähnt. Seit dem Mittelalter wurden hier Märkte abgehalten. Im Zuge der Industrialisierung siedelten sich hier einige textilverarbeitende Fabriken an: Kämmerei, Spinnerei, Walkerei und Färberei. Bis heute spielen die Textilverarbeitung und das Handwerk eine wichtige Rolle. 1838 wurde eine Zigarrenfabrik (Birkunger Straße) errichtet und ausgebaut. In den 1960er Jahren wurde die Tabakverarbeitung grundlegend modernisiert.

Sehenswert
Die Kleine Kirche, offiziell Kirche Maria im Busch, stammt aus 1688. Beeindruckend ist die spätgotische Schmerzenmutter im Innern des Gotteshauses. Die Pfarrkirche St. Gertrudis stammt aus dem 19. Jh. und wurde im neugotischen Stil errichtet.

Gastronomie
Empfehlenswert sind das Gasthaus Deutscher Hof und das Café Central.

Ausflüge
Auf dem etwa 1 km entfernten Kerbschen Berg befindet sich eine neuromantische Franziskaner-Klosterkirche. Hier wurden im 18. Jh. für Wallfahrer 15 Stationen des Kalvarienberges errichtet. Die Quelle der Unstrut liegt 4 km entfernt bei Kefferhausen.
✻ Worbis ✻ Heiligenstadt ✻ Mühlhausen ✻ Leinefelde ✻ Wachstedt ✻ Deuna

Döringsdorf

(Kreis Heiligenstadt, Bezirk Erfurt)

Der Ort am Hülfensberg wurde im 14. Jh. mit den benachbarten kleinen Eichsfeld-Dörfern Bebendorf, Großtöpfer und Geismar häufig von Wallfahrern besucht. Damals kamen die Pilger zum wundertätigen Standbild der portugiesischen Märtyrerin Wilgefortis (12. Jh.). Um 1370 wurde hier eine gotische Halle errichtet. Nach der Reformation setzte 1575 die Gegenreformation durch die Jesuiten ein. Das Eichsfeld wurde für den katholischen Glauben und für das Erzbistum Mainz zurückgewonnen. Um 1890 wurde die Kirche restauriert und 1903 die nahe gelegene Bonifatiuskapelle (1716) umgebaut. Von 1952-1989 lagen Ort und Wallfahrtsstätten im Grenzsperrgebiet und durften weder von Touristen noch von Wallfahrern aufgesucht werden.

Sehenswert
Nahe dem Grenzzaun befinden sich die gotische Wallfahrtskirche mit einer Statue des Hl. Bonifatius und die Bonifatiuskapelle, auf hessischem Gebiet steht ein großes Kreuz, zu dem die Gläubigen gewandert sind, als die Stätten in Thüringen nicht zugänglich waren. In Döringsdorf selbst steht eine klassizistische Dorfkirche mit einem beachtenswerten Altaraufsatz aus dem 18. Jh.

Ausflüge
✻ Heiligenstadt ✻ Mühlhausen

Dornburg

(Kreis Jena-Land, Bezirk Gera)

Im Jahr 937 wurde Dornburg erstmals genannt. Die alte Befestigung befand sich an der Stelle des heutigen alten Schlosses. Erst 400 Jahre später wird die Stadt Dornburg erwähnt. Der Ort ging zunächst in den Besitz der Albertiner über, im 16. Jh. erhielten die Ernestiner Stadt und Schloß, nach 1691 war die kleine Stadt Teil von Sachsen-Weimar. Die drei Schlösser entstanden zwischen dem 15. und 17. Jh. Von der Industrialisierung wurde Dornburg, wo heute knapp 1.000 Menschen leben, kaum berührt.

Museum
In den Dornburger Schlössern befindet sich heute ein Museum der Nationalen Forschungs- und Gedenkstätten der klassischen deutschen Literatur (geöffnet April bis September Di-So 9.00-12.00 und 14.00-16.00, Oktober und März Di-So 10.00-12.00 und 14.00-15.00, im November und Februar nur nach Voranmeldung, Tel. 291). Die Goethe-Gedenkstätte befindet sich im Renaissance-Schloß; im Rokoko-Schloß können bei einer Führung der Festsaal und andere im Original erhaltene Räume besichtigt werden.

Sehenswert
Die drei Dornburger Schlösser liegen auf einer Muschelkalk-Hochfläche etwa 100 m über der Saale. Der Park, der die Gebäude verbindet, hat einen schönen Rosengarten und Weinterrassen. Das Renaissance-Schloß entstand 1539, hier wohnte Goethe 1828. Das Rokokoschlößchen wurde Mitte des 18. Jh. gebaut. Hier arbeitete Goethe an seinem Schauspiel „Iphigenie". Das spätgotische Alte Schloß ist heute ein Altenheim. Die barocke Pfarrkirche wurde 1717 geweiht.

Gastronomie
Im Schloßpark befindet sich eine Caféterrasse (Selbstbedienung) in reizvoller Umgebung.

Ausflüge
Im nahen Dorndorf im Tal ist eine mittelalterliche Dorfkirche, die im Barock neu errichtet wurde, sehenswert. Saaleaufwärts liegt Kunitz (500 Einwohner) mit der Kunitzburg-Ruine oberhalb des Ortes. Der Gleisberg (390 m) bietet eine schöne Sicht auf die Dornburger Schlössern.
✻ Jena ✻ Camburg

Ebeleben

(Kreis Sondershausen, Bezirk Erfurt)

Am rechten Ufer der Helbe liegt die kleine Stadt Ebeleben, die im Mittelalter Sitz einer kleinen Herrschaft war, im 14. Jh. kam der Ort an die Schwarzburger Grafen, von 1651-1681 war hier die Residenz einer schwarzburgischen Nebenlinie. Im Bauernkrieg wurden das Zisterzienserinnen-Kloster und das

Schloßpark aus dem 18. Jahrhundert

Schloß zerstört. Das später wiederaufgebaute Schloß, das die Sondershäuser Fürsten bewohnten oder zur Jagd nutzten, wurde 1945 durch Beschuß vollständig vernichtet. Landwirtschaft und Kleingewerbe dominieren die Wirtschaft in Ebeleben (2100 Einwohner), das erst 1928 die Stadtrechte erhielt.

Sehenswert
Die Parkanlage aus dem 18. Jh. blieb erhalten und hat noch einige alte Skulpturen. In der ehemaligen Orangerie ist heute ein Heim untergebracht. In der barocken Pfarrkirche befinden sich Grabdenkmäler einer schwarzburgischen Prinzessin und von Hans von Ebeleben. An der Südseite der Kirche befindet sich die schwarzburgische Grabkapelle.

Gastronomie
Das beste Haus ist das Hotel Thüringer Hof in der Wilhelm-Klemm-Straße 35.

Ausflüge
✻Sondershausen✻Schlotheim✻BadLangensalza ✻ Mühlhausen

Ebersdorf

(Kreis Lobenstein, Bezirk Gera)

Der Ort, der sich aus einem Rittergut entwickelt hatte, wurde 1678 zur Residenz einer Seitenlinie des Hauses Reuß. Im 18. Jh. siedelte sich die pietistische Herrnhuter Brudergemeinde des Grafen Zinzendorf an. Es wurden mildtätige Stiftungen, ein Waisenhaus und andere Einrichtungen gegründet, so daß der Ort aus einer Anstalts-, Orts- und Hofgemeinde bestand. Noch heute bestimmt die Herrnhuter Gemeinde das Bild des Ortes.

Sehenswert
Das Barockschloß mit klassizistischer Säulenfront ist heute ein Pflegeheim und nicht zugänglich. Einen Besuch lohnt der Schloßpark. Er wurde als Barockgarten angelegt und als Landschaftsgarten umgestaltet, hier befindet sich ein von Barlach gestaltetes Grabmahl der Familie Reuß, ein Teehäuschen und ein Freilichttheater.

Gastronomie
Die Orangerie im Schloßpark wird als Kulturzentrum und Gaststätte genutzt.

Ausflüge
Das Gartenhaus Bellevue zwischen Ebersdorf und Schönbrunn ist ein Rokokobau von 1783 und beliebtes Ausflugsziel (Jugendherberge). Zur nahegelegenen Bleilochtalsperre führen idyllische Wanderwege.
✻ Lobenstein ✻ Saalburg

Eckartshausen

(Kreis Eisenach, Bezirk Erfurt)

Der Ort wurde erst spät urkundlich erwähnt. Im 16. Jh. wirkte hier Melchior Rink, einer der führenden Köpfe der Wiedertäufer, als Pfarrer. Der Kupferbergbau war einer der wichtigstes Erwerbszweige. Goethe war in Schloß Wilhelmsthal zu Besuch, er nahm den Park als Vorbild der Landschaft in seinen „Wahlverwandtschaften". Heute hat der Ort etwa 700 Einwohner, die vor allem in der Landwirtschaft tätig sind.

Sehenswert
Schloß Wilhelmsthal, etwa 2 km entfernt, wurde 1719 anstelle eines Jagdhauses von Herzog Johann Wilhelm errichtet. Das Gebäude wurde 1850 und 1909 erweitert. Zur Zeit ist hier eine Internatsschule und ein Kinderferienlager untergebracht. Der Park wurde im 18. Jh. im französischen Stil angelegt und ist heute ein englischer Landschaftspark. Der See war für Fahrten mit Prunkgondeln gedacht. Heute kann man hier rudern und im Park wandern.

Gastronomie
Das Kulturhaus bietet ebenso Speisen und Getränke wie die Gaststätten Zum Hirsch und Zum Stern.

Ausflüge
Besonders attraktiv für Touristen ist das Naherholungszentrum Altenberger See mit Campingplatz. Mitten im Wald befindet sich ein Zeltkino, im See bestehen gute Bademöglichkeiten. Vom Milmesberg und Schwalbennest hat man einen guten Ausblick auf den Thüringer Wald, die Rhön und Wilhelmsthal. Ein schönes Gartenrestaurant ist der Waldfrieden in Unkeroda. Ein beliebter Wanderweg führt auch zur Ausflugsgaststätte, dem ehemaligen Jagdhaus Hohe Sonne, am Rennsteig.
✻ Eisenach

Eisenach

(Kreisstadt im Bezirk Erfurt)

Die Wartburg wurde von Ludwig dem Springer etwa um 1067 errichtet. Die Burg war um 1200 zu einem Zentrum der höfischen Kultur in Deutschland geworden. Das Dorf „Isenacha" wurde von den Ludowingern vermutlich im Zusammenhang mit dem Bau der Wartburg gegründet. 1150 wurde Eisenach erstmals urkundlich erwähnt. Bereits um 1500 zählte die Stadt rund 4.000 Einwohner. Martin Luther war hier von 1497-1501 Lateinschüler und 20 Jahre später als „Junker Jörg" auf der Wartburg versteckt. 1572 wurde die Stadt Residenz des Herzogtums Sachsen-Eisenach, 1741 kam sie zu Sachsen-Weimar. Im 30jährigen Krieg brannten fast zwei Drittel der Stadt ab. In Eisenach wurden 1685 Johann Sebastian Bach und 1840 Ernst Abbe geboren. Im 19. Jh. trafen sich hier die Studenten-Burschenschaften aus ganz Deutschland, um für die deutsche Einheit zu demonstrieren. 1869 wurde in der Stadt die Sozialdemokratische Deutsche Arbeiterpartei gegründet. Gleichzeitig entwickelte sich die Industrie, 1896 wurde die Fahrzeugfabrik AG, der Vorläufer des jetzigen Automobilwerkes gegründet. Seit 1922 ist Eisenach Sitz

Lutherhaus in Eisenach

der evangelischen Landeskirche von Thüringen. Heute leben etwa 50.000 Einwohner in der grenznahen Kreisstadt.

Museen

Die *Wartburg* (Februar bis April, Oktober 8.30-16.00, Mai, Juni, September 8.30-16.30, Juli-August 8.30-17.00, November bis Januar 9.00-15.30) ist das bekannteste Museum Eisenachs. Die mit Führung zugänglichen Ausstellungen präsentieren die Geschichte der Burg, mittelalterliche Kunstwerke, Lutherstube und die wertvolle Ausgestaltung der Burg.

Das *Bachhaus,* Frauenplan 21 (Mo-Fr 9.00-17.00, Sa 9.00-12.30 und 14.00-17.00, So 10.00-12.30 von April bis September zusätzlich 14.00-17.00) wurde 1906 als Stätte des Bachstudiums errichtet. Die sehenswerte Ausstellung informiert über Leben und Werk des Komponisten.

Das *Lutherhaus,* Lutherplatz 8 (täglich 9.00-13.00 und 14.00-17.00) vermittelt Informationen über den Reformator, der hier als Lateinschüler gelebt hat. Im Obergeschoß befindet sich eine ständige Ausstellung über das Leben im deutschen Pfarrhaus.

Das *Thüringer Museum Eisenach* (Di-So 9.00-12.30 und 14.00-17.00) präsentiert seine Bestände in drei historischen Gebäuden. Im Schloß am Markt wird Kunsthandwerk und Volkskundliches gezeigt, in der Predigerkirche, Predigerplatz 2, kann man mittelalterliche Schnitzplastik besichtigen und im Teezimmer des Karthausgartens sind die kostbaren Eisenacher Tapetenbilder zu sehen.

Die *Gedenkstätte Eisenacher Parteitag 1869,* Friedrich-Engels-Straße 57 (Di-Fr 8.00-17.00, Sa 9.00-13.00, So 9.00-12.30) dokumentiert die Geschichte der Arbeiterbewegung und die Gründung der Sozialdemokratischen Arbeiterpartei.

Das *Automobil-Museum,* Wartburgallee (täglich 9.00-17.00), zeigt die Entwicklung der örtlichen Pkw-Produktion. In der Fischweide ist zudem das interessante Traditionskabinett der Automobilwerker zu besichtigen (Mo-Fr 6.45-16.10).

Das *Reuter-Wagner-Museum,* Reuterweg 2 (Mo-Sa 9.00-12.30 und 14.00-17.00) zeigt die Wohn- und Sterbestätte des mecklenburgischen Dichters Fritz Reuter und eine seltene Richard Wagner-Sammlung, der Komponist setzte der Wartburg mit seinem „Tannhäuser" ein musikalisches Denkmal.

Sehenswert

Die Wartburg gruppiert sich um zwei Höfe, einziger Zugang ist über eine Zugbrücke. Die Burg, die vermutlich zwischen 1067 und 1080 entstand wurde im 19. Jh. wiederhergestellt und baulich verändert, zwischen 1952 und 1967 wurde sie erneut umfassend restauriert. Die weiträumige Anlage beeindruckt durch ihr Gebäudeensemble mit Bergfried, Vogtei, Kemenaten, Gadem, Palas und Torhalle. Die im 19. Jh. entstandenen Fresken Moritz von Schwinds stellen die Burggeschichte dar. In den Sommermonaten ist für Kinder der Ritt zur Wartburg auf Eseln

möglich. In der Saison und insbesondere an den Wochenende ist die Burg als beliebtes Ausflugsziel überlaufen. Für die 90-minütige Führung müssen oft lange Wartezeiten in Kauf genommen werden.
Zentren der Altstadt sind der „Sonnabendmarkt" (Platz der DSF) mit Nikolaikirche und der „Mittwochmarkt" (Markt) mit Georgenkirche, Schloß und Rathaus. Das Schloß (Thüringer Museum) entstand im 18. Jh., das Rathaus ist ein spätgotischer Bau mit Renaissance-Elementen. In der Pfarrkirche St. Georg (1180 begründet, später umgebaut) hat Luther 1521 gepredigt, als er bereits unter Reichsacht stand, hier wurde J.S. Bach getauft und hier ist die Grabstätte der thüringischen Landgrafen. Am Platz der DSF befindet sich die romanische Nikolaikirche mit dem gleichnamigen Tor, einem Rest der Stadtbefestigung aus dem 12. Jh. Das Lutherdenkmal von Donndorf wurde 1895 errichtet. Die Hospitalkirche St. Annen in der Georgenstraße ist 1226 von der Hl. Elisabeth gegründet worden. Das wohl älteste Gebäude der Stadt ist in der gleiche Straße, der Hellgrevenhof.
Sehenswert ist neben zahlreichen Bürgerhäusern auch das Burschenschaftsdenkmal, das sich etwas außerhalb der Stadt auf der Göpelskuppe befindet. Das wuchtige Denkmal erinnert an das Treffen der studentischen deutschen Jugend 1817 und wurde 1902 erbaut.

Gastronomie

Die besten Restaurants befinden sich im Wartburghotel, Parkhotel, Wartburgallee; Stadt Eisenach, Luisenstraße 11; Thüringer Hof, Platz der DSF 11; Berghof, Göpelskuppe; Sophienau Mariental; Glockenhof, Grimmelsgasse 4. Zu empfehlen sind ferner die Gaststätten Liliengrund, Mariental 10, Drachenschlucht, Engels-Straße 27, Harmonie, Rittergasse 1, Volksschwimmhalle, Katzenaue, und Zwinger, Nikolaitor. An Cafés sind zu nennen das Stadtcafé in der Karlstraße 33, die Süße Ecke und Café Brüheim,

Rathaus in Eisenach

beide in der Engels-Straße und das Central in der Johannisstraße. Das Jugendeiscafé am Platz der DSF ist ebenso wie das Galeriecafé, Eberstraße 12, ein beliebter Treffpunkt junger Leute.
Die wichtigsten Ausflugsgaststätten sind das Parkhaus an der Wartburgschleife (außer Mo), Hohe Sonne am Rennsteig (außer Mo und Di), das Waldhaus Sängerwiese (außer Di, Mi), Waldschänke im Johannistal (außer Do, Fr) und die Siedlerschänke, Hofferbertaue (außer Di, Mi).

Veranstaltungen

Ein altes traditionsreiches Volksfest mit Festzug und blumengeschmückten Häusern ist der Sommergewinn, der jeweils am Wochenende vor Ostern gefeiert wird.
Die Betriebsfestspiele der Automobilwerke bieten jährlich im Juni ein vielfältiges Programm von einer Oldtimer-Ralley bis Musikveranstaltungen.

Die Wartburg

In den Sommermonaten finden die Wartburgkonzerte des Rundfunks statt, die Thüringer Bachtage werden im März und April begangen. Unterschiedliche Veranstaltungen bietet auch das Kulturhaus, Heinrich-Heine-Straße, an. Das kulturelle Angebot wird durch das Landestheater Eisenach, Leninplatz, und die Landeskapelle bereichert. Für junge Leute stehen täglich Veranstaltungen im Jugendklubhaus am Platz der DSF, im Brunnenkeller, Markt 10, und im Jugendklub Sonne, Georgenstraße 48, auf dem Programm. Ein Sport- und Freizeitzentrum befindet sich an der Katzenaue.

Ausflüge
Unterhalb der Wartburg befindet sich die 200 m lange Drachenschlucht, die Felswände haben bizarre Formen, vor allem im Winter können hier meterhohe Eiszapfen die Landschaft verzaubern.
Östlich der Stadt liegen die Kalksteinfelsen der Hörselberge (484 m) mit seltener Flora. Nahe des Gipfels des großen Hörselberges befinden sich die Venus- und die Tannhäuserhöhle sowie das Jesusbrünnlein, auf halber Höhe liegt eine Ausflugsgaststätte.
Kaum mehr erkennbare Reste der alten Eisenacher Burg kann der Wanderer auf dem Metilstein (398 m), der vom Mariental bequem zu erklimmen ist, finden.
✻Berka/Werra✻Creuzburg✻Eckartshausen ✻ Gerstungen ✻ Großburschla ✻ Hörschel ✻ Lauchröden ✻ Marksuhl ✻ Mihla ✻ Ruhla ✻ Thal ✻ Wutha-Farnroda

Eisenberg

(Kreisstadt im Bezirk Gera)

Die Kreisstadt (13.000 Einwohner) wurde 1171 erstmals erwähnt und erhielt 1274 die Marktrechte. Zunächst war Eisenberg ein Teil Kursachsens, wurde dann ernestinisch und war von 1680 bis 1707 Residenz des kleinen Herzogtums Sachsen-Eisenberg. Die aufwendige Hofhaltung in dem Kleinstaat führte schnell zu Bankrott, den der Herzog mit Hilfe von Alchimisten aufzuhalten suchte. Danach gehörte die Stadt bis 1918 zu Sachsen-Altenburg. In der kurzen Residenzzeit wurde das Schloß Christianenburg 1692 erbaut, heute Sitz des Rates des Kreises. Während im Mittelalter die Eisengewinnung eine Rolle spielte, gewann die Porzellanherstellung im 19. Jh. an Bedeutung, hinzu kamen eine Piano- und Filmfabrik sowie textilverarbeitende Betriebe. Heute bestimmen die Möbel- und Porzellanindustrie das wirtschaftliche Leben der Stadt.

Museum
Das neue Stadtmuseum am Markt (Öffnungszeiten Tel. 404) zeigt eine Ausstellung

über die Geschichte der Region und stellt die Wollspinnerei und -weberei, die Eisengießerei und die Pianoforteherstellung vor.

Sehenswert
Das Barockschloß Christianenburg wurde im 17. Jh. errichtet und ist von einen schönen Park umgeben. Im Ostflügel befindet sich die sehenswerte Schloßkirche mit an drei Seiten umlaufenden Emporen. Im alten Stadtkern liegt das Renaissance-Rathaus, es besteht aus zwei Gebäuden mit zwei Türmen und Rundbogenportalen. Um den Platz gruppieren sich die Marktkirche (Pfarrkirche St. Peter aus 1494), die Superintendentur (1580) und Bürgerhäuser. Interessant ist auch der Mohrenbrunnen (1727) am Markt, er erinnert an die Sage des „Eisenberger Mohren", der wegen eines Diebstahls hingerichtet werden sollte, dessen Unschuld sich aber unmittelbar vor der Vollstreckung des Urteils herausstellte. Außerdem kann man das Barockschloß Friedrichstanneck mit Teehäuschen besuchen.

Gastronomie
Empfehlenswert ist das Restaurant im Hotel Zum Löwen, Steinweg 30.

Ausflüge
Ein kleiner Heimattierpark befindet sich in Geyers Garten. Ein interessanter Spaziergang führt in das Mühltal an der Rauda. Die elf ehemaligen Wassermühlen sind zum Teil erhalten (Ausflugsgaststätte). Die technischen Einrichtungen (Mahlwerke) sind als Kulturdenkmale geschützt und können besichtigt werden.
Bei *Rauda* (4 km), einem Dorf mit historischem Kupferhammer, befinden sich Steinzeitgrabstätten auf den umliegenden Höhen. *Silbitz* ist der wichtigste Industriestandort des Kreises Eisenberg mit der Stahlgießerei Elstertal. Hainspitz (4 km), jenseits der Autobahn, hat ein kleines Naherholungszentrum mit Park und Freibad.
✻ Bürgel ✻ Silbitz ✻ Bad Klosterlausnitz

Eisfeld

(Kreis Hildburghausen, Bezirk Suhl)

Die Siedlung Eisfeld am Oberlauf der Werra in waldreicher Hügellandschaft am Südrand des Thüringer Waldes wurde bereits 802 erstmals genannt. Auf einer Anhöhe entstand die Befestigungsanlage, die spätere Burg Esefeld. Im 12. Jh. entwickelte sich der hennebergische Ort zu einem Marktflecken, das Stadtrecht bekam Eisfeld 1342. Knapp 30 Jahre später ging der Ort in den Besitz der Meißener Markgrafen über. Im 15. Jh. begann die Kupferproduktion. Nach dem 30jährigen Krieg, in dem die Stadt zweimal zerstört wurde, kam Eisfeld zunächst an Sachsen-Hildburghausen, von 1826-1918 zu Sachsen-Meiningen. Erst Ende des 19. Jh. entstanden Betriebe in der Spielzeug-, Porzellan-, Holz- und Metallverarbeitungsindustrie. Die 5.000 Eisfelder leben heute von diesen Branchen und der Landwirtschaft (Färsenproduktion).

Museen
Das Heimatmuseum „Otto Ludwig" im Schloß (Mo-Fr 8.00-12.00 und 14.00-17.00, Sa-So 10.00-12.00 und 14.00-17.00) vermittelt eine Einführung in die südthüringische Regionalgeschichte. Historisches Handwerk (Porzellan, Märbelmühle, Töpferei, Weberei, Schnitzerei) wird ebenso präsentiert wie das volkskünstlerische Schaffen. Eine kleine Kunstgalerie zeigt hier zudem wechselnde Ausstellungen.
Die Otto-Ludwig-Gedenkstätte, Otto-Ludwig Garten 17 (nach vorheriger Anmeldung, Tel 2117, täglich 10.00-12.00 und 14.00-16.00), befindet sich in einem klassizistischen Gartenhaus und würdigt Leben und Werk des Eisfelder Dichters.

Sehenswert
Schloß Eisfeld entwickelte sich aus einer fränkischen Befestigungsanlage des 9. Jh.

Mitte des 17. Jh. wurde das zerstörte Gebäude neu aufgebaut, beachtlich sind das Steinerne Haus (11. Jh.), der Bergfried (12. Jh.), alter und neuer Bau, Schloßhof, Ringmauer und Zwinger. Die Altstadt im Werratal und die etwas höher gelegene Neustadt sind von Resten der Stadtbefestigung umgeben. Die spätgotische Stadtkirche ist eine Hallenkirche mit beachtenswertem Portalen. Das reich verzierte Pfarrhaus war Wirkungsstätte des Reformators Justus Jonas, dessen Grab sich in einer Kapellenruine auf dem alten Friedhof befindet. Beachtlich sind zudem das Fachwerkhaus Alte Schule und das „Schulmännle", die Plastik stellt einen Schäfer dar, der einer Sage zufolge einen Schatz gefunden und die Schule gestiftet haben soll. Rathaus, Marktbrunnen und Bürgerhäuser am Markt sind eher schlichte Gebäude des 19. Jh.

Gastronomie
Der Schaumburger Hof, Marx-Straße 21, gilt als bestes Haus im Ort und ist zugleich das einzige Hotel. Beliebte Gaststätten sind der Wintergarten, Jonas-Straße, und Zur Traube, Hildburghäuser Straße. Das Schloßcafé befindet sich am Platz des Friedens. Im 4 km entfernten Sachsenbrunn ist das Gasthaus Lindenbaum ein lohnendes Ausflugsziel.

Veranstaltungen
Das mehrtägige Schützenfest (Ende Mai) gehört zu den größten Volksfesten der Gegend.
Konzerte finden gelegentlich im Schloß statt, im Otto-Ludwig-Garten am Heinig befindet sich eine Freilichtbühne.

Ausflüge
Auf einem Höhenweg kann man das landschaftlich sehr schöne nahegelegene *Sachsenbrunn* erreichen. Das Dorf ist von einer alten Tanzlinde und dem Lobenstein-Park geprägt. In der Dorfkirche steht ein Schnitzaltar aus der Riemenschneiderschule.
Ein nahegelegener freundliche Urlaubsort ist *Crock* mit Wintersport- und Angelmöglichkeiten. Sehenswert sind hier die St. Veitskirche und der Irmelsbrunnen.

❋ Hildurghausen ❋ Schleusingen ❋ Schalkau

Elgersburg

(Kreis Ilmenau, Bezirk Suhl)

Die Gründung der Burg fällt vermutlich ins 11. Jh. Der kleine Erholungsort (heute etwa 1500 Einwohner) am Nordostrand des Thüringer Waldes hatte wechselnde Herrscher, seit 1670 gehörte er zu Sachsen-Gotha. Bis zum 19. Jh. bestimmten Waldarbeit und Bergbau das Leben im Ort. 1828 wurde eine Dampfbadeanstalt, neun Jahre später eine Kaltwasserheilanstalt gegründet. Letztere hatte für Jahrzehnte einen großen Erfolg und machte Elgersburg weltberühmt. Zur wirtschaftlichen Bedeutung trug die Labortechnik (Thermometer) bei. Nach dem 1. Weltkrieg galt der Ort als „rotes Walddorf", da hier ein Kinderheim der „Roten Hilfe" errichtet wurde. Heute ist Elgersburg ein beliebter Ferienort.

Sehenswert
Die Burg, die im 11. Jh. zum Schutz der Paßstraßen im Thüringer Wald erricht wurde, besteht heute aus Ober- und Unterschloß, der Turm (15. Jh.) und ehemalige Gefängnisturm (16. Jh.) blieben erhalten. Im 19. Jh. wurde die Anlage für den Kurbetrieb genutzt, jetzt ist es ein Ferienheim. Eine schöne Anlage ist der Kurpark mit den Mönchsteinen und der Klausenbrunnen am Mönchhofsweg. Im Körnbachtal gibt es neben Sportanlagen einen Goethe- und einen Fritz-Reuter-Felsen sowie eine Freilichtbühne. Für Wintersportler steht eine Abfahrtsstrecke mit Lift zur Verfügung (Skiausleihstation im Schloß).

Gastronomie
Die wichtigsten Gaststätten befinden sich in der Wilhelm-Pieck-Straße und heißen Thüringer Hof, Deutscher Hof und Linde. Beliebte Ausflugsgasthäuser sind die Hohe Warte, der Mönchhof und das Schöffenhaus.

Ausflüge
Die Hohe Warte (810 m, Aussichtsturm, Gaststätte) ist nach einem 3 km langen Marsch zu erreichen. Der Ausblick lohnt sich.
✻ Ilmenau ✻ Geraberg

Ellrich

(Kreis Nordhausen, Bezirk Erfurt)

Der kleine grenznahe Ort am Südrand des Harzes wurde 876 erstmals erwähnt. 1229 bekam die Siedlung die Stadtrechte. Im Mittelalter bestimmten die Grafen von Honstein die Geschicke Ellrichs, im 30jährigen Krieg trafen sich hier Wallenstein und Tilly, um ihre Pläne zu koordinieren. 1648 kam das Städtchen an Brandenburg, später an Preußen. Seit dem 19. Jh. bestimmen die Holz- und Gipsindustrie das wirtschaftliche Leben der Stadt (4.000 Einwohner).

Sehenswert
Der Stadtkern verrät, daß es sich um eine planmäßig erbaute rechteckige Anlage handelt. Von der Befestigung sind noch das Wernaer Tor, der Raventurm und Mauerreste erhalten. Den Mittelpunkt bilden Rathaus und Kirche am Markt. Die einschiffige Frauenbergkirche stammt aus der Zeit um 1300 aus einem älteren Bau. Merkwürdig ist im Chor die Teufelsmaske an einem Handwaschbecken. Die Wandmalereien entstanden im späten 16. Jh. Sehenswert sind der Flügelaltar und das spätromanische Kruzifix. Ferner sind die Hospitalkirche (im Kern romanisch) und einige schöne alte Fachwerkbauten (Pfarrhaus der Johanniskirche aus dem 17. Jh.) zu nennen.

Ausflüge
✻ Ilfeld ✻ Nordhausen

Elsterberg

(Kreis Greiz, Bezirk Gera)

Die kleine Industriestadt im Elstertal entwickelte sich mit der gleichnamigen Burg, die im 13. Jh. von den Herren von Lobdeburg errichet wurde. Im 19. Jh. entstand die Textilindustrie. Heute wird in dem Ort (6.000 Einwohner) vor allem Kunstseide hergestellt.

Sehenswert
Die Ruine der spätromanischen Burg hat noch drei ursprüngliche Rundtürme. Teile des Palas, des Zwingers und des Küchenhauses blieben ebenfalls erhalten. Im Burgturm befinden sich eine Kellerbar und ein Quartier für Wanderer.

Veranstaltungen
Jährlich wird auf der Ruine Elsterberg ein Heimatfest im Sommer gefeiert.

Gastronomie
Unterkunft und Verpflegung bietet das Hotel Grüner Baum am Markt. Empfehlenswert ist auch die Gippenschänke im Elsterberger Ortsteil Gippe.

Ausflüge
Das Landschaftsschutzgebiet Steinicht ist ein von sehenswerten Felsen umsäumtes Tal der Weißen Elster, an der Rentzschmühle bei Joketa befindet sich ein beliebtes Ausflugslokal.
✻ Greiz

Empfertshausen

(Kreis Bad Salzungen, Bezirk Suhl)

Das kleine Rhöndörfchen hat eine lange Tradition in der Holzschnitzerei. Seit dem 18. Jh. ist hier das Zentrum der Rhönschnitzerei. In Notzeiten des 19. Jh. wurden die Schnitzer und Weber von Verlegern abhängig, die das Schnitzen von Massenware forderten. 1878 wurde eine Schnitzschule eingerichtet, die einen künstlerischen Anspruch der Arbeiten propagierte, 1952 schloß diese Ausbildungsstätte. Heute gibt es hier einige kleine Betriebe, die Holzschnitzarbeiten herstellen.

Ausflüge

✻ Kaltennordheim ✻ Dermbach ✻ Bad Salzungen

Erfurt

(Bezirksstadt)

Die größte Stadt Thüringens, Erfurt (220.000 Einwohner), ist eine der ältesten und bedeutendsten der Region. Der Hl. Bonifatius gründete 742 hier bereits ein Bistum, das aber wenige Jahre später an Mainz angegliedert wurde. Mainz herrschte mit Unterbrechungen bis ins 19. Jh. in Erfurt, heute sind die beiden Städte durch einen Partnerschaftsvertrag verbunden. Die Stadt an einer Furt über das Flüßchen Gera, entwickelte sich im Mittelalter zu einer der größten und mächtigsten in Mitteldeutschland. Wirtschaftlich hatte der Waidhandel eine besondere Bedeutung. 1392 wurde eine Universität gegründet, die lange Zeit zu den wichtigsten in Deutschland gehörte (1816 von Preußen geschlossen). Luther studierte hier von 1501-1505 und wurde als Augustinermönch 1507 in Erfurt zum Priester geweiht. Im 30jährigen Krieg verlor der Waidhandel an Bedeutung, 1664 eroberte der Mainzer Erzbischof die Stadt, die sich der Reformation angeschlossen hatte, zurück. Die Mainzer Statthalter P.W. von Boyneburg und K.T. von Dahlberg trugen zur geistig-kulturellen Entwicklung Erfurts bei. In jener Zeit entwickelte sich der Garten- und Gemüsebau als neuer Wirtschaftszweig. Im 19. Jh. bekam Preußen die Stadt, 1850 wurde Erfurt Sitz des Unionsparlaments. Nach 1871 setzte eine stürmische industrielle Entwicklung ein. Erst 1944 kam der preußische Regierungsbezirk Erfurt zum Land Thüringen und wurde 1948-1952 zur Hauptstadt des Landes ernannt. Die Blumenstadt entwickelte sich zu einem wichtigen Standort der metallverarbeitenden Industrie, der Mikroelektronik, Elektrotechnik und des Maschinenbaus. Heute existieren hier eine pädagogische und medizinische Hochschule. Die Randgebiete der Stadt sind durch die monotonen Neubaugebiete Rieth, Roter Berg und Nordhäuser Straße geprägt.

Museen

Das *Angermuseum* im ehemaligen kurmainzischen Packhof, Anger 18 (Mi-So 10.00-18.00), zeigt mittelalterliche Kunst Erfurts und Thüringens. Bedeutend sind die Sammlungen von Kunsthandwerk, Glas- und Fayencearbeiten, die Gemäldegalerie und Bürgerräume des 16. bis 18. Jhs. Sonderausstellungen zum modernen Kunsthandwerk runden das Angebot ab.

Das *Museum für Stadtgeschichte* befindet sich im Haus zum Stockfisch, einem sehenswerten Gebäude der Spätrenaissance, Leninstraße 169 (So-Do 10.00-18.00), und zeigt die Entwicklung Erfurts von der Gründung bis zur Gegenwart.

Das *Gartenbaumuseum,* Cyriaksburg (Mai bis 10. Oktober Mo-Fr 10.00-17.00, Sa-So 10.00-18.00), ist auf dem Gelände der Internationalen Gartenbauausstellung angesiedelt. Themen der Sammlungen sind u.a.: Geschichte der Bienenhaltung und Garten-

kunst. Ein Naturlehrpfad und ein Kabinett zu den Themen Heil- und Gewürzpflanzen sowie Baum und Holz ergänzen das Angebot.
Das *Museum für Thüringer Volkskunde,* Juri-Gagarin-Ring 140a (Mi-So 10.00-18.00), präsentiert bäuerliches Wohnen, alte und neue Volkskunde, traditionelles Handwerk sowie Brauchtum in Thüringen.
Das *Naturkundemuseum,* Hospitalplatz 15 (Mi-So 10.00-18.00), befindet sich im Umbau zu einem Landschaftsmuseum Thüringer Becken. Während der Erneuerung wird die Ausstellung „Tiere, Pflanzen und Gesteine" der Region gezeigt.
Die *Gedenkstätte Erfurter Parteitag 1891,* Futterstraße 15/16 (Mo bis Fr 10.00-18.00) ist in dem historischen Versammlungslokal untergebracht, in dem die Sozialdemokraten ihr marxistisches Programm verabschiedeten. Hier wird die Geschichte der Arbeiterbewegung vermittelt.
In der *Volkssternwarte,* Hospitalplatz 15 (geöffnet Mai bis Oktober Mi-So 10.00-18.00), befindet sich die ständige Ausstellung „Astronomie –Gesicht einer Wissenschaft".
Das *Museum für Kunst des Mittelalters* in der ehemaligen Barfüßerkirche, Barfüßerstraße (Mai bis Oktober Mi-So 14.00-16.00), zeigt sakrale Kunstwerke (Altäre und Grabplatten) aus Romanik und Gotik. Samstags finden im Hohen Chor Orgel- und Chorkonzerte statt.
Moderne Kunst ist in der Galerie erph, Krämerbrücke 22 (Mo-Fr 10.00-13.00 und 15.00-18.00), im Ausstellungszentrum Galerie am Fischmarkt, Haus zum Roten Ochsen (Mi-So 10.00 18.00) sowie in der Galerie 84 im Kultur- und Freizeitzentrum, Moskauer Platz (Mo-Mi 14.00-20.00, Sa 15.00-20.00, So 10.00-18.00) zu sehen.

Sehenswert

Große Teile der Erfurter Altstadt haben den 2. Weltkrieg überstanden, teilweise wurde die Bausubstanz restauriert, teilweise abgerissen und durch Neubauten ersetzt. Teilweise befinden sich auch noch zerfallende Gebäude im Kernstadtbereich. Teile der Innenstadt, wie Anger, Neuwerkstraße, Bahnhof- und Marktstraße sind Fußgängerbereiche. Der öffentliche Nahverkehr wird durch Straßenbahnen und Busse bewältigt. Einen Besuch lohnt die Krämerbrücke, die einst an der alten Ost-West-Handelsstraße lag, heute befinden sich auf der einzigen beidseitig bebauten Brückenstraße nördlich der Alpen kleine Geschäfte für Kunsthandwerk und Antiquitäten. Nicht weit davon am Fischmarkt stehen die sehenswerten Renaissancebauten Zum Roten Ochsen (Galerie), Zum Breiten Herd und das neugotische Rathaus. Am Domplatz sind das Haus Zur Hohen Lilie (im 17. Jh. das beste Hotel der Stadt) und die Grüne Apotheke aus dem 18. Jh. einen Besuch wert, unweit davon der Waidspeicher, ein kleines Theater für Kabarett und Puppenspiel. Zahlreiche historische Gebäude befinden sich am Anger, so der ehemalige kurmainzische Packhof und der Bartholomäusturm. Neben der früheren Mainzer Statthalterei, dem monumentalsten Profangebäude der Innenstadt, entsteht der Neubau des Hauses des Kultur.
Die Stadt war einst als „türmereiches Erfurt" berühmt und bietet eine Vielzahl sakraler Bauwerke verschiedener Stilrichtungen. Der Dom (742 gegründet) wurde im 12. Jh. als romanische Basilika errichtet und im 14. Jh. durch einen Chorneubau ergänzt. Im Innern sind die Chorfenster, der Hochaltar, der „Wolfram", ein Kerzenträger aus dem 12. Jh. und die Kunstschätze sehenswert. Die Glocke „Gloriosa" im Mittelturm gehört zu den größten der Welt. Direkt neben dem Dom liegt die St. Severikirche aus dem 12. Jh. mit dem Sarkophag des Hl. Severus und einer reichen Ausstattung. Die Peterskirche (romanische Basilika) blieb auf dem benachbarten Petersberg noch erhalten, die ehemalige Zitadelle wurde zerstört. Interessante Bauwerke sind ferner das Augustinerkloster, in dem Luther einst wirkte, mit Comturhof (einem Gebäude aus dem 16. Jh.) und

Erfurter Kirchen

Kirche; die Barfüßerkirche, die Michaeliskirche, die Allerheiligenkirche, die Reglerkirche (sehenswerter Schnitzaltar), die Predigerkirche sowie die Schottenkirche als ältester Sakralbau der Stadt.
Die Innenstadt ist nicht nur von Hochhausneubausiedlungen, Kasernen und Industrieanlagen umgeben, sondern auch von ausgedehnten Sportflächen und Waldgebieten. Außerhalb des Kernstadtbereichs bietet die Internationale Gartenbauausstellung (iga) auf dem Gelände der ehemaligen Cyriaksburg ein vielfältiges Informations-, Unterhaltungs- und Veranstaltungsangebot. Im Thüringer Zoopark am anderen Ende der Stadt kann man rund 2500 Tiere beobachten.

Gastronomie
Die Gaststätten in den Hotels Erfurter Hof, Bahnhofsvorplatz, und Kosmos, Juri-Gagarin-Ring 126, sind zu empfehlen. Die wichtigsten Restaurants sind die Hohe Lilie am Domplatz; Alter Schwan, Gotthardstraße 27; Zur alten Stadtmauer, Gagarin-Ring 131; Gildehaus, Fischmarkt 13; Drushba, Anger 19; International, Neuwerkstraße 31; Stadt Moskau, Moskauer Platz; Gastmahl des Meeres, Bahnhofstraße 45; Lowetsch (bulgarisch), Walkmühlstraße 13; Wildbret, Anger 8; Bürgerhof, Bahnhofstraße 35; Stadt Vilnius, Straße der Völkerfreundschaft 36 und kleiner Herrenberg, Scharnhorst Straße. Etliche dieser Gaststätten bieten Tanz mit Kapelle. Bis 3 Uhr nachts geöffnet haben die Bar in der Hohen Lilie und die Ringbar am Gagarin-Ring. Für Jugendliche ist die Diskothek Freundschaft, Neuwerkstraße 50, und der Klub der Jugend und Sportler (ZKJS), Dalbergswerg 2a, interessant. Als Cafés sind empfehlenswert Angereck, Anger 61; International, Neuwerkstraße 31; Iris, Gagarin-Ring 131; Györ, Anger 61; Ringcafé, Bahnhofstraße 35 und Venedig; Steinstraße 30.

Veranstaltungen

Die Städtischen Bühnen Erfurt verfügen über ein Opern- und ein Schauspielhaus sowie über das Theater Waidspeicher, wo Kabarett und Puppentheater gespielt wird. Daneben finden Veranstaltungen in der Thüringen-Halle und im Kultur- und Freizeitzentrum Moskauer Platz statt. Das Haus der Kultur in der Innenstadt ist seit fast einem Jahrzehnt Baustelle.

Das Glockenspiel im Bartholomäusturm am Anger findet mittwochs und sonntags um 17.00 statt, gelegentlich wird sonntags ein Turmblasen veranstaltet.

Zwischen April und Oktober finden auf dem iga-Gelände zahlreiche Sonderveranstaltungen und Feste statt.

Außerdem wird in Erfurt Karneval gefeiert (das Rathaus wird am Fastnachts-Samstag gestürmt), das Steigerfest wird jährlich im Mai/Juni begangen. Einen Besuch lohnen auch das Krämerbrückenfest (September/ Oktober), das Zooparkfest (Juli/August), das Frühlingsfest (April) und der Weihnachtsmarkt (Dezember).

IGA-Erfurt, Gewächshaus

Ausflüge

Das wichtigste Naherholungsgebiet der Erfurter ist der nahe Steigerwald mit einem Badesee und den Ausflugsgaststätten Steigerterasse, Hubertus, Waldkasino, Steigerhaus und Waldhaus. Im Sommer ist außerdem das Erholungszentrum Nordstrand (Textil- und FKK-Strand, Bungalowsiedlung, Sportstätten, Bootsverleih) beliebt, das mit den Buslinien K und A oder mit dem Pkw leicht zu erreichen ist.

Der Kreis Erfurt ist von der Landwirtschaft geprägt. Großsilos, Viehhallen und Futterwerke bestimmen das Bild. Sehenswert ist zur Zeit der Baumblüte das Obstanbaugebiet auf den Fahner Höhen. Beliebtes Ziel sind auch die Stotternheimer Kiesseen im Sommer (Wassersport und Camping). Das Thüringer Freilichtmuseum entsteht zur Zeit im 18 km entfernten *Hohenfelden*. Hier werden umgesetzte ländliche Gebäude restauriert und Ausstellungen über bäuerliches Leben in Thüringen aufgebaut (z.Zt. können Gruppen Mo-Fr nach Anmeldung geführt werden, Tel. Kranichfeld 2178). Hohenfelden ist eines der beliebtesten Ziele der Erfurter und Weimarer. Hier befindet sich ein 38 Hektar großer Stausee mit Strand, Sportstätten, Campingplatz, Boots- und Sportgeräteverleih, Reitmöglichkeiten, Tiergehege und Ausflugsgaststätte. Auch im Winter bestehen hier gute Sportmöglichkeiten (Schleppschlittenfahrten, Eisstockschießen, Rodeln, Eislauf).

In *Dachwig* bei Erfurt befindet sich ein Heimatmuseum (Sa 9.00-17.00, So 9.00-12.00), das ländliches Leben vergangener Jahrhunderte in original eingerichteten Räumen präsentiert.

Für einen Kaffeeausflug oder einen Museumsbesuch bietet sich auch Schloß Molsdorf (Mi-So 14.00-18.00) an.

✻ Molsdorf ✻ Neudietendorf ✻ Stotternheim

Ernstroda
(Kreis Gotha, Bezirk Erfurt)

Der kleine Urlaubsort am Nordrand des Thüringer Waldes wurde um 1200 erstmals als Besitz des Klosters Reinhardsbrunn erwähnt. Seit dem 19. Jh. entwickelte sich hier die Heimarbeit. Heute leben in Ernstroda etwa 1.000 Menschen, von denen die meisten in der Puppenfabrik Biggi und in der Landwirtschaft arbeiten. Etwa 4.000 Touristen verbringen zumeist in einem Ferienheim und in Privatquartieren hier ihren Urlaub. Es bestehen Wintersportmöglichkeiten.

Gastronomie
Die beiden Gaststätten Zur Eiche und Zum Stern sind auf den Fremdenverkehr eingestellt.

Ausflüge
✻ Friedrichroda ✻ Gotha

Ernstthal am Rennsteig
(Kreis Neuhaus a.R., Bezirk Suhl)

Erst im frühen 18. Jh. entstand von einer Glashüttensiedlung ausgehend das Dorf Ernstthal. Die Glaserzeugnisse (Perlen, Kunst- und Medizinalglas) wurden im Hausierhandel bis nach Holland vertrieben. 1923 entstand hier eine zweite Glashütte. In dem Wintersportort, der etwa 1.000 Einwohner hat, wird die thüringische Folklore gepflegt.

Sehenswert
Ernstthal hat sehr gute Ski- und Wintersportmöglichkeiten. 1931 wurden hier sogar deutsche Meisterschaften ausgetragen. Die erste Sprungschanze entstand 1928, heute stehen hier zwei Schanzen zur Verfügung. Es gibt Abfahrtsstrecken mit Lift und eine Skiausleihstation. Sehenswert ist ferner ein Eisenbahnviadukt im Finsteren Grund.

Gastronomie
Die beiden Gaststätten heißen Rennsteig, Schulstraße 12, und Zum Dores, Hüttenplatz 4. Einen Ausflug lohnt die Rennsteigbaude Bernhardstal, die etwa 5 km entfernt am Rennsteig liegt.

Ausflüge
✻ Lauscha ✻ Steinach ✻ Neuhaus am Rennweg

Ettersburg
(Kreis Weimar-Land, Bezirk Erfurt)

Bereits im 11. Jh. wurde die Burg am Nordwesthang des Ettersberges bei Weimar erstmals erwähnt. Vermutlich im 14. Jh. wurde die Festung, von der nur noch Reste von Wall und Graben erhalten sind, zerstört. Herzog Wilhelm Ernst von Sachsen-Weimar ließ 1706-1712 ein Jagdschloß errichten, das bis ins 20. Jh. der herzöglichen Familie als Sommersitz diente. Zunächst wurde hier ein Barockgarten angelegt, in dem auch literarische Vergnügungen der Hofgesellschaft veranstaltet wurden, u.a. fand hier die Uraufführung von Goethes „Iphigenie" in der Erstfassung statt. Der heutige Landschaftspark entstand im 19. Jh. teilweise nach Plänen von Fürst Pückler-Muskau. Auf dem Ettersberg wurde 1937 das Konzentrationslager Buchenwald angelegt (✻ Weimar).

Sehenswert
Das barocke Schloßgebäude, das heute als Altenheim genutzt wird, kann nur von außen besichtigt werden. Eine umfassende Restaurierung der Innenräume ist vorgesehen. Der Landschaftspark hat einen alten Baumbe-

stand und ist für Touristen zugänglich. Die neugotische Dorfkirche aus der 2. Hälfte des 19. Jh. war zugleich auch Schloßkirche, sie hat einen spätgotischen Flügelaltar und den bemerkenswerten Grabstein Ludwig von Blankenhains.

Ausflüge
✻ Weimar

Fehrenbach

(Kreis Hildburghausen, Bezirk Suhl)

Mit dem Bau einer Glashütte im 16. Jh. entstand der heutige 600 m hoch gelegene Erholungsort. In späteren Jahrhunderten kam noch eine Schneidmühle und ein Eisenhammer hinzu. Heute wird hier vor allem Verpackungsglas produziert. Die rund 1.000 Einwohner empfangen jährlich etwa 15.000 Urlauber.

Sehenswert
Am Zeupelsberg, etwa 3 km entfernt, befindet sich die in Stein gefaßte Werraquelle, unweit davon kann man die Werraquellbaude (Gaststätte) besuchen.

Gastronomie
Das Angebot umfaßt Café, Bar und Jägerstube im Erholungsheim Fritz Sattler. Hinzu kommen die Gaststätten Schwarzer Adler, Treffpunkt, Rasthof und Werraquelle.

Veranstaltung
An den Pfingsttagen begehen die Fehrenbacher mit ihren Gästen ein traditionelles Heimatfest an der Werraquelle.

Ausflüge
Auf dem 4 km entfernten Eselsberg (841 m) befinden sich die Ausflugsgaststätte Turmbaude und ein Aussichtsturm, der einen eindrucksvollen Fernblick bietet. Fehrenbacher Schweiz nennt sich das durch verkittete Geröllsteine geprägte Gebiet zwischen Masserberg und Fehrenbach.
✻ Masserberg ✻ Schnett

Finsterbergen

(Kreis Gotha, Bezirk Erfurt)

Ein beliebter und trotzdem ruhig gelegener Erholungsort ist Finsterbergen am Nordostrand des Thüringer Waldes. Das Dorf wurde im 12. Jh. erstmals genannt, dürfte aber wesentlich älter sein. Im 30jährigen Krieg wurde der Ort völlig ausgeplündert. Ende des 19. Jh., als hier die Heimarbeit dominierte, kamen die ersten Touristen, die bekanntesten Urlauber waren Rosa Luxemburg und Martin Andersen Nexö, der über Finsterbergen seine Novelle „Die Puppe“ schrieb. Gegenwärtig leben hier 1700 Menschen, jährlich kommen über 30.000 Urlauber.

Museum
Das Heimatmuseum, Lindenstraße 195 (Di 15.00-17.00, Do 10.00-12.00 und Sa 9.00-12.00), zeigt die Entwicklung Finsterbergens vom Walddorf zum Erholungsort und des lokalen Handwerks.

Sehenswert
Eine Gedenktafel für den ersten registrierten Kurgast (1888) findet man in der Friedrichstraße 111. Historisch interessant sind auch die Orgel der restaurierten Dorfkirche und das mittelalterliche Possenroder Kreuz am Rennsteig. Finsterbergen bietet außerdem ein Waldschwimmbad mit Kegelbahn, Wintersportgelände und ein festes Zeltkino.

Gastronomie
Unterkünfte und Essen bieten die drei Erholungsheime Wilhelm Pieck, Ernst Kamieth und Zur Tanne. Das Volkshaus zur Linde ist Veranstaltungszentrum und Restaurant.

Bergkino in Finsterbergen

Empfehlenswert sind auch die Hüllrod-Baude am Schwimmbad, Zum Anker und Zum Leinatal sowie die Cafés Gessert und Waldschlößchen.

Ausflüge
Ein Naturlehrpfad mit geologischen, botanischen, ornithologischen Sehenswürdigkeiten führt zum Rennsteig.
✻Friedrichroda✻Tambach-Dietharz✻Gotha

Fischbach
(Kreis Gotha, Bezirk Erfurt)

Der Ort wurde schon 1103 genannt. Das Dorf gehörte den Herren von Wangenheim, die bis 1780 im Schloß, einem Fachwerkbau, ihren Sitz hatten. Heute ist Fischbach wegen seiner Freilichtbühne bekannt, die 500 Einwohner leben von der Heimindustrie, der Landwirtschaft und dem Fremdenverkehr.

Sehenswert
Das ehemalige von Wangenheimsche Schloß (neben der Thüringenbaude) ist ein Fachwerkbau von 1639.

Gastronomie
Der Zigeunerkeller gehört zur Freilichtbühne und ist nur während der Saison geöffnet. Attraktiv ist die Thüringenbaude mit großem Saal, ferner gibt es hier die Gaststätten Parkterasse und Zur Linde.

Veranstaltungen
Das Freilichttheater mit 2.000 Plätzen, die Bergbühne Fischbach, lockt im Sommer zahlreiche Touristen in den Ort. Spielzeit ist von Mitte Mai bis Mitte September (jeweils Fr-So), es gastiert das Landestheater Eisenach, aber auch der Dorfklub Fischbach und thüringische Blaskapellen gestalten die

volkstümlichen Musikprogramme. Bei derartigen Veranstaltungen ist der Förster Ekkard Göring, der mit seinen Wildschweinen und einem Mufflon auftritt, die Attraktion. Heimatabende und Feste finden in der Thüringenbaude statt.

Ausflüge
✻ Tabarz ✻ Gotha

Floh

(Kreis Schmalkalden, Bezirk Suhl)

Der den Hennebergern gehörige Ort wurde im 14. Jh. erwähnt, vorherrschend waren die Köhlerei und der Bergbau. Heute sind noch immer Betriebe der Holz- und Metallverarbeitung ansässig. Im Ort leben etwa 1500 Menschen, rund 10.000 Urlauber kommen pro Jahr.

Sehenswert
Die Dorfkirche ist ein Barockbau aus 1711 mit einem besonderen Gestühl für die Bergleute von 1766 im Inneren. Am Ortsrand liegt die Neue Hütte, ein Stahlhammer aus dem 17. Jh. mit Holzkohlehochofen, der bis 1924 in Betrieb war.

Gastronomie
Im Ort gibt es die Gaststätten Feldschlößchen, Bahnhofstraße, und Zum Löwen, Karl-Marx-Straße.

Ausflüge
Ein beliebtes Ziel ist der etwa 4 km entfernte Bergsee Ebertswiese (Bademöglichkeit), im Umfeld finden sich in dem Naturschutzgebiet zahlreiche seltene Pflanzen. Das Berggasthaus Ebertswiese liegt unmittelbar am Rennsteig.
✻ Schmalkalden

Frankenhain

(Kreis Arnstadt, Bezirk Erfurt)

Der Ort an der „Nürnberger Geleitstraße" wurde im 14. Jh. genannt. Seit dem 17. Jh. lebten die Menschen hier vom Eisenerzbergbau und von Waldarbeiten. Im 19. Jh. entstand eine Streichholzfabrik. Heute ist das Dorf mit 1200 Einwohnern ein beliebter Erholungsort mit guten Wintersport- und Campingmöglichkeiten.

Sehenswert
Am Lütschestausee (1 Mill. cbm Wasser), zwischen 1935 und 1937 angelegt, befinden sich ein Campingplatz, Gaststätte, Wassersport- und Angelmöglichkeiten. In der Nähe, an der Einmündung des Ensebaches in die Lütsche, steht ein Gedenkstein, der an Lütschedorf erinnert. Der Ort wurde durch Herzog Ernst II. von Gotha zwischen 1859 und 1864 abgebrochen, da die Dorfbewohner gewildert hatten. Das Dorfschicksal wird in mehreren zeitgenössischen Romanen behandelt. In Frankenhain selbst ist die barocke St. Leonhardikirche mit bemalter Holzdecke sehenswert. Am nördlichen Ortsrand gibt es einen kleinen Aussichtsturm (Ehrenmal der Kriegsopfer).

Gastronomie
Im Ort gibt es das Gasthaus Zur Lilie, Oberhofer Straße 14.

Ausflüge
✻ Gräfenroda ✻ Plaue ✻ Arnstadt

Frankenheim

(Kreis Meiningen, Bezirk Suhl)

Das kleine Rhöndorf, in einem thüringischen Zipfel zwischen Hessen und Bayern gelegen, galt als ärmstes der armen Orte Mitteldeutschlands. Die Mithilfe beim Schmuggel war im 18. Jh. die Haupterwerbsquelle. 1875 trat hier eine Hungertyphusepidemie auf, die zur Stiftung eines reichsweiten Hilfsvereins für Frankenheim führte. Zwischen 1952 und 1989 lag das Dorf unzugänglich im Grenzsperrgebiet der DDR. Traditionelles Handwerk der Frankenheimer ist die Peitschenherstellung. Die Peitschenmacher gründeten hier die erste Produktionsgenossenschaft des Handwerks im Bezirk Suhl. Heute werden hier vor allem Gebläse hergestellt.

Ausflüge
Das Landschaftsschutzgebiet Hohe Rhön mit dem Berg Ellenbogen (813 m) kann von hier aus erwandert werden.
✻ Kaltennordheim ✻ Meiningen

Frauenpriessnitz

(Kreis Jena-Land, Bezirk Gera)

1259 wurde das Zisterzienser-Nonnenkloster Prießnitz erstmals erwähnt. Im 16. Jh. entstand anstelle des im Bauernkrieg beschädigten Klosters ein einfaches Renaissance-Schloß durch den Bischof von Naumburg. Im 30jährigen Krieg wurde das Schloß mit dem Ort zerstört. Aus den Ruinen entstanden Domänengebäude. Der kleine etwas abseits des Saaletals gelegene Ort hat heute 1200 Einwohner.

Sehenswert
Erhalten blieb die spätgotische Klosterkirche mit Herrschaftsempore und Gruft der Schenken von Tautenberg. Beachtlich ist auch das ehemalige Amtshaus aus dem 16. Jh. mit achteckigem Treppenturm.

Ausflüge
✻ Camburg ✻ Jena

Frauensee

(Kreis Bad Salzungen, Bezirk Suhl)

Das gleichnamige Kloster wurde 1189 gegründet. Nach der Zerstörung im Bauernkrieg ging der Ort in den Besitz der Landgrafschaft Hessen über, die sich nach 1540 die Hoheitsrechte mit Sachsen teilte. Nach dem Wiener Kongreß 1815 kam Frauensee an Sachsen-Weimar-Eisenach. Heute umfaßt die Gemeinde im Bad Salzunger Werrabergland fünf Ortsteile mit etwa 1300 Einwohnern, die meist in der Landwirtschaft oder in den nahegelegenen Kalibetrieben arbeiten.

Sehenswert
Das ehemalige hessische Amtshaus ist ein Renaissancebau von 1634, der aus den Steinen des alten Klosters errichtet wurde. Nordwestlich von Frauensee befindet sich das Naturschutzgebiet Dolinenhänge mit Senken und Erdfällen. Der Hautsee beim Ortsteil Dönges hat eine schwimmende Insel. Der Frauensee bietet Angel- und Rudermöglichkeiten.

Gastronomie
Speisen und Getränke bieten die Gasthäuser Möllersgrund, Frauensee und Dönges an.

Veranstaltungen
In den Sommermonaten finden auf der Freilichtbühne am Frauensee Filmvorführungen, Vorträge und Aufführungen statt. Am Hautsee wird im Frühjahr ein Volksfest veranstaltet.

Ausflüge
Die Ruine der Krayenburg (431 m) nahe der Werra wurde im 12. Jh. als hersfeldische Festung erwähnt. 1407 kam die Burg in thüringischen Besitz, im 30jährigen Krieg wurde sie geplündert und verfiel danach. Die Ausflugsgaststätte Krayenburg wurde auf

den Resten der Mauern erbaut.
✻ Bad Salzungen ✻ Vacha ✻ Marksuhl

Frauenwald

(Kreis Ilmenau, Bezirk Suhl)

Der heute stark frequentierte Urlaubsort entstand im 13. Jh. aus einem Nonnenkloster, das im 15. Jh. aufgehoben wurde. Der Ort an der alten Handelsstraße Nürnberg-Leipzig lebte zunächst von der Waldarbeit. Später kamen Glashütten und Eisenbergbau hinzu. Im 19. Jh. entstand hier die Glasindustrie, später wurde auch der Fremdenverkehr zu einem wichtigen Wirtschaftsfaktor. Frauenwald und der Ortsteil Allzunah (zusammen 1300 Einwohner) auf dem Kamm des Thüringer Waldes in 800 m Höhe am Rennsteig, werden jährlich von 30.000 Urlaubern aufgesucht.

Museum
Die kleine Heimatstube, Promenade (Di 14.00-17.00, Fr 14.00-16.00), informiert über die Ortsgeschichte, zudem werden Möbel, Arbeitsgeräte und kleine Maschinen aus dem 18. und 19. Jh. gezeigt.

Sehenswert
Die „steinerne Chronik von Frauenwald" wurde 1934 als Obelisk am Bohrstuhl nahe dem Ortsteil Allzunah errichtet und 1984 restauriert. Die 1831 erbaute Kirche entstand nach Plänen von Schinkel (Turm 1911). Frauenwald bietet den Touristen ein Waldbad, Sportstätten und im Winter Abfahrts- und Rodelmöglichkeit (Lift, Geräteausleihstation).

Gastronomie
Der kleine Ort bietet ein vielfältiges Gaststättenangebot. Zu nennen sind die Gasthäuser Waldfrieden, Fraubachmühle, Rennsteig, Linde, Frauenwälder Bierstube sowie die Ferienheime Raymonde Dien und Drei Kronen. Hinzu kommen die Cafés Sportlerklause, Lenkgrund, Allzunah und Rennsteighütte.

Ausflüge
Eine beliebte Ausflugsgaststätte auf dem Rennsteig ist das Gasthaus Dreiherrenstein. Schönheiten der Natur bietet auch ein Fußmarsch zur nahe gelegenen Talsperre Schönbrunn.
✻ Schmiedefeld ✻ Stützerbach ✻ Ilmenau

Friedrichroda

(Kreis Gotha, Bezirk Erfurt)

Die Kleinstadt (6.000 Einwohner) gehört zu den bestbesuchten Urlaubsorten im Thüringer Wald, jährlich kommen rund 100.000 Touristen. Der 1114 erstmal genannte Ort erhielt 1597 das Stadtrecht. Die wichtigsten Wirtschaftszweige waren der Bergbau (Gips, Eisenerz und Kobalt) sowie die Garnbleicherei. Lange Zeit bestimmte das 1089 von Ludwig dem Springer gegründete Benediktiner-Kloster Reinhardsbrunn die Geschicke des Ortes. Im 13. und 16. Jh. wurde das Kloster durch Brände zerstört und 1827 zu einem Lustschloß der Gothaer Herzöge mit neuromanischer Schloßkirche umgebaut. 1836 vernichtete ein Stadtbrand zwei Drittel der Häuser. Danach setzte eine rege Bautätigkeit ein, die ersten Pensionen für Urlauber entstanden. Aus der Stadt stammt der Erfinder der Mundharmonika, Christian Friedrich Wilhelm Buschmann, der Künstler Ernst Barlach lebte hier 1896-97. 1929 wurde die Stadt durch die Thüringer Waldbahn mit Gotha verbunden. Nach dem 2. Weltkrieg entstanden mehrere Gewerkschaftsferienheime, 1980 wurde das Heim August Bebel mit 1500 Betten errichtet.

Thüringer Waldbahn

Museen

Die etwas außerhalb an der Straße nach Tabarz gelegene *Marienglashöhle* (täglich 9.00-18.00) wurde Ende des 18. Jh. beim Gipsabbau entdeckt. Große Kristalle bedekken die Wände des Schaubergwerks, bei der etwa 30minütigen Führung erhalten die Besucher Informationen über die Geschichte des Gipsabbaus in der Region.

Die *Heimatstube* Friedrichroda, Reinhardsbrunner Straße 6 (Mi-Do 9.00-11.00 und 15.00-17.00, Sa 9.00-11.00), informiert über die Geschichte des Ortes.

Sehenswert

Das im 19. Jh. erbaute Schloß Reinhardsbrunn ist heute ein sehr gutes Hotel mit sehenswertem Landschaftspark, die Mönchslinde ist etwa 800 Jahre alt. Erhalten blieben hier noch die Klostermauer der Benediktinerabtei und die von den Mönchen angelegten Reinhardsbrunner Fischteiche. An den alten Erwerbszweig der Wäscher und Bleicher erinnert der Bleichrasen am Kalten Markt, wo sich auch eine schöne geschlossene Häuserreihe befindet. Die Pfarrkirche ist ein einschiffiger Barockbau mit spätgotischem Turm. An den Erfinder der Mundharmonika erinnert eine Gedenktafel, Hauptstraße 32/34. Für die Urlauber stehen der Puschkin- und der Friedenspark, Schwimmhalle, Sportanlagen, Rennschlitten- und Bobbahn zur Verfügung.

Gastronomie

Die besten Adressen sind Schloß und Park-Hotel Reinhardsbrunn sowie das Hotel Tourist. Hinzu kommen die Gaststätten in den Erholungsheimen August Bebel, Erich Honstein, Käte Duncker, Walter Ulbricht und Solidarität. Nennenswert sind ferner das Chausseehaus, Jägerhof, Thüringer Hof, Zum kühlen Tal, Forstklause, Zur Quelle, Brauhaus und Klosterberg. Kaffee und Kuchen bieten das Waldschlößchen, Café Busch, Café Hess und die FDGB-Eisbar.

Veranstaltungen
Musik-, Tanz- und Kulturveranstaltungen werden regelmäßig im Jugendklubhaus am Burchardsweg und in der Sommersaison auf der Bergbühne am Gottlob angeboten. Eine Attraktion im Sommer ist das Jägerfest mit Fackelzug und Jagdhornblasen.

Ausflüge
Den besten Überblick über den Raum Friedrichroda hat man vom Regenbergstein (727 m). Ein Ausflug auf historischen Spuren führt zur Schauenburg (ganz geringe Reste), dem ehemaligen Stammsitz der Thüringer Landgrafen. Gut 2 km entfernt ist das beliebte Heuberghaus (Ausflugsgaststätte) am Rennsteig, das über einen Naturlehrpfad zu erreichen ist. Die Tanzbuche ist ebenfalls eine Ausflugsgaststätte, die auf einem gut ausgeschilderten Wanderweg zu finden ist.
✻Gotha✻Tabarz✻Finsterbergen✻Waltershausen

Friedrichshöhe

(Kreis Hildburghausen, Bezirk Suhl)

Der in 800 m Höhe gelegene Ort entstand 1725 mit der Errichtung einer Glashütte, die bald danach wieder geschlossen wurde. Die Einwohner lebten fortan von der Forstwirtschaft. Heute hat Friedrichshöhe gerade 30 Einwohner und 600 Urlauber pro Jahr, die nächste Bushaltestelle ist 3 km entfernt. Es gibt Liegewiesen sowie Wintersporthänge und eine Skiausleihstation.

Gastronomie
Unterkunft und Verpflegung bietet die Gaststätte Zum Rennsteig.

Ausflüge
Der Dreistromstein, der die Wasserscheide zwischen den Einzugsgebieten von Rhein, Weser und Elbe markiert, und der Dreiherrenstein sind nicht weit entfernt. Zur hinteren Werra- oder auch Saarquelle kann man bequem wandern (3 km).
✻Eisfeld✻Scheibe-Alsbach✻Siegmundsburg ✻ Masserberg

Friedrichswerth

(Kreis Gotha, Bezirk Suhl)

Der Ort wurde bereits im 9. Jh. erwähnt, im 14. Jh. erwarben die Thüringer Landgrafen den damals Erffa genannten Besitz. Zwischen 1677 und 1689 ließ Herzog Friedrich I. von Sachsen-Gotha-Altenburg anstelle einer mittelalterlichen Wasserburg ein Lustschloß nach französischem Muster errichten. Berühmtester Sohn des Ortes ist der Geograph Hermann Haack.

Sehenswert
Das Schloß, Anger 1, kann nur von außen besichtigt werden, da sich hier gegenwärtig ein Jugendwerkhof (Erziehungsheim) befindet. Im Inneren blieben wertvolle Stuckarbeiten erhalten. Im Geburtshaus von Hermann Haack, Hauptstraße 54, kann ein Gedenkzimmer besichtigt werden. Die Schule des Ortes befindet sich im ehemaligen Waisenhaus aus dem Jahr 1712. Die neugotische Dorfkirche stammt aus dem Jahr 1855.

Ausflüge
✻ Gotha ✻ Waltershausen

Gehlberg

(Kreis Suhl, Bezirk Suhl)

Der in fast 800 m Höhe gelegene Ort entstand 1641 im Zuge einer Glashüttensiedlung. Im 19. Jh. spezialisierte man sich auf die Herstellung von Tafelglas, 1875 waren in der Hütte 120 Arbeiter tätig. Heute leben in Gehlberg rund 900 Einwohner, die jährlich 17.000 Touristen bewirten. Der einzige Betrieb im Ort gehört mittlerweile zum Jenaer Glaswerk.

Sehenswert
Der Ort liegt nahe der höchsten Berge des Thüringer Waldes und bietet gute Sport- und Wintersportmöglichkeiten. Den Urlaubern stehen ein Waldbad, Sportstätten sowie eine Skiabfahrtsstrecke mit Lift zur Verfügung. Die kleine barocke Dorfkirche stammt aus dem Jahr 1751.

Gastronomie
Empfehlenswert sind die Gaststätten Zum Waldbad, Schwimmbadbaude, Beerberg, Robotron sowie die Cafés Gehlberg und Scherschmidt.

Ausflüge
Der schönste Aussichtspunkt der Umgebung ist der Felsenschlag, wo man noch Bergkristalle finden kann. Die bekannteste Berggaststätte des Thüringer Waldes, die Schmücke, ist 4 km entfernt. Ein knapp 5 km langer Spaziergang fürt zu den Resten des Raubschlosses Alteburg der Käfernburger Grafen, das vermutlich im 13. Jh. geschleift wurde.
✻ Suhl ✻ Oberhof ✻ Geraberg

Gehren

(Kreis Ilmenau, Bezirk Suhl)

Im 13. Jh. wird der Ort mit einer Ritterburg erstmals erwähnt, nach häufigen Besitzerwechsel gehörte Gehren seit 1599 zu Schwarzburg-Sondershausen. In jener Zeit spielte neben Land- und Holzwirtschaft auch die Eisenverhüttung eine Rolle. Im 18. Jh. war Gehren für 20 Jahre eine kleine Residenz, das Stadtrecht erhielt der Ort im 19. Jh. Heute leben in der Übergangszone zwischen Thüringer Wald und Schiefergebirge rund 4500 Einwohner von der Holz-, Glas-, Geräte- und Maschinenbauindustrie.

Sehenswert
Einen Besuch lohnt der Schloßpark mit der Ruine des 1933 abgebrannten Schlosses. Urlaubern bieten sich hier Sport-, Schwimm-, Ruder- und Angelmöglichkeiten. Interessant ist der nahegelegene Seerosenteich mit der Gaststätte Seerose (Blüte im Juli/August).

Gastronomie
Nennenswert sind der Goldene Hirsch, das Stadthaus, Bürgerhof, Edelweiß und die Kaffeestube, Dimitroffstraße 4.

Ausflüge
Schöne Spaziergänge führen zu den Ausflugsgaststätten Höhenblick auf dem Langen Berg (809 m) und Schobsemühle an der Schleusinger Straße.
✻ Ilmenau ✻ Großbreitenbach ✻ Königsee

Geisa

(Kreis Bad Salzungen, Bezirk Suhl)

Die thüringische Rhöngemeinde, die seit dem 8. Jh. zu Fulda gehörte, erlangte im 14. Jh. die Stadtrechte. Die kleine Stadt war aufgrund der innerdeutschen Grenze über Jahrzehnte isoliert.

Museum
Das Heimatmuseum befindet sich im Schloß (geöffnet nach Vereinbarung). Hier gibt es ein Gedenkraum für den in Geisa geborenen Mathematiker Athanasius Kircher, zudem werden Rhön-Trachten, traditionelles Handwerksgerät und örtliche Keramik-Erzeugnisse gezeigt.

Fundamente der alten Klosterkirche Georgenthal

Sehenswert

Von der Stadtbefestigung (15. Jh.) sind noch an der Westseite Türme und Mauern erhalten. Im Schloß, das die Äbte von Fulda 1719 errichten ließen, befindet sich heute das Heimatmuseum. Die Stadtkirche ist ein spätgotischer Bau mit reicher Ausstattung. In der Kapelle auf dem Gangolfsberg (16. Jh.) sind noch Schnitzfiguren von 1520 zu sehen. In Geisa befindet sich auch die besterhaltene mittelalterliche Dingstätte (Gerichtsplatz) in Thüringen.

Ausflüge

✻ Dermbach ✻ Vacha ✻ Bad Salzungen

Georgenthal

(Kreis Gotha, Bezirk Erfurt)

Der Erholungsort im Tal der Apfelstädt liegt in etwa 400 m Höhe. Mit der Gründung des Zisterzienserklosters im 12. Jh. entstand auch der Ort. Das Kloster war wegen seiner Pferdezucht bekannt. Im 16. Jh. wurde es aufgehoben. Im späten 19. Jh. setzte der Fremdenverkehr ein. Heute leben hier etwa 2.000 Einwohner, jährlich kommen 16.000 Gäste, für die ein Freibad und ein Campingplatz zur Verfügung stehen.

Museum

Im Kornhaus (geöffnet nach Vereinbarung, Tel. 227) befindet sich das Heimatmuseum, in dem an die Ortsgeschichte und die zahlreichen örtlichen Hexenprozesse des 17. Jh. erinnert wird.

Sehenswert

Fundamente und Säulenreste der alten Klosterkirche können besichtigt werden. Daneben stehen das Kornhaus mit großer Maßwerkrosette, die St. Elisabethkirche aus dem 13. Jh., sowie das Schloß aus dem 16. Jh. und der sogenannte Hexenturm. Am südlichen Ortsausgang wird das Flüßchen Apfelstädt geteilt (Teiler aus 1709), die eine Hälfte des Baches führt zur Weser, die andere zur Elbe.

Gastronomie
Die Cafés Waldfrieden und Adler sind ebenso zu empfehlen wie die Gasthäuser Am Hirzberg und St. Georgs-Klause.

Ausflüge
Nahegelegen sind die Rodebachsmühle und die Wechmarer Hütte (Ausflugsgaststätten).
✻ Gotha ✻ Tambach-Dietharz ✻ Gräfenthal ✻ Finsterbergen

Gera
(Bezirksstadt)

Der knapp 1.000jährige Ort am Mittellauf der Weißen Elster erhielt im 13. Jahrhundert das Stadtrecht. In jener Zeit herrschten die Vögte von Weida in dem Marktort, die sich später von Gera nannten. In Gera residierte seit 1564 die Linie der jüngeren Reuß, im 17. Jh. als Reichsgrafen später als Fürsten. Im 16. Jahrhundert führten vertriebene niederländische Protestanten die „Wollzeugmanufaktur", Tuchmacherei und Leinenweberei ein. Wichtige Wirtschaftszweige waren zudem die Gerberei und die Bierbrauerei. In der Mitte des 19. Jh. kam der Maschinen- und Musikinstrumentenbau hinzu. Gera war nach Halle die zweite deutsche Stadt, die elektrische Straßenbahnen als Transportmittel einführte (1892).
Von 1918 bis 1920 war Gera Hauptstadt des Freistaates Reuß, der dann im Land Thüringen aufging. Im 2. Weltkrieg zerstörten schwere Luftangriffe große Teile der führenden Wirtschaftsstadt in Ostthüringen. Gera wurde 1952 zur Bezirksstadt erhoben. Heute arbeiten viele Geraer im Werkzeugbau und im Kondensatorenwerk sowie in der Textilindustrie. Gera ist aber auch Wohnsitz und kultureller Mittelpunkt zahlreicher Bergarbeiter der „Sowjetisch-Deutschen Aktiengesellschaft Wismut". Die Mehrzahl der 125.000 Einwohner lebt in recht eintönigen Neubaugebieten. Teile der Innenstadt um den Markt wurden restauriert.

Museen
Das *Museum für Geschichte,* Straße der Republik 2 (Mo-Do 10.00-18.00, Sa-So 10.00-17.00), zeigt die Entwicklung der Stadt und des Gebiets um Gera von den Anfängen bis zur Gegenwart. Interessenten können Lichtbildervorträge über Gera bestellen (Tel. 23102).
Das *Museum für Naturkunde,* Nicolaiberg 3 (Di-Fr 10.00-18.00 und Sa-So 10.00-17.00), bietet Naturkundliches aus historischer Sicht: ein Naturalienkabinett und Informationen über Geologie, Flora und Fauna der Region. Dem Haus ist ein botanischer Garten angeschlossen (geöffnet Mai bis September).
Die *Kunstgalerie Gera,* Park der OdF, Dimitroffallee 4, befindet sich in der Orangerie im Stadtteil Untermhaus, sie ist von Mo bis Do 10.00-18.00 und am Sa und So 10.00-17.00 geöffnet. Hier werden Meisterwerke vom 15. Jh. bis zur Gegenwart gezeigt (Cranach, Tintoretto, Rembrandt, Tiepolo, Liebermann), ein Schwerpunkt bildet das Werk von Otto Dix. Regelmäßig werden Sonderausstellungen veranstaltet. In den Sommermonaten finden vor der Orangerie Ausstellungen „Plastik im Park" statt. Kunst gibt es weiterhin in der Galerie am Markt (Verkauf Mo-Fr 10.00-18.00, Sa unregelmäßig), in der Galerie Junge Kunst, Breitscheid-Straße 1 (Mo-Fr 10.00-17.00), sowie im Bertolt-Brecht-Klub, Gagarin-Straße 14 (Telef. Voranmeldung Tel.26395), im Haus der Kultur und in der Betriebsgalerie im Haus der Lehrer, Greizer Straße 6.
Das *Museum für Kunsthandwerk* im Ferberschen Haus, Greizer Straße 37-39 zeigt gelegentlich interessante Sonderausstellungen (Di-Fr 10.00-18.00, Sa-So 10.00-17.00).

Barocke Orangerie in Gera

Sehenswert

Am Markt steht das dreigeschossige Renaissance-Rathaus mit einem 57 Meter hohen Treppenturm und einem reich verzierten Portal. Der Simsonbrunnen davor stammt aus dem späten 17. Jh. In einem früheren Zucht- und Waisenhaus ist heute das Museum für Geschichte untergebracht. Die barocke Salvatorkirche, die gotische Trinitatiskirche und die Pfarrkirche St. Marien, ein einschiffiger spätgotischer Bau, lohnen einen Besuch. In Inneren der Marienkirche kann man einen kostbaren Schnitzaltar mit Szenen aus dem Marienleben sehen.

Am ehemaligen Küchengarten, heute Park der OdF, im Ortsteil Untermhaus, steht das Geraer Theater, das auf eine 350jährige Tradition zurückblicken kann. Der Bau mit Konzertsaal entstand Anfang dieses Jahrhunderts. In der gleichen Parklandschaft liegt die barocke halbkreisförmige Orangerie, wo heute die Kunstgalerie untergebracht ist.

Gastronomie

Das beste Haus am Platze ist das Interhotel Gera, Straße der Republik, mit den Restaurants Ganymed, Lotos (ostasiatische Küche), Elstertal, Bierhöhler (Thüringer Speisen) und die bis 4 Uhr früh geöffnete Tanzbar Rubin. Die Gaststätten Plzen, Rudolstädter Straße, und Rostow, Zeulsdorfer Straße im Stadtteil Lusan bieten Tanz und warme Küche. Empfehlenswert sind außerdem die Gaststätten Gastronom, Platz der Republik; Ratskeller, Markt; Jagdhof (Wildgerichte), Auf dem Hainberg; Sliven, Kornmarkt; Gastmahl des Meeres, Zschochernplatz; und Pskow, Am Markt. Das Galeriecafé im Haus der Kultur, Straße des 7. Oktober, bietet eine angenehme Atmosphäre - hier findet abends von Di bis Sa Disko statt (vorheriger Kartenkauf ist zu empfehlen). Die Gaststätte Osterstein im Stadtwald bietet von Oktober bis April an den Wochenenden volkstümliche „Baudenabende“ und „Bauernmärkte“.

Veranstaltungen
Das ganze Jahr über gibt es ein breites kulturelles Angebot, beispielsweise das nationale Kinderfilmfestival (Februar), die Thüringer Musiktage (April), die Geraer Orgelwoche (Juli), das Dahlienfest und der Herbstmarkt (September), die Kulturfesttage (Oktober), die Dokumentarfilmwoche (Dezember). Die Bühnen der Stadt, Dimitroffallee, bieten alle Sparten und ein Puppentheater am Gustav-Hennig-Platz 5. Im Haus der Kultur, Straße des 7. Oktober, und im Kulturpark, Laasener Straße 12, finden regelmäßig Veranstaltungen aller Art statt. Für das weitere Angebot sorgen die Musikschule, Goethestraße 5, die Museen, das Bezirksausstellungszentrum, Haeckelstraße 31, der Tierpark am Martinsgrund, das Haus der DSF, die drei Kinos und das Kabarett Fettnäppchen.

Ausflüge
Der Stadtwald mit Naturlehrpfad mit dem 310 m hohen Heinberg liegt unweit der Innenstadt. Der Stadtteil Langenberg hat eine romanisch-gotische Dorfkirche und das Naturschutzgebiet Hausberg. Beliebtes Ziel ist zudem der Tierpark Gera mit der „Pioniereisenbahn" die vom Martinsgrund zum Wolfsgehege im Tierpark führt. Die kleine Schmalspurbahn befördert jährlich 50.000 Menschen. Ausflüge der Geraer und ihrer Gäste führen auch zum Ferberturm auf der Ronneburger Höhe östlich der Stadt oder in das Terrassencafé auf dem vom Krieg zerstörten Schloß Osterstein im Stadtteil Untermhaus.
✻BadKöstritz✻Münchenbernsdorf✻Ronneburg ✻ Stadtroda ✻ Triptis ✻ Weida ✻ Wünschendorf

Geraberg
(Kreis Ilmenau, Bezirk Suhl)

Der Ort wurde im 14. Jh. als hennebergischer Besitz genannt und gehörte seit dem 17. Jh. zu Sachsen-Gotha. Die Einwohner des etwa 450 m hoch gelegenen Dorfes lebten vorwiegend von der Waldarbeit und vom Bergbau. Im 19. Jh. entwickelte sich die Glasbläserei. Heute leben hier knapp 3.000 Menschen, der wichtigste Betrieb stellt Thermometer her.

Sehenswert
Touristen bieten sich (Winter)Sport-, Schwimm- und Angelmöglichtkeiten. Der Ortsteil Arlesberg ist dicht vom Wald umgeben, über der Zahmen Gera erhebt sich der Schwarze Stein, ein etwa 30 m hoher Fels.

Gastronomie
Speisen und Getränke bieten das Kulturhaus in der Thälmannstraße, die Bergbrauerei, die Gemeindeschänke, das Sportlerheim und die Gaststätte Zum Arlesberg. Das Café Geratal befindet sich in der Arnstädter Straße.

Ausflüge
Ein beliebter Spaziergang führt zur Hohen Warte (810 m) mit Aussichtsturm und Gaststätte. Ein schön angelegtes Waldbad und ein gutes Skigelände mit einer für Mattenspringen geeigneten Schanze befinden sich im nahegelegenen Ort Geschwenda.
✻ Ilmenau ✻ Elgersburg ✻ Gräfenroda

Gerstungen
(Kreis Eisenach, Bezirk Erfurt)

Das Hofgut Gerstungen wurde im 8. Jh. an das Kloster Fulda verschenkt, das bis 1402 hier herrschte. König Heinrich IV. schloß hier 1074, nach dem Sachsenaufstand. den „Frieden von Gerstungen". Im 15. Jh. kam der Ort an die Thüringer Landgrafschaft. Das Schloß wurde in der 1. Hälfte des 17. Jh. errichtet. Der grenznahe Ort an der Werra war aufgrund der geschlossenen innerdeutschen Grenze bis 1989 recht isoliert. Bekannt ist Gerstungen als Grenzbahnhof.

Museum
Das Heimatmuseum im Schloß, Sophienstraße 2 (Öffnung nach Vereinbarung) zeigt eine Bauernstube, bäuerliches Gerät und Töpfereierzeugnisse.

Sehenswert
Die spätgotische Pfarrkirche hat ein Renaissance-Langhaus mit dreigeschossiger Empore. Die Kanzel entstammt dem 16. Jh.

Ausflüge
✻ Eisenach

Gießübel

(Kreis Hildburghausen, Bezirk Suhl)

In Verbindung mit einer Eisenhütte aus dem 14. Jh. wird der Ort erstmals erwähnt. Gießübel liegt in etwa 500 m Höhe unweit des Kammes des Thüringer Waldes. Die Menschen lebten hier früher vorwiegend von der Holzverarbeitung und als Flößer auf Schleuse und Werra. Heute gibt es in der Gemeinde neben der holzverarbeitenden Industrie auch ein Glas- und ein Elektrowerk. Der Ort mit rund 1.000 Einwohnern wird von 12.000 Touristen jährlich besucht.

Sehenswert
Der Floßteich am Ortsrand erinnert an die traditionelle Holzflößerei in Gießübel. Das Kulturhaus wurde in den 1950er Jahren in Eigeninitiative errichtet. Urlaubern stehen ein Freibad und eine Sportanlage, im Winter ein Skihang mit Lift zur Verfügung.

Gastronomie
Die Gaststätten Waldfrieden, Schwarzer Adler und Rautenkranz befinden sich an der Hauptstraße, die Waldbaude an der Masserberger Straße.

Ausflüge
Ein Naturlehrpfad bietet einen interessanten Rundgang um den Ort, die Schönbrunner Berghütte (Gasthaus) kann über den gleichen Weg erreicht werden.
✻ Hildburghausen ✻ Masserberg ✻ Schnett ✻ Schleusingen

Goldisthal

(Kreis Neuhaus a.R., Bezirk Suhl)

Der im 15. Jh. erstmals erwähnte Ort galt im Mittelalter als Zentrum des Goldbergbaus im Schwarzatal. Ende des 18. Jh. wurde der Bergbau eingestellt. In der Folgezeit waren Mahl- und Schneidemühlen für die wirtschaftliche Entwicklung wichtig. Der lange Zeit zur schwarzburgischen Herrschaft gehörige Ort mit etwa 600 Einwohnern ist heute touristisches und kulturelles Zentrum des Oberen Schwarzatals.

Gastronomie
Die Gaststätten Herbert Warnke, Goldborn und Oberes Schwarzatal liegen an der Hauptstraße.

Ausflüge
Ein schöner Spaziergang führt zum Naturschutzgebiet Wurzelbergfarmde. Die Rennsteigwarte (Gasthaus Turmbaude) auf dem 841 m hohen Eselsberg ist knapp 4 km entfernt.
✻Neuhausa. R. ✻Friedrichshöhe✻Großbreitenbach ✻ Masserberg

Gößnitz

(Kreis Schmölln, Bezirk Leipzig)

Das Industriestädtchen an der Pleiße wurde im 13. Jh. erstmals erwähnt und hatte als Marktflecken eine regionale Bedeutung an der Handelsstraße zwischen Altenburg und Zwickau. Gößnitz erhielt 1718 das Stadtrecht. Am Eisenbahnknotenpunkt (Anschluß nach Weimar, Leipzig, Hof, Chemnitz) entwickelte sich im 19. Jh. die Industrie (Weberei, Maschinenbau, Spielwaren).

Sehenswert
Die spätgotische Pfarrkirche (1491) wurde im Laufe der Geschichte mehrfach umgebaut.

Gastromie
Das Hotel Central in der Liebknecht-Straße bietet Unterkunft und Verpflegung.

Ausflüge
✻ Schmölln

Gotha

(Kreisstadt im Bezirk Erfurt)

Die ehemalige Residenz am Südwestrand des Thüringer Beckens wurde erstmals im Jahr 775 erwähnt. Das Stadtrecht geht auf das 12. Jh. zurück. Der Waidhandel brachte der Stadt am Nordrand des Thüringer Waldes im 15. und 16. Jahrhundert eine wirtschaftliche Blüte. Im Zuge des „Grumbachschen Händel“ (Johann Friedrich der Mittlere beschützte den gesuchten Ritter von Grumbach) wurde das damalige Gotha belagert und die Festung Grimmenstein 1567 zerstört. Von 1572 bis 1633 gehörte die Stadt zu Sachsen-Coburg-Eisenach. Seit 1640 wurde Gotha Residenz des Herzogtums Sachsen-Gotha und behielt diesen Status bis 1918. Als erster deutscher Schloßbau nach dem 30jährigen Krieg entstand auf der geschleiften Festung Grimmenstein die beeindruckende Dreiflügelanlage Schloß Friedenstein. Unter Friedrich II. wurden Schloß Friedrichsthal, das Hospital am Brühl und die Orangerie errichtet.
Ende des 18. Jh. wirkten in Gotha Conrad Ekhof, der „Vater der deutschen Schauspielkunst“ und der bekannte Verleger Justus Perthes, aus dessen Betrieb sich eine geographisch-kartographische Anstalt entwickelte. Bedeutend ist im frühen 19. Jh. Ernst Wilhelm Arnoldi, der in der Stadt eine kaufmännische Innungshalle, die erste deutsche Handelsschule, eine Zuckerfabrik, die ersten deutschen Versicherungsanstalten und das Theater (Entwürfe von Schinkel) gründete. Unter Ernst II. wurde Gotha zur Stadt des bürgerlichen Liberalismus. Seit 1849 fanden hier deutsche Schützen-, Sänger- und Turnfeste sowie nationale Kongresse statt. Auch die Sozialdemokraten und die Freidenker hatten hier Entfaltungsmöglichkeiten. Die Monarchie wurde im Zuge der Novemberrevolution 1918 beseitigt. Die Unabhängigen Sozialdemokraten (USPD) hatten in Gotha ihre Hochburg, ihr linksregierter Freistaat ging 1920 nach Kämpfen mit der Reichswehr im Land Thüringen auf. Das wirtschaftliche Leben wird durch Betriebe der Holz-, Metallverarbeitung, Gummi-, Nahrungsmittelproduktion und Landkartenherstellung geprägt. Gotha (58.000 Einwohner) hat mehrere Fach- und Ingenieurschulen, hier ist der Sitz des Staatlichen Sinfonieorchesters Thüringen.

Museen
Das *Museum für Regionalgeschichte und Volkskunde mit Ekhoftheater* (Oktober-April Mi bis So; Mai-September Di-So 8.00-17.00) im Ostflügel von Schloß Friedenstein zeigt die historische Entwicklung der Region, Sammlungsschwerpunkte: Waffen, Jagd- und Schützenwesen, Musik- und Thea-

Renaissance-Rathaus Gotha

tergeschichte. Das Ekhoftheater ist das älteste der DDR mit historische Bühnentechnik. In Schloß Friedenstein befinden sich außerdem das *Schloßmuseum* und das *Kartographische Museum* (gleiche Öffnungszeiten). Im Schloßmuseum sind zum einen historische Räume des Barock, Rokoko und Klassizismus zu sehen, außerdem werden Sammlungen präsentiert: Malerei und Plastik 15.-16. Jh. („Gothaer Liebespaar"), europäisches Kunsthandwerk, ägyptische Sammlung, antike und ostasiatische Kunst, Münzkabinett, Kupferstichkabinett. Das Kartographische Museum informiert über Geschichte und Werk der 1785 von Perthes gegründeten Geographisch-Kartographischen Anstalt.

Unweit von Schloß Friedenstein befindet sich im Schloßpark das *Museum der Natur,* Parkallee 15 (gleiche Öffnungszeiten). Die Sammlung wurde 1647 begründet, gezeigt werden die Abteilungen Erdgeschichte, Minerale, Vögel der Erde, Säugetiere und Thüringer Wald.

Die *Gedenkstätte Gothaer Parteitag 1875,* Straße der Pariser Kommune 10 (Mo-Fr 8.00-17.00), informiert im historischen Kongreßsaal über den Vereinigungsparteitag der deutschen Sozialdemokratie.

Moderne Kunst zeigt die *Galerie am Hauptmarkt* (Di-Fr 14.00 18.00 und Sa 9.00-12.00).

Sehenswert

Das frühbarocke Schloß Friedenstein beherbergt die Schloßkirche, das Schloßtheater, Museen, das Historische Staatsarchiv und eine Forschungsbibliothek mit über 500.000 Bänden, darunter 5.500 europäische und 3.300 orientalische Handschriften. Im nahegelegenen Schloß Friedrichsthal (18. Jh.) befindet sich heute eine Fachschule. Die ehemalige Orangerie wird als Musikbibliothek und Gaststätte genutzt. Die historische Altstadt rund um das Renaissance-Rathaus ist weitgehend restauriert worden. Sehenswert sind hier das ehemalige Wohnhaus Arnoldis, das Lukas-Cranach-Haus und die Schloßgasse mit dem ehemaligen Wohnhaus von Ekhof. Die spätgotische Margarethenkirche am Neumarkt mit 65 m hohem Turm wurde mehrmals umgebaut (barocke Ausstattung). Auch das ehemalige Augustinerkloster mit malerischem Kreuzgang und die Augustinerkirche (1216 begonnen) wurden im Barock verändert. Das Maria-Magdalenen-Hospital im Brühl soll von der Heiligen Elisabeth 1223 gegründet worden sein, das Gebäude des heutigen Altenheims stammt freilich aus dem 18. Jh. Einen Besuch lohnt der Schloßpark, auf einer Insel im Parkteich sind die Gothaer Herzöge beigesetzt. Das erste Krematorium Europas befindet sich auf dem Hauptfriedhof (Urnenhalle mit der Urne der Friedens-Nobelpreisträgerin Berta von Suttner). Tiere des europäischen Lebensraums sind im Tiergarten, Töpfleber Weg 2, zu sehen. Für Urlauber stehen nicht nur Schwimmhalle, Freibad und Sportstätten zur Verfügung, eine besondere Attraktion sind Reitkurse des Gestüts Boxberg (Di-Fr 14.00-16.00, Sa 9.00-11.00, 14.00-16.00); hier finden in den Sommermonaten auch Galopprennen statt.

Gastronomie

Empfehlenswerte Restaurants sind die Schloßgaststätte; die Weinschenke, Gartenstraße 28; Feldschlößchen, Walterhäuser Straße; Ratskeller, Hauptmarkt; Freundschaft, Pieck-Platz; Gastmahl des Meeres, Schwabhäuser Straße 47; Slovan, Jüdenstraße; Volkshaus zum Mohren, Mohrenstraße; Waldbahn, Bahnhofstraße und Stadt Gotha, Huttenstraße. Cafés sind die Mocca-Bar, Hauptmarkt; Galetti, Blumbachstraße; Pinguin, Erfurter Straße.

Veranstaltungen

Theater- und Konzertveranstaltungen gibt es fast täglich im Kreiskulturhaus, Leninplatz 3; der Klub der Kulturschaffenden, Marx-Straße 14, bietet kleinere Veranstaltungen wie Lesungen und Vorträge an. Im Sommer finden auf einer Freilichtbühne im Schloßhof Konzerte statt. Jährlich werden ein Volks- und Schützenfest im Oktober sowie der Weihnachtsmarkt im Dezember abgehalten. Für junge Leute sind die Jugendklubs Mozartstraße 1a und Gagarin-Straße 12 sowie die Gaststätte Freundschaft, Pieck-Platz 5 im Neubaugebiet empfehlenswert.

Ausflüge

Etwas außerhalb am Kleinen Seeberg befindet sich die Ausflugsgaststätte „Alte Sternwarte", die an die erste deutsche Sternwarte 1788 erinnert. Ein schönes Ausflugslokal ist auch der Berggarten (Gartenrestaurant), An der Klinge. An der Rennbahn am Boxberg befindet sich eine Gaststätte, der Thüringer Waldblick.

Eine Fahrt mit der Thüringer Waldbahn (Straßenbahn Linie 4) nach Friedrichroda und Tabarz läßt sich mit einer Besichtigung der Marienglashöhle verbinden.

✻ Catterfeld ✻ Ernstroda ✻ Finsterbergen ✻ Fischbach ✻ Friedrichroda ✻ Friedrichswerth ✻ Georgenthal ✻ Gräfenhain ✻ Luisenthal ✻ Mühlberg ✻ Ohrdruf ✻ Pferdingsleben ✻ Schönau v.d.W. ✻ Tabarz ✻ Tambach-Dietharz ✻ Waltershausen ✻ Wandersleben ✻ Wechmar

Gräfenhain

(Kreis Gotha, Bezirk Erfurt)

Der Ort entstand in der Rodungsperiode im 11. Jh. und wurde 1230 erstmals erwähnt. Im 19. Jh. wurde eine Porzellanfabrik angesiedelt. Heute leben hier 1600 Einwohner, wichtigster Betrieb ist eine Sportgerätefabrik, die Alleinhersteller von Holzsportreifen in Europa ist.

Sehenswert

Der Halbigturm auf der Heide am südlichen Ortsausgang bietet eine weite Aussicht nach Gotha und auf den Thüringer Wald. Die Dorfkirche entstand in der 1. Hälfte des 18. Jh. Hervorzuheben sind der Kanzelaltar, die Orgel und der Taufengel aus dem 18. Jh.

Gastronomie
Die gepflegten Gaststätten heißen Freundschaft, Hauptstraße 26; Thüringer Wald und Waldklause. Eine beliebte Ausflugsgaststätte ist die 1 km entfernte Scherers Hütte.

Ausflüge
✻ Ohrdruf ✻ Gotha

Gräfenroda

(Kreis Arnstadt, Bezirk Erfurt)

Der Ort entstand als Rodungsdorf im 13. Jh. Von 1446-1819 war Gräfenroda politisch geteilt, eine Hälfte gehörte zu Schwarzburg, die andere zu Witzleben bzw. Gotha. Bergbau und Glasherstellung waren im 16. und 17. Jh. die wichtigsten Erwerbszweige. Im 19. Jh. wurden Porzellanfabriken angesiedelt, viele Einwohner wanderten nach Amerika aus. Heute leben die rund 4.000 Einwohner von der Glas- und Keramikindustrie sowie von der Holzverarbeitung. Gräfenroda erstreckt sich fast 5 km lang im Tal der Wilden Gera.

Sehenswert
Ein technisches Denkmal ist der „ausgebrannte Stein", ein Felsdurchbruch, der um 1700 für einen Floßgraben angelegt wurde. Die St. Laurentiuskirche mit barockem Flügelaltar stammt aus dem 18. Jh. Für Touristen stehen ein Freibad, Sportstätten und ein Reitplatz zur Verfügung. Wintersportmöglichkeiten bestehen nahe der Jugendherberge im Ortsteil Dörrberg.

Gastronomie
Die wichtigste Gasthäuser sind der Deutsche Hof, Bahnhofstraße, Zum Waldsberg, Ortsteil Dörrberg, Zum Ried und Zur Erholung, Bahnhofstraße, Zur Post, Alte Lache und Dörrberg. Cafés befinden sich in der Ilmenauer Str. 9 und in der Bahnhofstraße 37.

Ausflüge
Nicht weit ist eine Wanderung zum Lütschestausee (Gaststätte bei Frankenhain).
✻Arnstadt✻Gehlberg✻Oberhof✻Frankenhain

Gräfenthal

(Kreis Neuhaus a. R., Bezirk Suhl)

Der Ort liegt malerisch in einem Talkessel an der Zopte und wurde im 14. Jh. erstmals genannt. Die kleine befestigte Stadt an der Handelsstraße Nürnberg-Leipzig wurde durch Brände mehrfach zerstört. Im 17. Jh. gehörte Gräfenthal zunächst zu Sachsen-Altenburg und später zu Gotha. Wichtigster Wirtschaftsfaktor war lange Zeit die Kupferverarbeitung. Aufgrund der grenznahen Lage war die kleine Stadt lange Zeit touristisch nicht stark frequentiert.

Sehenswert
Schloß Wespenstein (14. Jh.) ist eine unregelmäßige Anlage, teilweise Ruine. Die barocke Pfarrkiche St. Marien hat spätgotische Teile. Beachtlich sind die Grabdenkmäler aus dem 16. Jh., die hölzerne Spiegeldecke und der Kanzelaltar von 1726.

Ausflüge
✻ Neuhaus a. R. ✻ Saalfeld

Gräfentonna

(Kreis Bad Langensalza, Bezirk Erfurt)

Die Siedlungen in der Unstrutniederung Burgtonna, Ostertonna und Gräfentonna wurden im 9. Jh. erstmals erwähnt. Nach wechselnden Herrschaften gehörte Gräfentonna seit 1677 zu Sachsen-Gotha. Im 18. Jh. erhielt der Ort das Marktrecht, heute ist die

Sommerpalais in Greiz

kleine Stadt (2500 Einwohner) von der Landwirtschaft und kleinen Gewerbebetrieben geprägt.

Sehenswert

Das Schloß Kettenburg ist eine im Renaissancestil errichtete Vierflügelanlage, die noch einen Turm und Erker aus dem 16. Jh. hat, aber im 19. Jh. mehrmals umgestaltet wurde.

Die Pfarrkiche St. Peter und Paul stammt aus dem 15. Jh. und wurde im 18. Jh. umgebaut. Im Inneren finden sich Doppelemporen, eine Kanzel aus dem 17. Jh. sowie die Grabsteine der Grafen von Gleichen (16. Jh.), der Altar stammt aus der Wallfahrtskirche Grimmental.

Ausflüge

Nicht weit ist es zum Naturschutzgebiet Fahner Höhe, von dem man einen schönen Ausblick auf das Unstruttal hat.

✻ Bad Langensalza

Greiz

(Kreisstadt im Bezirk Gera)

Die ehemalige Residenz (38.000 Einwohnern) an der Weißen Elster wird von waldreichen Höhenzügen umrahmt. Der im 13. Jh. erstmals erwähnte Ort entstand aus einer slawischen Siedlung. Durch Erbverträge von 1426 wurde die Stadt unter die Herrschaften Unter- und Ober-Greiz aufgeteilt. Erst 1786 konnten beide Teile wiedervereinigt werden, Greiz erhielt bis 1918 den Status der Hauptstadt des Fürstentums Reuß ältere Linie. Im 17. Jh. wurde die Tuch- und Zeugweberei in Greiz eingeführt, um 1900 galt die Stadt als Zentrum der deutschen Textilverarbeitung. Diese Branche mit Woll- und Seidenwebereien blieb bis heute neben der chemischen Industrie ein wichtiger Wirtschaftsfaktor. Im Volksmund wird die Stadt als „Perle des Vogtlandes“ bezeichnet.

Museen
Das Sommerpalais im Leninpark (Di-Fr 10.00-16.00, Sa-So 10.00-13.00) zeigt wertvolle Bücher- und Kupferstichsammlungen sowie englische Schabkunst und im Obergeschoß das Satiricum, eine Karikaturensammlung mit Werken von Hogarth, Daumier bis hin zur Gegenwartskunst. Im Gartensaal (Di-So 10.00-18.00) finden regelmäßig Sonderausstellungen statt.
Das Kreisheimatmuseum im Unteren Schloß (So-Fr 9.00-12.30 und 14.00-17.00) präsentiert seine Sammlungen zur Ur- und Frühgeschichte sowie zur Entwicklung der Region vom 15. Jh. bis in die Gegenwart.

Sehenswert
Auf dem steilen Schloßberg erhebt sich das Obere Schloß (heute Staatsarchiv), eine mittelalterliche Burg, die im 16. und 18. Jh. erweitert wurde. Der sechseckige Schloßturm ist ältestes Bauwerk der Stadt. Am Ufer der Weißen Elster erstreckt sich das klassizistische Untere Schloß (Museum).
Als eine der schönsten Parkanlagen der DDR gilt der Lustgarten unterhalb des Schloßbergs, der Leninpark mit seltenen Bäumen, Parkteich mit künstlichen Inseln und einem Rosengarten umfaßt 40 Hektar, hier steht das Ende des 18. Jh. erbaute Sommerpalais.
Die Stadtkirche wurde im 19. Jh. nach einem Brand wiederaufgebaut, aus gleicher Zeit stammt die klassizistische Hauptwache. Der Röhrenbrunnen am Kirchplatz ist die älteste Wasserleitung der Stadt.

Gastronomie
Empfehlenswerte Gaststätten sind der Thüringer Hof, Heinrich-Fritz-Straße; das Hotel Am Markt, die Friedensbrücke (Grillrestaurant), Thälmannstraße 1-3 und das Ratsstübel am Puschkinplatz. Beliebte Tanzbars sind das Trocadeor in der Gaststätte am Goethepark und der Schloßkeller im Oberen Schloß. Im Ortsteil Irchwitz sind Meisels Gasthaus und im Stadtteil Rothental der Bergquell zu nennen.

Veranstaltungen
Im Kreiskulturhaus und im Sommerpalais finden regelmäßig Kulturveranstaltungen statt. Seit über 40 Jahren werden im November die Greizer Musikwochen veranstaltet. Junge Leute treffen sich im Jugendzentrum, Thälmannstraße 1-3 und im Spektrum in der Gagarin-Straße 10.

Ausflüge
Das Naherholungsgebiet Waldhaus im Werdauer Wald ist ein beliebtes Ziel der Greizer (Gaststätte Waldhaus).
Das Elstertal lockt in beiden Richtungen zu interessanten Ausflügen. In der näheren Umgebung liegt die beliebte Ausflugsgaststätte Clodramühle zwischen Berga und Wünschendorf. Die Gaststätten Jägersruh in Büna und das Schweizerhaus in Schönbach sind ebenfalls empfehlenswert. Südlich liegen das kleine Industriestädtchen *Elsterberg* mit einer spätromanischen Burgruine (Gippenschänke in Elsterberg-Gippe) und das Landschaftsschutzgebiet Steinicht mit 70 m hohen Felsen (Ausflugsgaststätte Rentzschmühle). Eine Fahrt zur Götzschtalbrücke lohnt sich ebenfalls, sie ist die größte Ziegelbaubrücke der Welt, 574 m lang, 78 m hoch und besteht aus über 80 Bögen. In *Zickra* fanden im März 1920 Kämpfe zwischen Reichswehr und Arbeiterwehren statt, im Gasthof Zickra erinnert ein Traditionszimmer an das Ereignis.
✻ Berga ✻ Elsterberg

Greußen
(Kreis Sondershausen, Bezirk Erfurt)

Bereits im 14. Jh. erhielt die Siedlung an der Helbe das Stadtrecht. In jener Zeit waren der Waid- und Weinbau von Bedeutung. Im

19. Jh. setzte die Industrialisierung ein. Heute ist Greußen durch seine Salamifabrik bekannt. In der LPG Pflanzenproduktion informiert ein agrarhistorisches Kabinett über die Entwicklung der Landwirtschaft in der Region (Besichtigung auf Anfrage möglich).

Museum
Das Heimatmuseum in der Wilhelm-Külz-Straße 14 (geöffnet nach Vereinbarung, Tel. 296/297) informiert über die Geologie und die Stadtgeschichte. Schwerpunkte bilden eine alte Apotheke und Sammlungen zum heimischen Handwerk.

Ausflüge
Mit einem Wehr zwischen Wasserthaleben und Westgreußen beginnt das Helbesystem, eine mittelalterliche Wasserbauanlage, durch die ein knappes Dutzend Mühlen gespeist wurde.
✻ Sondershausen ✻ Clingen

Großbreitenbach
(Kreis Ilmenau, Bezirk Suhl)

Der beliebte Erholungsort hat 4.000 Einwohner und jährlich rund 12.000 Feriengäste. Die Siedlung wurde im 14. Jh. erstmals erwähnt und erhielt im 19. Jh. das Stadtrecht. Nachdem der Bergbau eingestellt worden war, entwickelte sich im 19. Jh. eine Porzellan- und Glasherstellung. Die Fürsten von Schwarzburg-Sondershausen nutzten das Jagdschloß als Sommerresidenz. Heute arbeiten die Menschen in der Glas-, Porzellan-, Holz- und Spielwarenindustrie, ein wichtiger Arbeitgeber ist ein Betrieb für Relaistechnik.

Sehenswert
Der alte Turm, der von einer im 18. Jh. eingestürzten Kirche übrigblieb, ist das Wahrzeichen der Stadt. Sehenswert sind die Barockkirche mit spätgotischem Altar und die alten Bergbauanlagen aus dem 16. bis 19. Jh. in der Umgebung Großbreitenbachs. Für Touristen stehen ein (Winter-)Campingplatz mit Schwimmbad, Sauna, Sportstätten und Freilichtbühne sowie ein Kino und das Kulturhaus der Glaswerker zur Verfügung.

Gastronomie
Das Kulturhaus in der Neuhäuser Straße, die Rathaus- und die Bahnhofsgaststätte bieten Speisen und Getränke, ferner gibt es ein Café in der Poststraße.

Ausflüge
Ein beliebtes Ausflugsziel ist die Waldgaststätte am Campingplatz. Der Lange Berg (Denkmal) bietet eine schöne Aussicht auf das Thüringische Schiefergebirge.
✻ Ilmenau ✻ Neustadt a.R.

Großburschla
(Kreis Eisenach, Bezirk Erfurt)

Der Grenzort an der Werra wurde vermutlich im 9. Jh. gegründet. Im Mittelalter war Großburschla Sitz einer Benediktiner-Propstei und vom Kloster Fulda abhängig. Um das Stift gab es immer wieder Streit zwischen den Bischöfen von Fulda und den Landgrafen von Hessen. Im 19. Jh. entwickelten sich kleine Industriebetriebe, heute bieten die Möbelindustrie und die Landwirtschaft Arbeitsplätze. Von 1952-1989 lag der Ort in einem Zipfel des Grenzsperrgebiets, da die Verkehrswege (Bahn und Straße) über Hessen führten, mußte eine neue Straße über den Heldrastein gebaut werden.

Sehenswert
Die Fachwerkkirche (17. Jh.) integriert Bauteile der romanischen Kirche der Benediktiner-Propstei. Am östlichen Ortsausgang gibt es einen Grenzkontrollpunkt für Fußgänger,

der zum in der Bundesrepublik gelegenen Bahnhof Großburschla führt.

Ausflüge
Der nahegelegene Heldrastein (504 m), ein Refugium seltener Flora und Fauna, bietet einen imponierenden Ausblick auf das Werratal.
✻ Treffurt ✻ Creuzburg ✻ Eisenach

Großenehrich

(Kreis Sondershausen, Bezirk Erfurt)

Im 8. Jh. erhielt das Kloster Fulda den Ort, nach wechselnden Besitzern fiel Großenehrich 1599 an Schwarzburg-Sondershausen. Zuvor hatte der Marktflecken 1521 das Stadtrecht erlangt. Heute ist die kleine Stadt (rund 1.000 Einwohner) vor allem von Landwirtschaft und Kleingewerbe geprägt.

Sehenswert
Das Schloß Rappenstein ist ein 1590 errichteter, schlichter Renaissancebau. In der Dorfkirche befinden sich noch Grabdenkmäler der Herren von Tottleben aus dem 16. Jh.

Ausflüge
✻Sondershausen✻Clingen✻Greußen✻Ebeleben

Großfurra

(Kreis Sondershausen, Bezirk Erfurt)

Zwischen Hainleite und Wipper liegt Großfurra, das im 9. Jh. zum Kloster Fulda gehörte. Im 14. Jh. wurde hier ein Zisterzienser-Nonnenkloster gegründet. Im 15. Jh. fiel Großfurra an die Albertiner, die bis 1815 Landesherren blieben, danach wurde es für kurze Zeit preußisch. Die Preußen tauschten den Ort an Schwarzburg-Sondershausen. Heute ist Großfurra sowohl eine Wohngemeinde der Kaliwerker als auch ein landwirtschaftlich geprägter Ort.

Sehenswert
Das sogenannte Schloß sind die Reste einer mittelalterlichen Burg, erhalten blieben ein Seitenflügel und ein Rundturm, beachtlich ist ein Renaissancebau aus der Zeit um 1600, der „Hof“. Die Dorfkirche ist im Kern romanisch und gehörte zum Nonnenkloster.
Hier wurde 1945 die erste „Neubauernsiedlung“ nach der Bodenreform (Enteignung der Großbauern) angelegt, ein Gedenkstein in der Siedlung Neuheide erinnert daran.

Ausflüge
Im 5 km entfernten *Wolkramshausen* sind Schloß und Park „Hue de Grais“ einen Besuch wert. Das barocke Herrenhaus entstand um 1680 und ist mit Wandgemälden und Möbeln aus dem 18. Jh. ausgestattet, Schloß und Wirtschaftsgebäude sind von einem Barockgarten umgeben. Nach der Restaurierung soll der Komplex als Kulturzentrum genutzt werden.
✻ Sondershausen

Großkochberg

(Kreis Rudolstadt, Bezirk Gera)

Der im 12. Jh. erstmals erwähnte Ort hatte wechselnde Herrschaften, darunter Sachsen-Gotha (17. Jh.) und Sachsen-Meiningen (19.Jh.). Hier war der Stammsitz der von Kochberg, die eine Wasserburg besaßen, nach mehreren Umbauten und Besitzerwechseln wurde sie 1733 von der Familie von Stein erworben, die dem Gebäude seinen Schloßcharakter gab und bis 1938 Inhaber blieb. Goethe war hier zwischen 1775 und 1786 als Freund der Charlotte von Stein häufig zu Gast. Freiherr von Stein ließ ein klassizistisches Liebhabertheater errichten. Im 19. Jh. wurden das Schloß durch neugotische Anbauten und der 5 Hektar große Park in einen Landschaftsgarten umgestaltet.

Museum
Das Museum der Nationalen Forschungs- und Gedenkstätten der klassischen deutschen Literatur im Schloß (Di-So 9.00-12.00 und 13.00-17.00, von September bis April nur Mi-So) zeigt einen Arbeitsraum Goethes sowie Kunstsammlungen der Familie von Stein und bietet Informationen zur Geschichte des Schlosses und der Gutsherrschaft.

Sehenswert
Zum Schloß gehören ein Wallgraben, das Liebhabertheater, der Park mit Blumengarten und Bühne, Grotte, künstlicher Ruine und Badehäuschen. Einen Besuch lohnt in Großkochberg auch die spätromanische Chorturmkirche. Im Chor befindet sich ein Altar aus der Zeit um 1500.

Ausflüge
✻ Rudolstadt

Großlohra

(Kreis Nordhausen, Bezirk Erfurt)

Die Burg Lohra vor der Eichsfelder Pforte im Westen der Hainleite entstand im 11. Jh. und gehörte dem Herzog von Braunschweig, Heinrich I. Im Umfeld der größten Burg des Vorharzes gründeten Zisterzienser-Nonnen in Münchenlohra ein Kloster. Das Amt Lohra hatte wechselnde Besitzer, gelangte an das Bistum Halberstadt und später an Brandenburg (Amtssitz bis 1816), schließlich kam es im 19. Jh. zu Preußen. Heute leben hier etwa 1300 Einwohner.

Sehenswert
Im Ortsteil Münchenlohra befindet sich eine ehemalige Zisterzienserinnen-Klosterkirche aus dem 12. Jh. mit beeindruckender Doppelturmfront. Der Bau wurde im späten 19. Jh. und 1955 rekonstruiert. Im Ortsteil Amt Lohra findet man die Doppelkapelle, die aus Resten der Burg im 12. Jh., errichtet wurde. Von der Burg Lohra blieben Reste des Bergfrieds, Ringmauern, Pulvermagazin sowie Wirtschaftsgebäude des 17. Jh. In der Kapelle sind Ausgrabungsfunde ausgestellt.

Ausflüge
Im nahegelegenen Hainrode befindet sich ein Naherholungszentrum mit Campingplatz, Gaststätte und Gondelteich. Vielfältige Wandermöglichkeiten bieten sich in der Hainleite.
✻ Bleicherode ✻ Nordhausen

Gumpelstadt

(Kreis Bad Salzungen, Bezirk Suhl)

Der kleine Ort (1100 Einwohner) am Südwestrand des Thüringer Waldes wurde im 12. Jh. als Besitz des Klosters Fulda genannt. 1680 kam der Ort an Sachsen-Meiningen. Das Wirtschaftsleben wird durch kleine Industriebetriebe und die Landwirtschaft bestimmt.

Sehenswert
Im Naturschutzgebiet Alte Warth findet man auf Kalkhängen Enzian und Orchideen. In der Nähe befindet sich ein Moto-Cross-Gelände.

Gastronomie
Im Ort gibt es die Volksgaststätte, Hauptstraße, und die Kommissionsgaststätte, Liebensteiner Straße.

Veranstaltung
Die Moorgrundfestspiele finden jährlich im Juni statt.

Ausflüge
Das Waldgasthaus Heimersgrund ist auf bequemen Fußwegen zu erreichen (5 km).
✻ Bad Salzungen ✻ Bad Liebenstein

Harzungen
(Kreis Nordhausen, Bezirk Erfurt)

Der kleine Ort am Südrand des Harzes wurde im Jahr 1944 Standort des größten Außenlagers des Konzentrationslagers Dora-Mittelbau. Hier wurden 4500 Häftlinge vorwiegend beim Eisenbahnbau eingesetzt. Hunderte Gefangene kamen hier ums Leben. Auf dem Friedhof erinnert ein Gedenkstein an das Schicksal der Häftlinge.

Ausflüge
✻ Nordhausen

Heiligenstadt
(Kreisstadt im Bezirk Erfurt)

Das Gebiet um das heutige Heilbad Heiligenstadt (14.000 Einwohner) war schon in vorgeschichtlicher Zeit besiedelt. Im 6. Jh. drangen die Franken in das Leinetal ein, häufig weilten im Mittelalter Könige und Kaiser in der Region. 973 wurde der zum Erzbistum Mainz gehörende Ort mit dem St. Martinsstift erstmals erwähnt. Die Mainzer Erzbischöfe zogen sich immer wieder auf die nahe gelegene Burg Rusteberg zurück. 1227 bekam der Ort das Stadtrecht. 1468 wurde hier der später in Würzburg wirkende Bildschnitzer Tilman Riemenschneider geboren. Nach Reformation und Bauernkrieg wurde das Gebiet um Heiligenstadt protestantisch, doch Mitte des 16. Jh. begannen die Jesuiten mit der erfolgreichen Rekatholisierung im Eichsfeld und sicherten die Mainzer Vorherrschaft. 1803 übernahm Preußen die Stadt. Von 1857 bis 1864 war der Dichter Theodor Storm hier Kreisrichter, aus diesem Grund ging Heiligenstadt mit Husum, der nordfriesischen Heimatstadt Storms eine Partnerschaft ein. Die wirtschaftlichen Erzeugnisse sind vor allem Textilien, Tabakwaren, Strümpfe, Reißverschlüsse, Bilderrahmen, Papier- und Metallprodukte. Eine wichtige Rolle spielt auch der Kurbetrieb (Rekonvaleszenz, Kreislaufstörungen).

Museum
Das Eichsfelder Heimatmuseum, Kollegiengasse 10 (Di-Fr 9.00-12.30 und 14.00-16.00, So 10.30-12.30), informiert über die Geschichte des Eichsfeldes und zeigt Trachten, Kunsthandwerk, Naturalien und handwerkliche Erzeugnisse der Region. Theodor Storm wird in einem besonderen Raum gewürdigt. Die Sammlung wird im barocken ehemaligen Jesuitenkolleg präsentiert.

Sehenswert
Die Stiftskirche St. Martin ist das älteste Bauwerk der Stadt, ihre heutige Gestalt entstammt dem 14. Jh. Bemerkenswert ist der Kapitellschmuck im Langhaus, die reiche Ausstattung ist zumeist aus dem 14. und 15. Jh. Hier ließ sich der jüdische Student Heinrich Heine christlich taufen. Die auf einem Hügel stehende St. Marienkirche ist eine dreischiffige gotische Hallenkirche mit einem Triptychon von 1512 und wertvollen Wandmalereien im Langhaus. Der frühgotische Achteckbau St. Annen steht gegenüber dem Nordportal der Altstädterkirche. In der Neustadt können die St. Ägidienkirche aus der Spätgotik und die Maria-Hilf-Kapelle besichtigt werden. Unweit davon befindet sich das Neue Rathaus (18. Jh.) am Marktplatz mit Neptunbrunnen. Im ehemaligen kurmainzischen Schloß (18. Jh.) hat der Rat

„Trabbi"

der Kreises seinen Sitz. In den kleinen Gassen stehen zum Teil noch gut erhaltene alte Fachwerkbauten, bestehen blieben auch die Klaus-, Rats-, Giek- und Herrenmühle mit der Zehntscheuer, einem Kornhaus aus dem 13. Jh. An der Stadtmauer im Leinetal befindet der Heinrich-Heine-Park mit Kneipp-Bad und dem ältesten deutschen Völkerschlachtdenkmal.
Außerhalb der Altstadt ist das Redemptoristenkloster mit Gerharduskirche (Neubarock, 20. Jh.) besuchenswert.

Gastronomie
Zu empfehlen sind das Deutsche Haus, Engels-Straße; der Eichsfelder Hof und der Goldene Löwe, Marx-Straße, sowie der Felsenkeller, das Haus des Handwerks, das Iberghaus und das Forsthaus.

Veranstaltungen
Das kulturelle Angebot wird vom Kreiskulturhaus (Konzerte, Theateraufführungen) offeriert. Interessant sind die katholischen Feiern, wie die jährliche Fronleichnamprozession durch die Stadt. Alle zwei Jahre wird an den Pfingsttagen die traditionelle Heimensteiner Kirmes gefeiert.

Ausflüge
Nahe von Heiligenstadt erhebt sich der Dün, dessen Plateu die Stadt um 200 m überragt. Das 15 m hohe Kreuz auf dem Berg wird in der Karfreitagnacht beleuchtet.
Im Süden ist der Iberg (453 m) mit Ausflugsgaststätte. Auf dem Bergkamm bietet der Aussichtspunkt Elisabethhöhe einen schönen Überblick auf Heiligenstadt und das Eichsfeld. Der Kurfürstenstein (18. Jh.) sowie auch der Meridianstein für den 10. Längengrad östlich von Greenwich sind hier ebenfalls zu finden.
Empfehlenswert ist auch das Naherholungszentrum Neun Brunnen.
❋ Bornhagen ❋ Döringsdorf ❋ Volkerode ❋ Wachstedt ❋ Beuren

Heldburg

(Kreis Hildburghausen, Bezirk Suhl)

837 wurde der Ort vom Stift Fulda übernommen. Die Veste Heldburg, auf einem 403 m hohen Bergkegel gelegen, wurde im 13. Jh. errichtet. Die weithin sichtbare Burg war seit 1374 Amtssitz der wettinischen „Pflege Heldburg“, einem Gebietszipfel tief in Franken gelegen, deshalb wurde die Burg auch „Fränkische Leuchte“ genannt. Der heutige Bau geht auf das 16. Jh. zurück. Die im 19. Jh. zerfallene Veste kam an Sachsen-Meiningen, dessen Herzog Georg II. die Burg umfassend restaurieren ließ, um darin zu wohnen.

Sehenswert
Die Veste Heldburg, eines der schönsten Renaissance-Schlösser der DDR, ist heute ein Kinderheim. Sehenswert ist der sogenannte Französische Bau mit geschmücktem Herren- und Frauenerker im Hof.
In der kleinen Stadt Heldburg ist mit dem ehemaligen Amtsgericht (Thälmannstraße 1) ein typisches Beispiel des hennebergischen Fachwerkstils aus dem 17. Jh. zu sehen. Teile der Stadtmauer und das Untere Tor blieben erhalten, auch die Pfarrkirche St. Marien (16./17. Jh.) zeugt von der einst wohlhabenden Ackerbürger- und Handwerkerstadt.

Ausflüge
✻ Hildburghausen

Henneberg

(Kreis Meiningen, Bezirk Suhl)

Das Grafengeschlecht der Henneberger, die vom 11. bis zum 16. Jh. den südwestlichen Teil Thüringens beherrschten, hatte seinen Stammsitz auf der südwestlich von Meiningen gelegenen Burg Henneberg. Poppo I., Gemahl von Hildegard von Thüringen, wird als erster Henneberger 1037 erwähnt. Als Hauskloster gründeten die Grafen Veßra an der Werra, im 13. Jh. umfaßte der Herrschaftsbereich Schleusingen, Römhild und Schmalkalden. 1525 wurde die Burg zerstört.

Sehenswert
Von der umfangreichen Burganlage, die in mehreren Bauabschnitten entstand, blieben der Bergfried (12. Jh.), die Apsis der Burgkapelle, ein weiterer Rundturm und Mauerpartien erhalten.

Ausflüge
✻ Meiningen ✻ Bauerbach

Hermsdorf

(Kreis Stadtroda, Bezirk Gera)

Der Industriestandort Hermsdorf erhielt 1969 das Stadtrecht. In früheren Jahrhunderten wohnten hier Holzland-Bauern, die als Köhler, Pechsieder und Harzschaber tätig waren. Im weiten Umkreis waren die Hermsdorfer als Fuhrleute bekannt, die ihre Holzprodukte bis nach Ungarn und Livland vertrieben. Der Anschluß an das Eisenbahnnetz 1876 beendete dieses Gewerbe. Zahlreiche Fuhrmannshöfe erinnern noch heute an die traditionelle Tätigkeit. Ende des 19. Jh. wurde eine Porzellanfabrik gegründet. Heute leben viele der 11.000 Einwohner von der Arbeit in den Keramischen Werken, wo Industriekeramik (Isolatoren) hergestellt wird.

Sehenswert
Die von Neubausiedlungen geprägte Stadt ist durch das Hermsdorfer Kreuz, dem Autobahnknotenpunkt der Linien Eisenach-Dresden und Hof-Berlin überregional be-

kannt, die Teufelstalbrücke bei Hermsdorf gilt als technische Meisterleistung. Weithin sichtbar ist das Höchstspannungsprüffeld von Hermsdorf, wo Energieübertragungstechnik getestet wird.

Ausflüge
Das Altenburger Holzland ist eines der waldreichsten Gebiete der DDR und bietet einsame Wanderwege. Empfehlenswert ist eine Wanderung über den Naturlehrpfad durch den Rote-Furt-Grund und den Richhaingrund. Unweit des Bahnhofs Papiermühle befindet die Hubertusquelle und ein alter Pechofen als technisches Denkmal.
✻Stadtroda✻BadKlosterlausnitz✻Eisenberg

Herschdorf

(Kreis Ilmenau, Bezirk Suhl)

Der kleine Ort wurde im 14. Jh. erstmals erwähnt und gehörte zu Schwarzburg-Rudolstadt. Land- und Forstwirtschaft bildeten die ökonomische Grundlage. Vom 17. bis 19. Jh. hatten das Frachtfuhrwesen, der Flachsanbau und der Olitäten-Handel (Heilkräuter) eine gewisse Bedeutung. Heute bestehen in dem Ort mit 1200 Einwohnern eine Brauerei, die Genossenschaft für Rinderaufzucht und Handwerksbetriebe. Seit einigen Jahren zieht Herschdorf, in 640 m Höhe gelegen, rund 7.000 Urlauber pro Saison an.

Sehenswert
Die barocke Dorfkirche (18. Jh.) hat noch einen gotischen Westturm. Für Touristen stehen Sportanlagen, ein Freibad und reizvolle Wanderwege am Langen Berg (Ausflugsgasthaus Höhenblick; seltene Latschenkieferbestände) zur Verfügung.

Gastronomie
Speisen und Getränke bieten die Kulturhäuser in Herschdorf und im Ortsteil Willmersdorf sowie die Gasthäuser Zur guten Quelle und Zum Langen Berg. Beliebtes Ausflugsziel ist die Waldgaststätte Ölschröte.

Ausflüge
✻ Ilmenau ✻ Großbreitenbach ✻ Gehren ✻ Königsee

Heßles

(Kreis Schmalkalden, Bezirk Suhl)

Die kleine Ortschaft im Farmbachtal, zwischen Rennsteig und Werra gelegen, wurde bereits als Besitz des Klosters Breitungen im 12. Jh. genannt. Über Jahrhunderte gehörte das Dorf den Hennebergern und später mit Schmalkalden den hessischen Landgrafen, während das Haus Sachsen-Coburg-Gotha den umliegenden Wald besaß. Heute leben hier knapp 400 Einwohner.

Sehenswert
Der Nüßleser Grund wurde 1970 zum Erholungszentrum ausgebaut, hier befinden sich heute Freibad, Campingplatz und kleine Sportanlagen sowie das Naturschutzgebiet Dicke Lärchen.

Gastronomie
In Heßles gibt es ein Gasthaus und die Gaststätte eines Ferienheims in der Nüßleser Straße am Erholungszentrum Nüßleshof.

Veranstaltung
Auf der Freilichtbühne am Ziegenberg finden in den Sommermonaten Film- und Kulturveranstaltungen statt, die dortige Gaststätte Waldbaude ist in der Saison an den Wochenenden geöffnet.

Ausflüge
Ein interessanter Spaziergang in Richtung Trusetal führt an den Tagebau Kochenfeld, wo Schwerspat abgebaut wird, und zur Rui-

ne der Wallenburg, die im 16. Jh. geschleift wurde (Turm und Brunnen blieben erhalten; Gaststätte Turmklause).
✻ Schmalkalden ✻ Trusetal

Heubach

(Kreis Hildburghausen, Bezirk Suhl)

Der in 650 m Höhe im Tal der Biber gelegene Erholungsort (1.000 Einwohner mit Ortsteil Einsiedel) wird jährlich von rund 20.000 Urlaubern besucht. Die Gemeinde entwickelte sich im 15. Jh. aus einem Wirtshaus an der alten Handelsstraße Nürnberg-Erfurt. 1722 brannte der gesamte Ort ab, im 19. Jh. arbeiteten die Menschen zumeist noch in waldwirtschaftlichen Berufen, trotz eines Dampfsägewerkes und einer Porzellanfabrik galt Heubach als wirtschaftliches Notstandsgebiet. Seit etwa 30 Jahren entwickelt sich die Gemeinde zum Ferienort. Für Wintersportler gibt es einen Schlepplift im Heldental und eine Sprungschanze.

Gastronomie
Gern aufgesucht werden die Gaststätten Erholung, Braunes Roß und das Restaurant-Café im Ferienheim Hermann Duncker.

Veranstaltungen
In einem Musikpavillon finden in den Sommermonaten Chor- und Orchesterdarbietungen statt.

Ausflüge
Etwa 3 km entfernt befindet sich das Nadelöhr, ein natürlich durchbrochener Felsen, der auf einem Naturlehrpfad zu erreichen ist. Der nahe Langertfelsen bietet einen Ausblick ins Schwarzatal. Wer einkehren möchte, wandert zum Waldbad Schnett (3 km), hier befindet sich die Waldschenke.
✻ Hildburghausen ✻ Fehrenbach ✻ Gießübel ✻ Masserberg

Hildburghausen

(Kreisstadt im Bezirk Suhl)

Am rechten Ufer der Werra liegt die Kreisstadt (11.000 Einwohner), die im 14. Jh. erstmals erwähnt wurde. Nach wechselnden Herrschaften wurde sie 1680 Sitz eines Herzogtums. Nach dem Bau des Residenzschlosses siedelten Anfang des 18. Jhs. Hugenotten in der Neustadt. Sie führten hier die Woll- und Strumpfwirkerei ein. 1779 zerstörte ein Brand ein Drittel der Stadt. 1826 kam die Residenz an Sachsen-Meiningen. Hildburghausen nennt sich auch „Stadt der Schulen“: Der Pestalozzi-Schüler, Carl Ludwig Nonne

Straßenimpression

reformierte das 1795 gegründete Lehrerseminar und später das gesamte Schulwesen in Sachsen-Meiningen. Das bekannteste Unternehmen im 19. Jh. gründete der Gothaer Verleger Carl Joseph Meyer, er verlegte 1828 sein „Bibliographisches Institut" von Gotha hierher und druckte billige Massenauflagen seiner „Groschenbibliothek der deutschen Klassiker", den „Pfennig-Atlas", „Das große Conversations Lexicon für die gebildeten Stände", „Brehms Tierleben" und „Meyers Universum". In 20 Jahren wurden 25 Millionen Bücher in Hildburghausen gedruckt. 1874 siedelte der Verlag nach Leipzig über. Heute stellt der wichtigste Betrieb Schrauben und Normteile her, es bestehen ferner Unternehmen in der Bekleidungs- und Nahrungsmittelindustrie.

Museum

Das Stadtmuseum, Marx-Engels-Platz 25 (Mo-Fr 9.30-12.00 und 13.00-16.00 Uhr), befindet sich im 2. Geschoß des Rathauses. Es informiert über die Entwicklung der Stadt und das örtliche Handwerk, ferner wird das Wirken Carl Joseph Meyers gewürdigt.

Sehenswert

Das eindrucksvolle Rathaus wurde 1395 errichtet und 200 Jahre später umgebaut. Beachtlich sind die zahlreichen Bürgerhäuser (16. bis 19. Jh.) am Marktplatz. Der Altstadtbereich mit dem ehemaligen Regierungsgebäude (18. Jh.) steht unter Denkmalschutz. Teile der Stadtmauer blieben erhalten, das Schloß wurde im 2. Weltkrieg zerstört. Nur noch geringe Reste erinnern im Friedenspark an die ehemalige Residenz. Sehenswert sind außerdem die barocke katholische Kirche, die Neustädter- oder Waisenkirche (1775 vollendet) und die Stadtkirche (Christuskirche) mit achteckigem Gemeinderaum. Auf dem Friedhof befinden sich u.a. die Gräber von Carl Joseph Meyer und Carl Ludwig Nonne.
Urlauber finden im Ort Sport- und Bade-

möglichkeiten, einen Bootsverleih am Kanal im Friedenspark und Angelgelegenheiten.

Gastronomie
Es stehen die Restaurants Bahnhofshotel Zur Freundschaft Puschkinplatz; Schloßkeller, Pelhrimov und Zur Garküche am Markt zur Verfügung. Am Markt befinden sich auch das Stadtcafé und das Mocca Fix. In der Alten Post kann man tanzen gehen.

Veranstaltungen
Im barocken Theatergebäude gastieren die Suhler Philharmoniker und das Meininger Theater.

Ausflüge
In der näheren Umgebung befinden sich ein Tiergehege und ein botanischer Lehrpfad im Landschaftsschutzgebiet Hildburghäuser Wald.
Der Stadtberg (497 m) am linken Werraufer bietet eine weite Aussicht auf das Tal. Im Naherholungszentrum Gemauerte Teiche (Ausflugsgaststätte) ist der Schafteich mit seltenen Bepflanzungen sehenswert.
Lohnend ist eine Fahrt ins 6 km entfernt *Bedheim,* wo die barocke Kirche eine Schwalbennestorgel und einen spätromanischen Altarraum aufweist.
Das Bedheimer Schloß stammt aus dem 16. Jh. und wurde 1788 erweitert. In den nahen Dörfern *Birkenfeld* und *Dingsleben* befinden sich bemerkenswerte alte fränkische Fachwerk-Bauernhöfe.
✻Biberau✻Eisfeld✻Fehrenbach✻Friedrichshöhe ✻ Gießübel ✻ Heldburg ✻ Heubach ✻ Kloster Veßra ✻ Masserberg ✻ Schönbrunn ✻ Schnett ✻ Steinbach und Langenbach ✻ Themar

Hinternah

(Kreis Suhl, Bezirk Suhl)

In Hinternah (1600 Einwohner), im Tal der Nahe, das breits im 12. Jh. genannt wurde, bestimmte die Holzverarbeitung das wirtschaftliche Leben. Vom 17. bis 19. Jh. spezialisierten sich viele Einwohner auf den Weinhandel, sie beförderten die Flaschen vom Rheinland über den Thüringer Wald. Heute werden hier Elektrogeräte gebaut, viele Bürger arbeiten in der Landwirtschaft. Zweimal wurde Hinternah im Dorfverschönerungs-Wettbewerb Sieger im Bezirk Suhl.

Museum
Die Heimatstube, Waldauer Straße 1 (geöffnet nach Anmeldung beim Rat der Gemeinde, Tel. Schleusingen 314), zeigt bäuerliche Wohnräume aus dem 18. Jh., Trachten und Arbeitsgeräte. Weiter werden Informationen über die Entwicklung des Ortes und die heimische Tierwelt gegeben.

Sehenswert
Die spätgotische Dorfkirche entstand 1614 und beherbergt eine Kreuzigungsgruppe aus dem 15.Jh. Dem Urlauber bieten sich Sportstätten, Rodelbahn und Skigelände.

Gastronomie
Die wichtigsten Gaststätten sind das Erholungsheim Nahetal, das Bierstübel, Schilling, Mühlberg, Bergbaude und das Kulturhaus im Ortsteil Silbach.

Ausflüge
Das Blockhaus Wilke (Gaststätte) ist ein beliebtes Ausflugsziel unweit von Silbach. An der Talsperre Ratscher entsteht ein Naherholungszentrum.
✻ Schleusingen ✻ Suhl ✻ Breitenbach

Feriendorf Hirschbach

Hirschbach

(Kreis Suhl, Bezirk Suhl)

Das am Südrand des Thüringer Waldes im Erletal gelegene Dorf hat knapp 500 Einwohner und wurde im 16. Jh. erstmals erwähnt. Seit 1660 gehörte Hirschbach zu Kursachsen und ab 1815 zu Preußen. Der Wasserlauf der Erle trieb im 17. und 18. Jh. Mühlen und Eisenhämmer an, später arbeiteten die meisten Einwohner im nahen Suhl. Etwa 3.000 Feriengäste verbringen alljährlich in dem gepflegten Dorf ihren Urlaub.

Gastronomie

Die Gaststätten Einheit und Drei Lilien befinden sich in der Hauptstraße.

Ausflüge

Etwa 2 km entfernt ist die Erletorsperre im Erletal zu erreichen. Die 1967 erbaute Staumauer ist 26 m hoch, die gestaute Wasserfläche beträgt 6 Hektar. Die Bergbaude Adlersberg (850 m, Aussichtsturm) und das Gasthaus Stutenhaus sind jeweils etwa 6 km entfernt.

✻ Suhl ✻ Breitenbach ✻ Schleusingen

Hirschberg

(Kreis Schleiz, Bezirk Gera)

Direkt an der thüringisch-fränkischen Grenze an der Saale liegt die Kleinstadt Hirschberg, die im 13. Jh. erstmals erwähnt wurde. Vom 15. bis 17. Jh. war der Ort ein böhmisches Lehen und kam 1664 an die Grafen Reuß-Lobenstein-Ebersdorf; von 1680 bis 1711 wurde Hirschberg sogar Residenz einer reußischen Nebenlinie. In dieser Zeit wurde ein Schloß errichtet, das man im 19. Jh. ausbaute. Aus einer Gerberei des 18. Jh.

entwickelte sich eine Lederfabrik. 1848 kam es in der Region zum größten Aufstand gegen die schlechten Lebens- und Arbeitsbedingungen seit den Bauernkriegen. Aufgrund der grenznahen Lage war das alltägliche Straßenbild im für Touristen unzugänglichen Hirschberg bis 1989 von den Uniformen der Grenztruppen geprägt.

Sehenswert
Das Schloß ist heute ein schlichter Barockbau von 1678. An der Nordwestecke befindet sich noch ein Turm aus dem 16. Jh. Das Schloß war 1744 Tagungsort der Hirschberger Synode der mährischen Brüder, bei der eine Spaltung der evangelischen Kirche verhindert wurde. Die Pfarrkirche entstand im 15. Jh., wurde aber im 18. und 19. Jh. grundlegend erneuert. Die Katharinenkapelle auf dem Markt stammt aus dem 15. Jh.

Ausflüge
Die Saale ist zwischen Hirschberg und Blankenstein, dem Endpunkt des Rennsteigs grenzbildend. Zwischen 1952 und 1989 war es für Touristen nicht möglich, die reizvollen Saale-Orte *Sparnberg, Pottiga, Blankenberg und Blankenstein* aufzusuchen, jetzt kann die Strecke bewandert oder befahren werden. In den idyllischen Dörfern hat es den Anschein, als sei die Zeit stehengeblieben.
✻ Schleiz ✻ Lobenstein

Hörschel
(Kreis Eisenach, Bezirk Erfurt)

Bei dem grenznahen, bis 1989 für den Tourismus gesperrten Dorf Hörschel mündet die Hörsel in die Werra. Hier beginnt der im 14. Jh. erstmals erwähnte Rennsteig, ein Fernwanderweg auf dem Kamm des Thüringer Waldes nach Blankenstein an der Saale. Seit der Öffnung der deutsch-deutschen Grenze kann dieser historische Kurierpfad nach fast

Wegweiser am Rennsteig

40 Jahren wieder in voller Länge begangen werden. Bis zum Herbst 1989 begannen Rennsteig-Wanderungen am Gasthaus Hohe Sonne bei Eisenach und führten lediglich bis Ernstthal. Der Rennsteig ist gut ausgeschildert, zahlreiche Ausflugsgaststätten und Schutzhütten liegen am Wege, er kann auch von ungeübten Wanderern in fünf bis sechs Tagen bewältigt werden.

Ausflüge
✻ Eisenach

Hohenfelden
(Kreis Weimar-Land, Bezirk Erfurt)

Das kleine an der alten Erfurt-Saalfelder-Handelsstraße gelegene Dorf Hohenfelden

(1299) war über Jahrhunderte zwischen Weimar und Meiningen geteilt. Heute ist Hohenfelden Anziehungspunkt für viele Wochenendausflügler aus Erfurt und Weimar, denn hier ist eines der wichtigsten Naherholungszentren des Bezirks Erfurt entstanden. Der Campingplatz am Stausee lockt Touristen aus nah und fern an.

Museum
Das Thüringer Freilichtmuseum auf dem Gelände der Wüstung Witteroda befindet sich zur Zeit noch im Aufbau (Mai bis September Sa-So 10.00-12.00 und 13.00-17.00, wochentags nach Voranmeldung, Tel. Kranichfeld 2178). Hier sind umgesetzte historische ländliche Gebäude Mittelthüringens, traditionelle Bauerngärten, Ausstellungen über Bienenzucht und ländliches Handwerk zu sehen.

Sehenswert
Der Stausee Hohenfelden ist 38 Hektar groß, 2 bis 4 m tief und verfügt über Badestrand, Liegewiesen und Sportplätze. Man kann Boote und Sportgeräte ausleihen, es gibt ein Zeltkino, Reitgelegenheiten, ein Tiergehege und eine Strandgaststätte mit Terrasse. Im Winter werden Schleppschlittenfahrten, Eisstockschießen, Rodeln und Skiwettkämpfe angeboten. Bei gutem Wetter kommen im Sommer bis zu 10.000 Tagesgäste.

Gastronomie
Die Strandgaststätte am Stausee hält Speisen und Getränke bereit.

Ausflüge
Der Riechheimer Berg (513 m, Ausflugsgasthaus) ist von hier aus leicht zu erwandern.
✻ Weimar ✻ Kranichfeld

Hohenleuben

(Kreis Zeulenroda, Bezirk Gera)

Auf einer Hochfläche zwischen Weida- und Triebestal liegt der im 13. Jh. erstmals genannte Ort, der zunächst durch die Vögte von Gera, dann die Burggrafen von Meißen und ab 1572 vom Hause Reuß-Schleiz verwaltet wurde. 1928 erhielt Hohenleuben, bis dahin Marktflecken, das Stadtrecht. Die Ruine der Burg Reichenfels befindet sich etwas südlich des Städtchens.

Museum
Das Museum Reichenfels (Mi-So 10.00-12.00 und 13.00-16.00) zeigt in einem Bau der 50er Jahre neben den Burgruinen Ausstellungen über einheimische Tiere und Mineralien, über die regionale Geschichte, Handwerk (Zigarrenmacherei) und das Wirken des „Vogtländischen Altertumsforschenden Vereins zu Hohenleuben".

Sehenswert
In der Stadt befindet sich ein Schloß mit T-förmigem Grundriß, das im Kern aus der Spätgotik stammt, im 19. Jh. jedoch verändert wurde. Die Pfarrkirche ist ein klassizistischer Bau (1851 vollendet) mit schlichter Ausstattung.

Ausflüge
✻ Zeulenroda ✻ Weida ✻ Triebes

Hohenwarte

(Kreis Saalfeld, Bezirk Gera)

Nach dem Dörfchen Hohenwarte am Fuß der Staumauer ist die untere der Saaletalsperren benannt, die zwischen 1926 und 1942 entstand. Gegenüber dem Dorf, das am Ausgleichsbecken Eichicht liegt, wurde von 1956 bis 1966 das Pumpspeicherwerk II mit dem Oberbecken gebaut. Nachts werden die Wassermassen in dieses Becken gepumpt, so daß zu Spitzenbelastungszeiten ein Ausgleich in der Energieversorgung erzielt werden kann.

Sehenswert
Die Hohenwartetalsperre staut 182 Millionen Kubikmeter Wasser auf, die Staumauer ist 66 m hoch. Das Pumpspeicherwerk II mit seinem 300 m höher gelegenen Oberbecken versorgt den Bezirk Gera mit zusätzlichem Strom.

Ausflüge
Vom Oberbecken des Pumpspeicherwerks II hat man einen eindrucksvollen Überblick auf die Rohrbahn, das Ausgleichsbecken und den Ort Hohenwarte. Im nahen Kaulsdorf-Eichicht ist ein Renaissance-Schloß aus dem 16. Jh. mit Fachwerkobergeschoß zu sehen. In der Kaulsdorfer Pfarrkirche befindet sich ein wertvoller Flügelaltar der Saalfelder Schule, um 1500. Reizvolle Wanderwege sind auf beiden Seiten der Talsperre, von Klinkhardtshöhe (516 m) aus hat man einen imposanten Ausblick auf die Talsperre.
✻ Saalfeld

Hummelshain

(Kreis Jena-Land, Bezirk Gera)

In den Wäldern an der mittleren Saale zwischen Kahla und Neustadt/Orla entstand seit dem 17. Jh. die größte deutsche Jagd- und Pirschanlage der Altenburger Herzöge mit Futterplätzen, Wildgängen, Reitwegen und Jagdgebäuden. Im 19. Jh. wurde in Hummelshain ein Jagdschloß erbaut, das heute als Jugendwerkhof dient.

Sehenswert
Die Jagdanlage Rieseneck besteht aus einem System offener und unterirdischer Gänge, die angelegt wurden, um den Teilnehmern an höfischen Jagdgesellschaften gute Schießbedingungen zu ermöglichen. Im Gelände befinden sich noch historische Gebäude, wie das Pirschhaus und das Blasehaus, in dem Wildfutter gelagert wurde und von dem überdachte Gänge ausgehen. Das Grüne Haus wurde im 17. Jh. erbaut.
In Hummelshain (Jugendwerkhof und Friedhof) befinden sich außerdem Gedenkstätten für die verstorbenen Zwangsarbeiter und Häftlinge der nationalsozialistischen Rüstungsbetriebe, am Leubengrund befanden sich die Lager 4-7.

Veranstaltung
Im Volkspark findet alljährlich im Sommer das Fest des Waldes und der Jagd mit Pilzausstellung, Trophäenschau und Musik statt.

Ausflüge
Im nahegelegenen *Wolfersdorf* befindet sich das Jagdschloß „Fröhliche Wiederkunft“ aus dem 16. Jh., heute ist hier ein Jugendwerkhof untergebracht. Der im Schmalkaldischen Krieg gefangen genommene ernestinische Kurfürt Johann Friedrich feierte hier seine Rückkehr. Das Schloß wurde im 19. Jh. im neugotischen Stil umgebaut.
Im Museum der Leuchtenburg bei *Kahla* ist eine informative Ausstellung über die Geschichte der Jagd und der Anlage Rieseneck zu sehen.
✻ Jena ✻ Kahla ✻ Neustadt/Orla

Ichtershausen

(Kreis Arnstadt, Bezirk Erfurt)

In der ersten Hälfte des 12. Jh. wurde hier das erste und bedeutendste Zisterzienser-Nonnenkloster der Region gegründet. Es konnte in der Umgebung umfangreichen Grundbesitz erwerben. Am „Tag von Ichtershausen" im Jahr 1200 leiteten die Staufer, die im Konflikt mit den Welfen standen, die Wahl Philipps von Schwaben zum deutschen König ein. Im Bauernkrieg wurde das Kloster geplündert und später aufgehoben. Der „Ichtershäuser Haufen" der Bauern war bekannt, weil dessen Forderungen noch über die der süddeutschen Bauern hinausgingen. Im 16. und 17. Jh. wurden hier Schloßgebäude errichtet, die im 19. Jh. zum Gefängnis umfunktioniert wurden. Das wirtschaftliche Leben Ichtershausens wird heute von der Nadelfabrik geprägt.

Sehenswert
Die ehemalige Klosterkirche war ursprünglich eine dreischiffige Basilika aus dem 12. Jh., sie wurde jedoch im 17. und 18. Jh. stark verändert und ist jetzt einschiffig.

Ausflüge
✻ Arnstadt

Ilfeld

(Kreis Nordhausen, Bezirk Erfurt)

Der Ort entwickelte sich mit einer um 1100 erbauten Burg. Ende des 12. Jh. wurde ein Prämonstratenser-Kloster gegründet, in dessen Gebäuden im 16. Jh. eine Schule entstand. Das Pädagogicum gründete der letzte Abt, Thomas Stange, im Jahr 1546. Mit der Berufung Michael Neanders (1550) wurde es zu einer der bedeutendsten deutschen Lateinschulen. Dieser Schüler Melanchthons schenkte der Naturkunde besondere Aufmerksamkeit. In jüngster Zeit wurden die historischen Gebäude als Krankenhaus und Institut für Lehrerbildung genutzt. In dem Luftkur- und Erholungsort (3500 Einwohner) gibt es eine Gips- und eine Papierfabrik.

Sehenswert
Das Alte Rathaus ist ein Fachwerkbau aus dem 16. Jh. Auf dem Burgberg finden sich Reste der Ilburg. Eine gotische Dorfkirche (14. Jh.) kann man im Ortsteil Wiegersdorf sehen. Den Urlaubern stehen ein kleiner Kurpark, ein Waldfreibad sowie Sportstätten zur Verfügung. Für Wintersportler gibt es einen Ski- und Rodelverleih.

Ausflüge
Die beliebte Ausflugsgaststätte Netzkater befindet sich 3 km nördlich mit dem drei Täler-Blick. Einen noch weiteren Ausblick bietet der Aussichtsturm auf dem 3 km östlich gelegenen Poppenberg (600 m). Das Schaubergwerk Rabensteiner Stollen ist samstags von 9.30-11.00 geöffnet, Führungen dauern 30 Minuten (Anmeldungen Tel. 217).
✻ Nordhausen ✻ Ellrich ✻ Benneckenstein

Ilmenau

(Kreisstadt im Bezirk Suhl)

Die in 540 m Höhe gelegene Stadt (27.000 Einwohner) wurde 1273 als Sitz einer Raubritter-Wasserburg erwähnt. Kupfer-, Silber- und Erzbergbau waren der wirtschaftlichen Entwicklung förderlich, 1341 bekam Ilmenau das Stadtrecht. Nach wechselnden Herrschern kam Ilmenau im Jahr 1661 zu Sachsen-Weimar. Ein großer Teil der Stadt fiel 1752 einem Brand zum Opfer. Für Goethe war Ilmenau ein wichtiger Ort seiner naturwissenschaftlichen Forschungen. Im 19. Jh.

entwickelten sich der Kurbetrieb und die Porzellan- und die Glasindustrie. In der Gegenwart ist die Stadt als Standort einer Technischen Hochschule (2500 Studenten) bedeutend. Am Rand der Stadt befindet sich das Industriegebiet mit den Betrieben „Henneberg-Porzellan“, „Technisches Glas“, „Labortechnik“ und „Elektroglas“.

Museen
Die *Goethe-Gedenkstätte* im Amtshaus Ilmenau (15. Jan.-15. März Mo-Fr 10.00-11.00 und 13.00-15.00, 15. Mai-15. Okt. Mo-Sa 9.00-11.30, 13.00-16.30) zeigt in fünf Räumen die Geschichte der Stadt und das Wirken Goethes für den Bergbau. Das Goethezimmer, in dem der Dichter wohnte und arbeitete, ist noch original eingerichtet.
Das *Jagdhaus Gabelbach* (4 km außerhalb) der Nationalen Forschungs- und Gedenkstätten der klassischen deutschen Literatur (Mai bis September, Februar Di-So 9.00-12.00 und 13.00-17.00; Oktober bis Januar, März, April Mi-So 9.00-12.00 und 13.00-16.00) ist ein schlichter barocker Holzbau, den der Weimarer Herzog Carl August 1783 errichten ließ. Das Museum informiert über Goethes naturwissenschaftliche Studien und die Jagdgewohnheiten des Weimarer Hofes.
Das *Goethehäuschen* auf dem Kickelhahn (3 km außerhalb), an dessen Wand der Dichter 1780 die berühmten Verse des „Wanderers Nachtlied“ („Über allen Gipfeln ist Ruh'...“) schrieb, ist etwa 1 km entfernt. Empfehlenswert ist der 18 km lange Wanderweg „Auf Goethes Spuren“, der auch zu den Goethe-Gedenkstätten nach Manebach und Stützerbach führt (gekennzeichnet mit „g“).

Sehenswert
Am Marktplatz sind das Rathaus, der Hennebrunnen und das Amtshaus (Goethe-Gedenkstätte und Heimatmuseum) zu sehen. Die nahe Stadtkirche St. Jakob stammt ebenfalls aus dem 17. Jh. und ist im Renaissance-Stil errichtet. Aus der Zeit des Ilmenauer Bergbaus ist das Zechenhaus an der Sturmheide aus dem 17. Jh., sehenswert ist auch der Friedhof mit Gräbern aus der Goethe-Zeit (Corona Schröter). Dem Urlauber stehen Sportstätten, Eisplatz, Skilift und ein kleiner Kurpark zur Verfügung.

Gastronomie
Empfehlenswerte Restaurants sind der Sächsische Hof und der Posthof in der Straße des Friedens, die Gasthäuser Zum Löwen und Lindenhof in der Lindenstraße, Ratskeller und Zum Schwan in der Marktstraße sowie die Grillbar, Thälmannstraße, und das Waldschlößchen, Schleusinger Straße. An Cafés sind zu nennen, das Stadtcafé, Straße des Friedens; Espresso, Mühltor; Café Schindler, Weimarer Straße; Park-Kaffee, Naumannstraße, und die Mocca-Milch-Eisbar, Böttger-Straße.

Veranstaltungen
Theateraufführungen, Konzerte und verschiedene Kulturveranstaltungen finden im Kulturzentrum, Naumannsstraße, sowie in der Technischen Hochschule am Ehrenberg statt. Im Amtshaus am Markt gibt es gelegentlich Kammerkonzerte und Lesungen.

Ausflüge
Die beliebtesten Auflüge führen durch das romantische Schortetal zum Kickelhahn (861 m) mit Aussichtsturm, Gaststätte, Goethehäuschen. Schöne Spaziergänge führen auf den Ehrenberg (529 m) und zum Großen Teich oder zur Waldgaststätte Eichicht (3 km). Am 747 m hohen Lindenberg (gute Aussicht) befindet sich das Gasthaus Bobhütte.
✻Elgersburg✻Frauenwald✻Gehren✻Geraberg ✻ Großbreitenbach ✻ Herschdorf ✻ Langewiesen ✻ Manebach ✻ Neustadt a.R. ehrenstock ✻ Schmiedefeld a.R. ✻ Stützerbach

Panoramablick auf Jena

Jena

(Stadtkreis im Bezirk Gera)

Im 9. Jh. wurde die Siedlung Jani im einem Talkessel der mittleren Saale erstmals erwähnt. Heute ist Jena die drittgrößte Stadt Thüringens (105.000 Einwohner) mit Universität und bedeutenden Industrieanlagen. Die meisten Menschen wohnen in den riesigen Neubaugebieten Nord und Lobeda.

Im Mittelalter hatte der Weinbau eine wirtschaftliche Bedeutung. Mit der Gründung der Universität durch den ernestinischen Kurfürsten Johann Friedrich den Großmütigen 1558 begann der Aufstieg der Stadt. 1672 wurde Jena zur Residenz des gleichnamigen Kleinstaats, aber bereits 1691 kam die Stadt an Sachsen-Eisenach und 1741 zu Sachsen-Weimar. In jener Zeit waren schon 2.000 Studenten an der „Alma mater salana", die im 18. Jh. zu den bedeutendsten deutschen Hochschulen gehörte. Hier lebten und wirkten Fichte und Schelling, die Theologen Griesbach und Paulus, die Mediziner Loder und Hufeland, der Jurist Feuerbach und Schiller als Professor für Ästhetik. Später kamen die führenden Männer der deutschen Romantik hinzu: die Brüder Schlegel, Tieck, Brentano, die Brüder Humboldt, Novalis und Hölderlin.

Im 19. Jh. wurde Jena zum Zentrum der auf die nationale Einheit und Demokratie gerichteten Deutschen Burschenschaft. Die zweite Hälfte des 19. Jh. war durch eine stürmische industrielle Entwicklung geprägt. Carl Zeiss und Ernst Abbe gründeten die weltbekannte feinmechanische und optische Firma Carl Zeiss, der Chemiker Otto Schott erfand das feuerfeste „Jenaer Glas" und gründete die Glaswerke Schott. Diese Unternehmen expandierten rasch, so daß bereits um die Jahrhundertwende 40.000 Einwohner in Jena wohnten. Ernst Abbe machte sich als Unternehmer und Sozialreformer

einen Namen. 1921 bekam die Hochschule den Status der Thüringischen Landesuniversität und erhielt 1934 den Namen Friedrich-Schiller-Universität.
Im 2. Weltkrieg wurde Jena stark beschädigt. Heute ist die Stadt, die mit Erlangen einen Partnerschaftsvertrag abgeschlosen hat, ein Zentrum des wissenschaftlichen Gerätebaus und der naturwissenschaftlichen Forschung.

Museen

Die Städtischen Museen Jena unterhalten vier museale Einrichtungen. Das *Stadtmuseum,* Markt 7 (So-Di, Do 10.00-13.00 und 14.00-17.00, Mi 10.00-13.00 und 14.00-18.00), befindet sich in der „Alten Göhre" und informiert über die Geschichte der Region.
Die *Kunstsammlung und Romantiker-Gedenkstätte,* Unterm Markt 12a (Di, Do-Sa 10.00-13.00 und 14.00-17.00, Mi 10.00-13.00 und 14.00-18.00), befinden sich im einstigen Wohnhaus des Philosophen J.G. Fichte. Die Ausstellung ist den Literaten der Romantik gewidmet, in den Obergeschossen zeigen die Städtischen Museen ihre Kunstsammlungen vom Mittelalter bis zur Gegenwart.
Die *Karl-Liebknecht-Gedenkstätte,* Zwätzengasse 16 (Mo-Fr 10.00 17.00), im ehemaligen vegetarischen Speisehaus informiert über den Politiker und die Zeit zwischen 1914 und 1918.
Die *Magnus-Poser-Gedenkstätte,* Karl-Liebknecht-Straße 55 (Mo-Fr 14.00-17.00) würdigt das Wirken des antifaschistischen Widerstandskämpfers, der 1944 im Konzentrationslager Buchenwald starb.
Das *Optische Museum,* Carl-Zeiss-Platz 12 (Di-Fr 9.00-12.45 und 13.15-17.30, Sa 9.00-12.15 und 12.45-16.00), ist eine Einrichtung der Zeiss-Stiftung. Die Sammlung umfaßt 13.000 optische Geräte, die Ausstellung zeigt mit etwa 1.000 wertvollen Exponaten die Geschichte wichtiger optischer Instrumente (Mikroskop, Brille, Fernrohr) auf. Außerdem informiert das Museum über das Wirken von Zeiss, Abbe und Schott, sowie über die Produkte des VEB Carl Zeiss.
Das *Ernst-Haeckel-Haus* der Friedrich-Schiller-Universtität, Berggasse 7 (Führungen Mo-Fr 8.30, 10.00, 11.30, 14.00, 15.30; Sa 9.00, 10.30), würdigt das Wirken des Naturforschers. In Haeckels Wohn- und Arbeitshaus werden seine umfangreichen Sammlungen gezeigt.
Das *Phyletische Museum* der Friedrich-Schiller-Universität, Vor dem Neutor 1 (Mo-Fr 9.00-16.00, Sa-So 9.00-14.00), ist das einzige Museum für Abstammungslehre in Europa. Das 1907 von Haeckel gegründete Haus vermittelt Kenntnisse über die stammesgeschichtliche Entwicklung der Lebewesen. Zu sehen ist u.a. das Skelett eines Urs.
Die *Goethe-Gedenkstätte* am Botanischen Garten, Goetheallee 26 (15. April-15. Oktober Di-So 9.00-13.00) befindet sich im Inspektorhaus, in dem Goethe häufig, wenn er in Jena war, wohnte. Die kleine Ausstellung informiert insbesondere über Goethes naturwissenschaftliche Arbeiten.
Die *Schiller-Gedenkstätte,* Schillergäßchen (15. April-15. Oktober Di-So 10.00-14.00) befindet sich in seinem letzten Wohnhaus und präsentiert das Interieur zur frühen Biedermeierzeit. Im Garten ist ein turmartiges Häuschen nachgebaut, wo Schiller Teile des „Wallenstein" schrieb.
Die *Galerie Lobeda-West,* Karl-Marx-Allee (Di, Mi-Fr 10.00-13.00 und 14.00-17.00, Mi 10.00-13.00 und 14.00-18.00, Sa-So 13.00 17.00) zeigt moderne Kunst der DDR.

Sehenswert

Am Turm des spätgotischen Rathauses befindet sich das Wahrzeichen der Stadt, eine Kunstuhr (15. Jh.) mit dem Figurenspiel des „Jenaer Schnapphans". Auf dem Marktplatz steht das Hanfried-Denkmal, dem Universitätsgründer Johann Friedrich I. gewidmet. Am benachbarten Platz der Kosmonauten befindet sich das „Collegium Jenense", ein ehemaliges Kloster, das über 300 Jahre das erste Universitätsgebäude der Stadt war.

Universitätshochhaus

Städtebauliche Dominante der Innenstadt ist das 1972 erbaute 120 m hohe runde Universitätshochhaus. Die Stadtkirche St. Michaelis hat eine bemerkenswerte Ausstattung. Von der alten Stadtbefestigung blieben der Pulverturm, der Anatomieturm und das Johannistor erhalten. In der Goetheallee steht das Hauptgebäude der Universität, das Anfang des 20. Jh. erbaut wurde, und davor das Burschenschaftsdenkmal. Einige Häuser weiter befindet sich das barocke Universitätsgebäude und das Haus des Verlegers Fromann, das zur Goethezeit Treffpunkt der Gelehrten war.

Im Osten der Stadt liegt die Schillerkirche, in der der Dichter heiratete, an sein Wirken erinnert auch der Hörsaal im Griesbachhaus, wo er seine berühmte Antrittsvorlesung hielt.

Auf dem Friedhof der Friedenskirche in der Goetheallee befindet sich das Grab von Carl Zeiss. Das sehenswerte Abbé-Denkmal in der Zeiss-Straße wurde von Henri van de Velde entworfen, die Büste stammt von Max Klinger, die Reliefs schuf Meunier. Einen Besuch lohnen auch die barocke Friedenskirche, die spätgotische Johanniskirche sowie die spätgotischen Dorfkirchen in Ziegenhain und Lobeda.

Gastronomie

Empfehlenswerte Restaurants: International, Holzmarkt 3; Restaurant im UHH, Schillerstraße; Prag, Forelle, Holzmarkt; Schwarzer Bär, Lutherplatz 2; Alt-Jena, Ratszeise, Markt; Planetarium, Saalbahnhofstraße; Thüringer Hof, Westbahnhofstraße; Passage, Grietgasse; Kupferhütchen, Thälmann-Ring; Spitzberghaus, Kulturhaus, Marienlust, Lobdekrug und Lugoj in Lobeda. Beliebte Cafés sind das Jenaer Kaffeehaus, die Moccastuben am Thälmannring, das Café Orchidee, Platz der Kosmonauten; Café Melange, Spittelplatz, und Kosmos, Carl-Zeiss-Platz. Tanzgaststätten: Die Weinperle, Johannisstraße 11, hat bis 3 Uhr nachts geöffnet; das Paradiescafé, Vor dem Neutor, ist bei Jugendlichen beliebt.

Veranstaltungen

Das kulturelle Leben in Jena ist sehr vielfältig. Die wichtigsten Veranstaltungsorte sind das historische Volkshaus, Carl-Zeiss-Platz 15 sowie die Kulturhäuser Lobeda-West, Kulturhaus der Optik und Kulturhaus „Prof. Dr. Georg Lenz". Für Musik und Theater sorgen die Jenaer Philharmonie und das Stadttheater, Schillergäßchen. Das Planetarium der Carl-Zeiss-Stifung (1924 für 500 Zuschauer erbaut) bietet Vorführungen für verschiedene Zielgruppen und Showprogramme an (Öffnungszeiten über Tel. 27315). Interessant sind auch die Veranstaltungen der Urania in der Johannisstraße 19, die Volkssternwarte im Schillergäßchen und der Kulturpark Rasenmühleninsel. Die Gewächshäuser und Freianlagen des Botanische Gartens (Di-So 10.00-16.00) können ebenfalls besichtigt werden. Junge Leute treffen sich in den Jugendklubs Impuls und Treffpunkt (beide in Lobeda) sowie Trend, Magnus Poser, Martin Andersen Nexö und Carl Zeiss Burgau. Festtage der Chorsinfonik finden alle zwei Jahre in Jena statt, jährlich gibt es die Jazztage.

Ausflüge

Die Stadt ist von Bergen eingeschlossen, die teilweise noch eine seltene Flora bieten. Nahe der Stadt lohnt sich ein Spaziergang zum Hausberg oberhalb des Ortsteils Ziegenhain. Dort steht der Fuchsturm, Überrest einer Burganlage, der eine weite Aussicht bietet (Ausflugsgaststätte). Weitere beliebte Ausflugslokale in den Bergen sind die Lobdeburg, der Landgraf, der Jenzig, das Forsthaus und das Waldschlößchen. Am Johannisberg gibt es die Felsformation „Jenaer Sphinx" zu sehen. In dem nahegelegenen Dörfchen Cospeda befindet sich in der historischen Gaststätte „Grüner Baum zur Nachtigall" eine liebevoll gestaltete Gedenkstätte über die Schlacht von Jena und Auerstädt im Jahr 1806 (Di-So 9.00-12.00 und 13.00-17.00). Zu sehen sind Waffen, Fahnen, eine preußische Kriegskasse und Zinnfiguren-Dioramen.

✻Camburg✻Dornburg✻Frauenpriessnitz✻ Hummelshain ✻ Kahla ✻ Orlamünde

Kahla

(Kreis Jena-Land, Bezirk Gera)

Die Stadt (10.000 Einwohner) an der Saale wurde erstmals 860 in einem Fuldaer Verzeichnis genannt. Die den Ort überragende Leuchtenburg auf einem Bergkegel (400 m) stammt aus dem 12. Jh. und gehörte den Herren von Lobdeburg, die weite Teile des mittleren Saaletals dominierten. Seit dem 14. Jh. blieb die Burg in wettinischem Besitz, zeitweilig war sie auch Sitz des Raubritters Apel Vitztum. Um 1700 wurde sie zu einer starken Bergfestung ausgebaut und im 18. und 19. Jh. in ein Zucht- und Irrenhaus für Sachsen-Altenburg umgewandelt, in dem bis zu 5.000 Gefangene saßen. Seit 1873 wird die Burg touristisch genutzt. Heute befinden sich eine Jugendherberge, ein Museum und eine Gaststätte im Gewölbe der ehemaligen Burgkapelle.

Im Stollen am Walpersberg wurden 1944 unterirdische Fabrikationsanlagen der „Reichsmarschall Hermann Göring Werke" geschaffen, über 5.000 Zwangsarbeiter und Gefangene kamen bei den unmenschlichen Arbeiten ums Leben. In Kahla befindet sich heute eines der größten Porzellanwerke Europas (gegründet 1888).

Museen

Das Kreisheimatmuseum Leuchtenburg (täglich 9.00-17.00) zeigt Ausstellungen über den Saale-Weinbau, die Geschichte der Burg und das Thüringer Porzellan von 1760 bis zur Gegenwart. Bauernstuben, Henkelmacher-Wohnräume und Informationen über das Leben der Porzellanarbeiter werden ebenfalls anschaulich präsentiert.

Die Heimatstube, Margarethenstraße 7 (Mi, Sa, So 10.00-12.00 und 14.00-16.00), befindet sich in einem alten Fachwerkbau. Es wird die Geschichte Kahlas sowie die Wohnräume von Porzellanarbeitern und wohlhabenden Bürgern präsentiert.

Sehenswert

Von der Leuchtenburg, der „Königin des Saaletals" blieben das Herrenhaus, die Kapelle, Ringmauern und der 30 m hohe Bergfried aus dem 13. Jh., der als Aussichtsturm zugänglich ist, bestehen. In Kahla selbst sind noch Teile der Stadtmauer zu sehen. Die Pfarrkirche St. Margarethen (15.Jh.) wurde im 17. Jh. umgestaltet und hat noch einen 800 Jahre alten Taufstein. Auf dem Friedhof befindet sich ein Gedenkstein für die 5.000 Opfer der Rüstungsproduktion im Walpersberg.

Kahla mit Leuchtenburg

Ausflüge

Der Leubengrund, wo früher fünf Mühlen standen, bietet eine waldreiche Umgebung mit schönen Wanderwegen (Ausflugsgaststätte).

Das Naturschutzgebiet Dohlenstein (13 km lang) ist ein geologisch interessanter Grabenbruch mit Trockentälern und einer seltenen Flora.

❋ Jena ❋ Hummelshain ❋ Orlamünde

Kaltennordheim

(Kreis Bad Salzungen, Bezirk Suhl)

Die in fränkischer Zeit gegründete Rhöngemeinde im Tal der Felda wurde bereits im 8. Jh. erwähnt. Der zu Fulda und Henneberg gehörende Ort wurde mehrfach an unterschiedliche Herrschaften verpfändet und kam später zu Sachsen-Eisenach. 1562 erhielt Kaltennordheim die Stadtrechte. Kohlebergbau, Kleingewerbe, Holzschnitzerei und Weberei prägten das wirtschaftliche Leben im 19. Jh. Heute leben etwa 2.000 Einwohner in dem Städtchen.

Museum

Ein bäuerliches Traditionskabinett mit Heimatstube (Öffnungszeiten nach Vereinbarung beim Rat der Stadt) befinden sich im Schloß.

Sehenswert

Das ehemalige Schloß wurde zum kulturellen Zentrum mit Bibliothek, Jugendklub und Heimatstube umgestaltet. Reste der Merlinsburg (14. Jh.) befinden sich am Schloß. Im Hof steht eine 400 Jahre alte Linde. Das ehemalige Amtshaus stammt aus dem 18. Jh.

Gastronomie

Unterkunft und Verpflegung bieten das Hotel Zum Löwen und die Gaststätte Einheit, ferner gibt es die Gasthäuser Hirsch und

Brauerei sowie ein Café im Schloß. Die Gaststätte Haus der Werktätigen liegt etwas außerhalb.

Ausflüge

Durch das Naherholungszentrum an der Stätte (Schwimmbad) gelangt man zum Dachstein (580 m), der eine gute Fernsicht bietet.

Die Erbsmühle im 2 km entfernten *Kaltensundheim* ist eine beliebte Ausflugsgaststätte. Das nahegelegene Rhöndorf *Aschenhausen* hatte bis 1938 einen großen jüdischen Bevölkerungsanteil, die ehemalige Synagoge wurde 1989 restauriert.

✻BadSalzungen✻Dermbach✻Stadtlengsfeld

Kapellendorf

(Kreis Apolda, Bezirk Erfurt)

Im 9. Jh. wurde der Ort erstmals genannt. Im 12. Jh. erbaute man hier eine Burg, die Wasserburg wurde 1216 erstmals erwähnt. 1348 kauften die Erfurter Kapellendorf und veränderten das Gebäude durch neue Wehrmauern und eine fünfgeschossige Kemenate. Im 16. Jh. kam die Wasserburg an Kursachsen und schließlich zu Sachsen-Weimar. 1806 im Krieg gegen die Truppen Napoléons war Kapellendorf Hauptquartier der Preußen unter General Gneisenau. Später diente die Burg als Gefängnis, Irrenhaus, Schweinestall und Reichswehrkaserne. Heute ist das Bauwerk für den Tourismus erschlossen.

Museum

Das Burgmuseum der Wasserburg (Mi-So 10.00-17.00, Führungen zu jeder vollen Stunde) zeigt eine Ausstellung des Weimarer Museums für Ur- und Frühgeschichte und der Schiller-Universität Jena „Die Burg in Geschichte und Gegenwart" über die thüringischen Festungen. Ferner sind Exponate zur Ortsgeschichte, archäologische Funde und Zinnfiguren-Schaubilder zu sehen.

Sehenswert

Die Wasserburg ist die am besten erhaltene in der DDR. Die Grundmauern des Gebäudes sind romanischen Ursprungs, die Kemenate und die Reste der Bergküche stammen aus der Gotik. Beachtlich ist auch die ehemalige Zisterzienser-Klosterkirche im Ort, die um 1235 gegründet und mehrmals umgebaut wurde, mit ihrer reichen Ausstattung aus dem 18. Jh.

Gastronomie

In der Wasserburg befindet sich ein Restaurant.

Ausflüge

✻ Apolda ✻ Weimar ✻ Jena

Katzhütte

(Kreis Neuhaus am Rennweg, Bezirk Gera)

Der Ferienort im oberen Schwarzatal entstand im 16. Jh. im Zuge des Aufbaus einer Kupferhütte. Im 19. Jh. wurde eine Porzellanfabrik gegründet, heute bestimmen zudem die Keramik- und Farbenproduktion sowie die Obst- und Gemüseverwertung das wirtschaftliche Leben. Katzhütte liegt in 430 m Höhe und hat 2600 Einwohner. Jährlich kommen rund 12.000 Urlauber, die die landschaftlichen Schönheiten in den Tälern von Schwarza, Katze und Oelze schätzen. Katzhütte bietet Kegelbahn und Sportstätten, Bade- und Angelmöglichkeiten im Wildwasser sowie Ski- und Rodelstrecken mit Schanzen und Lift.

Gastronomie

Empfehlenswerte Gasthäuser sind Zur Guten Quelle, Krone, Waldgaststätte Amselbachtal, Martinshof, Korn und Erholung. Im

Ortsteil Oelze sind das Haus des Volkes sowie die Gasthäuser Rohrhammer und Zum Ritter zu nennen.

Ausflüge

✻ Neuhaus a. R. ✻ Goldisthal ✻ Großbreitenbach

Keilhau

(Kreis Rudolstadt, Bezirk Gera)

Das kleine Dörfchen ist für die Geschichte der Pädagogik von Bedeutung. 1817 erwarb hier die Schwägerin Friedrich Fröbels das Ruppertsche Gut in Keilhau. Mit sechs Knaben, darunter fünf Neffen, legte der Pädagoge die Grundlage seiner „Allgemeinen Deutschen Erziehungsanstalt“. Wichtige Grundsätze seiner Arbeit waren die soziale Gleichheit, Lehrer und Schüler duzten sich. Preußen verlangte von der schwarzburgischen Regierung, die inzwischen größer gewordene Anstalt zu schließen. Als Opfer der „Demagogenverfolgung“ floh Fröbel 1831 in die Schweiz, wo er weitere reformpädagogische Anstalten gründete. 1840 kehrte der Pestalozzi-Schüler zurück und eröffnete im nahen Bad Blankenburg den ersten deutschen Kindergarten. Die inzwischen berühmte Anstalt in Keilhau bestand weiter bis sie 1939 aufgelöst wurde.

Museum

Der Fröbelraum in der heutigen Sprachheilschule „Friedrich Fröbel“ kann nach vorheriger Anmeldung (Tel. Rudolstadt 2700) besichtigt werden. Zu sehen sind Materialien über Fröbels Wirken und ein Teil seiner Bibliothek.

Ausflüge

✻ Rudolstadt; Fröbel-Gedenkstätten: ✻ Bad Blankenburg ✻ Oberweißbach ✻ Bad Liebenstein

Kieselbach

(Kreis Bad Salzungen, Bezirk Suhl)

Der Ort wurde erstmals im 12. Jh. erwähnt und gehörte vom 16. Jh. bis 1815 zu Kurhessen, danach kam Kieselbach zu Sachsen-Weimar. Die Krayenburg wurde 1155 erstmals genannt und im 30jährigen Krieg stark beschädigt. Der Ort ist von der Landwirtschaft und vom Kalirevier an der Werra geprägt.

Museum

In der Gaststätte Krayenburg befindet sich eine Heimatstube (Besichtigung nach Vereinbarung in der Gaststätte, außer Mo,Di), in der Trachten und bäuerliches Gerät der Region gezeigt wird.

Sehenswert

Die knapp 4 km entfernte Krayenburg ist eine beachtliche Ruine mit romanischen Elementen auf dem Krayenberg (431 m), weitere erhaltene Teile stammen aus dem 17. Jh. 1927 wurde neben der Ruine im historischen Stil eine Burganlage mit Turm erbaut (Ausflugsgaststätte). Die Kieselbacher Kirche wurde 1522 errichtet und hat bemalte Emporen sowie einen spätgotischen Turmchor.

Gastronomie

Im Ort befinden sich die Gasthäuser Zur Krone und Zur Krayenburg.

Ausflüge

✻ Bad Salzungen ✻ Frauensee ✻ Vacha ✻ Merkers

Kloster Veßra

Kloster Veßra

(Kreis Hildburghausen, Bezirk Suhl)

Im 12. Jh. gründete der Henneberger Graf Gotebold das Prämonstratenserkloster Veßra an dem Flüßchen Schleuse kurz vor seiner Mündung in die Werra. Das mächtige Kloster hatte mit einer ummauerten Hoffläche von 6 Hektar die Ausdehnung einer Kleinstadt. Das Kloster besaß zwischen Werra und Main umfangreichen Besitz. 1504 erhielt der Abt den Rang eines Bischofs. Im 16. Jh. wurde das Kloster säkularisiert und in eine staatliche Domäne umgewandelt. Nach dem 2. Weltkrieg nutzte eine landwirtschaftliche Produktionsgenossenschaft die Gebäude, seit 1975 wird ein agrarhistorisches Museum aufgebaut. Im Ort leben etwa 400 Einwohner.

Museum

Das Agrarhistorische Museum des Bezirks Suhl (Mai bis Oktober Di-So 9.00-16.30, November bis März Di-Fr 9.00-16.30) präsentiert die landwirtschaftliche Entwicklung im Südwesten der DDR und die Geschichte des Klosters.

In dem riesigen Hof befinden sich Freilichtausstellungen zur Landtechnik, Fachwerkwohnhäuser, Scheunen, Neubauernhäuser aus der Nachkriegszeit, Stallungen sowie Wasch- und Backhäuser.

Im Turm der ehemaligen Klosterkirche sind Ausstellungen über den Dichter Grimmelshausen und den Bauernkrieg im Werratal zu sehen.

Sehenswert

Die ehemalige Klosterkirche ist 1939 abgebrannt, erhalten blieben die Außenmauern und der doppeltürmige Westbau des 13. Jh. Eine Besichtigung lohnt auch die Grabkapelle der Grafen von Henneberg mit Fresken aus dem 15. Jh.

Gastronomie

Auf dem Klostergelände befindet sich eine Gaststätte.

Ausflüge
Man kann von hier aus zur Ruine der romanischen Ottilienkapelle (ehemalige Wallfahrtskirche) bei Ehrenberg (Gasthaus) wandern.
✻ Hildburghausen ✻ Schleusingen ✻ Themar

Kölleda

(Kreis Sömmerda, Bezirk Erfurt)

Im von großflächiger Landwirtschaft geprägten Thüringer Becken liegt die ehemalige Kreisstadt Kölleda (7.000 Einwohner). Der Ort entstand mit einem Zisterzienser-Nonnenkloster im 13. Jh. Bekanntester Einwohner der Stadt war zwischen 1828 und 1835 „Turnvater" Friedrich Ludwig Jahn. Der Olitäten-Handel spielte eine wichtige Rolle, im 19. Jh. entwickelte sich der Raum Kölleda zum größten deutschen Pfefferminz-Anbaugebiet. Die Saale-Unstrut-Stichbahn („Pfefferminzbahn") diente einem besseren Absatz der Heilpflanzen. Auch heute noch werden im großen Stil Arzneikräuter angebaut, die in Greußen zu Drogen weiterverarbeitet werden.

Museum
Das Heimatmuseum, Prof.-Hoffmann-Straße 11 (Mai-Sept. 10.00-12.00 und nach Voranmeldung, Tel. 481), zeigt seine Sammlungen von der Ur- und Frühgeschichte bis zur Gegenwart.

Sehenswert
Von der Stadtbefestigung sind Teile des Mauerrings erhalten geblieben. Die ehemalige Klosterkirche St. Johannis aus dem 13. Jh. wurde mehrfach umgebaut und hat einen spätgotischen Flügelaltar im Inneren. Die Pfarrkirche St. Wigberti ist ein einschiffiger spätgotischer Bau, der im Barock umgestaltet wurde und eine wertvolle Ausstattung besitzt. Das Rathaus ist ein sehenswerter Barockbau mit Mittelturm, auf dem Marktbrunnen steht die Figur des Hl. Wigpertus.

Gastronomie
Die beste Küche am Ort bietet das Hotel Weißes Roß am Roßplatz.

Ausflüge
✻ Sömmerda

Königsee

(Kreis Rudolstadt, Bezirk Gera)

Königsee wurde von den Schwarzburger Grafen im 12. Jh. gegründet und erhielt 1257 das Stadtrecht. Im Mittelalter wurden hier Eisen, Kupfer, Blei und Silber gewonnen, die Königseer Sensen und Sicheln waren im Umkreis begehrt. Nach Plünderungen im 30jährigen Krieg spielten Handwerk und Kräuterhandel eine Rolle, im 19. Jh. wanderten viele Einwohner nach Amerika aus. Im 20. Jh. entstanden zahlreiche kleine Betriebe unterschiedlicher Branchen (Leder, Puppen, Porzellan, Medizintechnik, Textilien). Heute leben in der Stadt am Nordrand des Thüringer Schiefergebirges knapp 6.000 Einwohner. Für Touristen gibt es Sportstätten (Kegeln, Tennis), Sauna, Freibad Waldsee und nahegelegene Skihänge.

Sehenswert
Von der Stadtbefestigung sind nur noch Reste erhalten. Das Rathaus stammt aus dem 18. Jh., ebenso wie die Friedenskirche in der Blankenburger Straße. Die neugotische Stadtkirche steht auf dem Burghügel anstelle eines älteren Gotteshauses.
Höhlen, in denen Funde aus der Stein- und Bronzezeit gemacht wurden, befinden sich auf der Hochfläche Gebörne (540 m), Besichtigung sind nach Anmeldung beim örtlichen Kulturbund möglich. Im 2 km nördlich

gelegenen Naherholungszentrum Stadtwald befindet sich das idyllisch gelegene Freibad Waldsee.

Gastronomie
Zu empfehlen sind die Hotels Zum Löwen, Felsenkeller und Weißes Roß sowie die Gasthäuser Altdeutsche Bauernstube, Ratskeller, Königseer Hof, Kulturhaus, Zur Mühle im Ortsteil Lichta.

Ausflüge
Die 6 km entfernte Barigauer Höhe (666 m) bietet eine beeindruckende Fernsicht.
✻ Rudolstadt ✻ Bad Blankenburg ✻ Paulinzella ✻ Schwarzburg

Körner-Volkenroda

(Kreis Mühlhausen, Bezirk Erfurt)

Im Raum Körner wurden umfangreiche vorgeschichtliche Gräberfunde gemacht. Im Forst Langel blieb eine Gruppe von Grabhügeln erhalten. Im Ortsteil Volkenroda befinden sich die Wälle eines Reichsguts aus karolingischer Zeit. 1130 wurde hier ein Zisterzienser-Kloster durch die Grafen von Gleichen gegründet, das im 16. Jh. aufgehoben wurde. Anfang des 20. Jh. wurde hier nach Kalisalzen gebohrt. Landwirtschaft und Kaliindustrie prägen heute den Ort.

Sehenswert
Von der ehemaligen Klosterkirche aus dem 12. Jh. blieben Chor und Querschiff erhalten. An der Südseite der Kirche befinden sich Teile der romanischen Klausur. Nahe des Gotteshauses steht der im 17. Jh. errichtete Wirtschaftshof auf alten Grundmauern.

Ausflüge
✻ Mühlhausen ✻ Schlotheim

Kranichfeld

(Kreis Weimar-Land, Bezirk Erfurt)

Seit dem 10. Jh ist der Ort Kranichfeld im Ilmtal bezeugt. Durch die Gemeinde verlief jahrhundertelang die Grenze zwischen Sachsen-Weimar und Sachsen-Meiningen. Im 17. Jh. erhielt der Ort das Stadtrecht. Im 19. Jh. wechselten fünfmal die Herrschaften, bis Kranichfeld 1912 an Meiningen abgetreten wurde.
In Kranichfeld (5.000 Einwohner) und Tannroda hat sich bis heute das traditionsreiche Korbflechterhandwerk (seit 1714 gibt es eine Innung) erhalten, außerdem werden Möbel, Leuchten und elektrotechnische Erzeugnisse in dem Erholungsort (4.000 Gäste) produziert.

Sehenswert
Die Stadt wird von zwei Burgen überragt. Die Ruine des Oberschlosses stammt aus dem 12. und 16. Jh., 1934 brannte das Schloß aus. Die Niederburg ist heute ein Ferienheim. Von der Schleusen- und der Taubenburg sind nur noch spärliche Reste zu finden. Die Pfarrkirche ist ein spätgotischer Bau, dessen Inneres im 19. Jh. völlig neu gestaltet wurde, hier ist ein Grabstein einer Gräfin von Gleichen und spätgotisches Chorgestühl zu sehen. Für die Urlauber steht ein schönes Waldbad zur Verfügung.

Gastronomie
Empfehlenswert ist das Hotel Zum Kranich und im nahen Hohenfelden die Gaststätte Zum Stausee.

Ausflüge
Das Naherholungszentrum Hohenfelden mit vielfältigen Sport- und Freizeitmöglichkeiten liegt 3 km entfernt.
✻ Weimar ✻ Hohenfelden ✻ Erfurt

Langewiesen

(Kreis Ilmenau, Bezirk Suhl)

Der im 12. Jh. erstmals genannte Ort am Nordrand des Thüringer Waldes war vor der Reformation ein bekannter Wallfahrtsort der Region. Waldarbeit, Bergbau und Siedereien prägten den Ort bis ins 19. Jh. Berühmtester Sohn der Gemeinde ist der Dichter utopischer Staatsromane Johann Jacob Wilhelm Heinse (1746-1803). 1855 erhielt Langewiesen das Stadtrecht und entwickelte sich zu einer kleinen Industriestadt (Glas, Schmuck, Möbel und Spielwaren). Heute leben in der Stadt an der oberen Ilm 3600 Einwohner, die in der Kleinindustrie und Viehwirtschaft arbeiten.

Sehenswert

Die ehemalige Wallfahrtskirche aus dem 11. Jh. ist die St. Peterskirche auf dem Friedhof. Im Heinsepark befindet sich ein Denkmal für den Schriftsteller, sein Geburtshaus steht in der Ratsstraße 9.

Gastronomie

Empfehlenswerte Gasthäuser sind der Ratskeller, der Thüringer Hof, Gottessegen (altes Bergwerksgebäude von 1830) und Ehrenburg.

Ausflüge

Das Gasthaus Krannichsruh (Forsthaus) ist 2 km entfernt im Wald gelegen, man kann von hier aus den Großen Tragberg (587 m) erklimmen, der einen Ausblick auf Langewiesen und Ilmenau bietet. Ein etwas weiterer Spaziergang führt zum Seerosenteich (5 km, Gaststätte) bei Gehren. Unterwegs an der Mündung der Wohlrose in die Ilm ist die alte „Benz-Pappenfabrik" ein technisches Denkmal, noch heute werden mit der Technik von 1812 Pappen produziert.

✻ Ilmenau ✻ Gehren ✻ Oehrenstock

Lauchröden

(Kreis Eisenach, Bezirk Erfurt)

Seit dem 23. Dezember 1989 ist das kleine grenznahe Dorf nach über 30jähriger Isolation wieder direkt für Touristen zugänglich. Zwischen dem hessischen Grenzort Herleshausen und dem thüringischen Lauchröden wurde ein Fußgängersteg mit Holzbohlen über die Werra konstruiert. Die steinerne Werrabrücke war kurz vor Kriegsende gesprengt worden. Sie soll 1992 wieder aufgebaut werden.

Sehenswert

Die Burgruine Brandenburg, erstmals im 13. Jh. genannt, im 14. Jh. von Erfurt erworben, prägt das Ortsbild von Lauchröden. Von der Ruine der romanischen Doppelanlage sind noch umfangreiche Reste von Wohngebäuden, von der Hinterburg zwei Ecktürme, von der Vorderburg ein Rundturm und Mauerreste erhalten geblieben.

Ausflüge

✻ Eisenach ✻ Gerstungen ✻ Berka/Werra

Lauscha

(Kreis Neuhaus a.R., Bezirk Suhl)

Als Industriesiedlung entwickelte sich Lauscha am gleichnamigen Flüßchen in 600 m Höhe im Thüringer Schiefergebirge. Die Glasbläserfamilien Greiner und Müller gründeten eine vom Herzog zu Sachsen-Coburg privilegierte Hütte, die bis 1900 Bestand hatte. Ludwig Müller-Uri gelang es im 19. Jh., aus Glas künstliche Tier- und Menschenaugen herzustellen, später wurde hier das Glasversilberungsverfahren (Christbaumschmuck) entdeckt. Über Jahre hatte der Ort auf diesem Gebiet ein Weltmonopol.

Glasbläserdenkmal in Lauscha

Auch heute noch ist das 1958 zur Stadt erhobene Lauscha (4500 Einwohner) von der Glasproduktion geprägt. Den 15.000 Feriengästen, die jährlich kommen, stehen Freibad und Sportstätten und sowie Wintersportmöglichkeiten (Lifte, Großsprungschanze) zur Verfügung.

Museum
Das Museum für Glaskunst (täglich 8.00-16.30) vermittelt einen Überblick über die Lauschaer Glasindustrie von 1597 bis zur Gegenwart. Insbesondere werden kunstgewerbliche Schmuckstücke aus den verschiedenen Epochen präsentiert.

Sehenswert
Man muß sich den langgestreckten Ort erwandern, da Parkmöglichkeiten in dem engen Tal der Lauscha nicht bestehen. Der obere Teil wird von Glasbetrieben und den Sprungschanzen geprägt. Das neue Glasbläser-Denkmal steht vor dem Rathaus. Die Ortskirche wurde aus heimischem Bruchstein erbaut. Das Geburtshaus von Ludwig Müller-Uri befindet sich an der Perthenecke.

Gastronomie
Einkehren kann man im Hotel Fridolin, im Gasthaus Matthäi, im Kulturhaus, in den Gaststätten Zur Klause, Zur Traube sowie im Stadtcafé. Treffpunkt der Jugend ist die Obermühle.

Ausflüge
An einem alten Steinbruch befindet sich die Bergmannklause, ein Ausflugslokal auf dem Weg nach Steinach.
✻ Neuhaus a. R. ✻ Steinach ✻ Sonneberg

Lehesten

(Kreis Lobenstein, Bezirk Gera)

Das Straßendorf auf der Hochfläche des Frankenwaldes gehörte im Mittelalter zu den ältesten Besitzungen des Klosters Saalfeld. 1651 wurde Lehesten zur Stadt erhoben. Von wirtschaftlicher Bedeutung sind seit dem 15. Jh. die riesigen Schieferbrüche, die seit 1920 im Besitz des Landes Thüringen waren. Im 18. und 19. Jh. waren die Lehester Schiefertafeln auf dem Weltmarkt verbreitet. In den letzten drei Jahrzehnten war die kleine Stadt aufgrund der grenznahen Lage von der Außenwelt abgeschnitten. Heute wird in den Gruben vor allem Dachschiefer hergestellt.

Sehenswert
Am Kießlichschacht befindet sich noch eine alte Pferdegöpelanlage. In diesem technischen Denkmal liefen die Pferde im Kreis und trieben über Zahnradgetriebe und Wellen die Fördermaschinen an.

Ausflüge
✻ Lobenstein

Leimbach-Kaiseroda

(Kreis Bad Salzungen, Bezirk Suhl)

Die Suche nach Steinsalz an der Werra begann im 19. Jh., erhielt aber erst Bedeutung, als durch Adolf Frank ein Verfahren entdeckt wurde für die Herstellung von Kunstdünger aus Kalisalzen. Die erste erfolgreiche Bohrung in Kaiseroda fand 1893 statt, acht Jahre später produzierte bereits die erste Fabrik Chlorkalium. Nach dem 1. Weltkrieg übernahm die Wintershall AG den Betrieb, der nach 1945 verstaatlich wurde.

Sehenswert
Die Fabrikanlagen und Halden der Kali-Industrie prägen den Ort. Ein interessantes Beispiel der Industriearchitektur bieten die stillgelegten Anlagen aus dem Jahr 1901.

Ausflüge
✻ Bad Salzungen ✻ Merkers ✻ Stadtlengsfeld

Leinefelde

(Kreis Worbis, Bezirk Erfurt)

Die 1969 gegründete Stadt ist heute der wirtschaftliche Mittelpunkt des oberen Eichsfeldes. Die Siedlung wurde im 8. Jh. gegründet, im 13. Jh. erstmals erwähnt, und gewann als Straßenknotenpunkt im Mittelalter eine gewisse Bedeutung. Berühmtester Sohn des Ortes war Johann Carl Fuhlrott, Anthropologe und Entdecker des Neandertalers. Im 19. Jh., mit dem Bau der Eisenbahn, kreuzte sich hier die Linie von Kassel nach Halle mit den Strecken nach Gotha, Eschwege und Duderstadt. Vor dem 2. Weltkrieg waren allein 80 Beamte am größten Bahnhof des Eichsfelds beschäftigt. Von 1962 bis heute stieg die Einwohnerzahl von 2500 auf 16.000 an, der Grund: Leinefelde wurde Standort einer riesigen Baumwollspinnerei und Texturseidenzwirnerei (4.000 Beschäftigte). Am Rande des alten Ortskerns entstand eine „sozialistische Musterstadt“ mit 4.000 fernbeheizten Wohnungen und Kultur- und Sozialeinrichtungen in Neubaublöcken. Das erste Jugendsinfonieorchester der DDR wurde hier durch die Hanns-Eisler-Musikschule ins Leben gerufen.

Sehenswert
Im alten Ortskern blieb eine barocke Dorfkirche aus dem Jahr 1729 erhalten. Das Sport- und Erholungszentrum sowie die Siedlungen im Neubaugebiet sind ein typisches Beispiel für den sozialistischen Städtebau der 60er und 70er Jahre.

Gastronomie
Empfehlenswerte Gaststätten sind das Hotel Am Stadion, Grotewohl Straße, Centra-Gastronom, das Bierstübel, Bahnhofsstraße; die Klubgaststätte Haus Eichsfeld, Birkunger Straße, und die Gaststätte Stadt Leinefelde, in der sich auch eine Bar befindet. Beliebte Treffpunkte sind ferner das Café Rendevouz in der Bahnhofstraße und die etwas außerhalb gelegene Waldklause Köhlersgrund im Naherholungszentrum.

Ausflüge
✻ Worbis ✻ Heiligenstadt ✻ Beuren ✻ Dingelstädt

Leutenberg

(Kreis Saalfeld, Bezirk Gera)

Der kleine Kurort an der Sormitz wurde bereits im 14. Jh. Stadt, insbesondere der Kupferabbau prägte die Wirtschaft in Leutenberg. Von 1362 bis 1546 war Leutenberg

Lobenstein

Sitz einer Seitenlinie der Grafen von Schwarzburg, später kam der Ort an Schwarzburg Rudolstadt. Oberhalb der Stadt steht die wohl auf das 9. Jh. zurückgehende, im 14./15. Jh. gotisch gestaltet Friedensburg, die im 16. Jh. umgebaut wurde. 1934 begann der Ausbau des Schlosses zum Gästehaus. Heute leben in der Stadt 2.000 Einwohner.

Sehenswert
Hoch über der „Stadt der sieben Täler" erhebt sich Schloß Friedensburg, ein Gästehaus der DDR-Regierung. Die bei Stadtbränden zerstörte Kirche Maria Magdalena und das Rathaus wurden im 19. Jh. im klassizistischen Stil errichtet. Das idyllische Freibad gehört zu den schönsten in Thüringen.

Veranstaltungen
In der Sommersaison finden regelmäßig Kurkonzerte statt.

Ausflüge
Ein Aussichtsturm, von dem man einen Überblick über die romantische Landschaft im Sormitztal hat, befindet sich im Süden des Städtchens.
✻ Saalfeld ✻ Lehesten ✻ Gräfenthal ✻ Wurzbach

Lobenstein

(Kreisstadt im Bezirk Gera)

Die 700jährige Kreisstadt am nördlichen Hang des Frankenwaldes ist ein vielbesuchtes Moorbad in Südostthüringen. Lobenstein wurde 1250 erstmals als Rittersitz genannt, zunächst herrschten die Vögte von Gera, später war es böhmisches Lehen und ab 1557 im Besitz der Reußen (jüngere Linie). Die Burg wurde im 12. Jh. errichtet, das Neue Schloß ist ein schlichter Barockbau mit Park.

Von 1647 bis 1848 war die Stadt Residenz des Hauses Reuß-Lobenstein. Im 19. Jh. enstand das Eisenmoorbad, Tabak- und Textilverarbeitung waren die wichtigsten Wirtschaftszweige. Heute leben hier rund 6500 Einwohner, die wichtigsten Branchen sind die Metall- und Elektroindustrie.

Museum
Das Regionalmuseum der Stadt Lobenstein, Schloßberg 20 (Mi-So 9.00-12.00 und 14.00-17.00), zeigt Kunsthandwerk und traditionelle Erzeugnisse aus der Region (Motiv-Ofenplatten, Weberei-Produkte). Die Funktion einer alten Handdruckerei kann vorgeführt werden. Das Wirken des Geographen Christian Gottlieb Reichardt wird außerdem gewürdigt.

Sehenswert
Steile Gäßchen am Schloßberg prägen das hübsche Moorbad und Kreisstädtchen. Burg Lobenstein wurde im 12. Jh. errichtet und im 30jährigen Krieg zerstört. Der 30 m hohe Bergfried auf dem Schloßberg (547 m) kann als Aussichtsturm bestiegen werden. Im Ort ist das Barockschloß mit Park, klassizistischer Wache und Pavillon sehenswert. Im Rathausturm befindet sich unter der Uhr der „Fäßleseecher", eine Figur, die an die Gerberzunft erinnert und in das Faß mit der Lohe zum Weichen des Leders uriniert.

Gastronomie
Empfehlenswert sind die Gaststätten Altlobenstein im Schloß, das Berghotel Alter Turm, das Parkrestaurant sowie das Hotel Oberland am Topfmarkt.

Veranstaltung
Beim jährlichen Marktfest werden Bräuche und altes Handwerk (Brautpaar-Wiegen, Pferdebeschlagen) wiederbelebt.

Ausflüge
Der Rennsteig (5 km) und die Bleilochtalsperre (4 km) sind von hier aus gut zu erreichen. Im Ortsteil Saaldorf sind das heute als Erholungsheim genutzte Jagdschlößchen Weidmannsheil (1837) sowie der Park mit Pavillon ein lohnendes Ausflugsziel (Gaststätte Saalestrand).
✻ Ebersdorf ✻ Lehesten ✻ Schmiedebach ✻ Wurzbach

Lucka

(Kreis Altenburg, Bezirk Leipzig)

Der von Slawen gegründete Ort war schon vor 4.000 Jahren besiedelt; im Luckaer Forst wurden Grabhügel aus der Jungsteinzeit gefunden. Im 14. Jh. wurde Lucka erstmals als Stadt genannt. Der Ort gehörte zunächst den Wettinern und später zu Sachsen-Altenburg. Mit der Industrialisierung entstanden in der kleinen Stadt (4.000 Einwohner) eine große Papier- und Schuhfabrik. Die Umgebung wird vom Braunkohleabbau geprägt, der sich von Meuselwitz nach Lucka vorgeschoben hat.

Sehenswert
Das Brunnendenkmal neben der Kirche erinnert an die Schlacht von Lucka 1307, die einen Wendepunkt in der Geschichte der Wettiner bedeutete. Das Heer König Albrechts unterlag hier Friedrich dem Freidigen. Die spätgotische Kirche (1517) wurde mehrfach verändert, zahlreiche Fachwerkbauten und Umgebindehäuser blieben ebenso wie ein schöner Viertelmeilenstein (1722) erhalten.

Ausflüge
✻ Altenburg ✻ Windischleuba ✻ Meuselwitz

Luisenthal

(Kreis Gotha, Bezirk Erfurt)

Herzog Friedrich III. von Sachsen-Gotha nannte 1753 sein Hüttenwerk im Ohratal nach seiner Ehefrau Luise. Holzverarbeitung, Hammerwerke und Schmelzöfen prägten den Ort ebenso wie der 23 km lange Floßgraben, auf dem das Holz aus dem Geratal kam. Heute leben 2.000 Einwohner in dem langgestreckten Ort, Arbeitsplätze bieten ein Möbel- und ein Glasveredelungswerk. Alljährlich kommen über 10.000 Feriengäste, die besonders die nahegelegene Ohratalsperre, Freibad und Wintersportmöglichkeiten schätzen.

Sehenswert

Die Ohratalsperre wurde zwischen 1957 und 1966 erbaut, mit einem Steinschüttdamm werden knapp 20 Millionen Kubikmeter Wasser aufgestaut. Unterhalb der Sperre beginnt eine 330 km lange Fernwasserleitung, die das weiche Gebirgswasser in über 100 Städte und Gemeinden (bis nach Jena) leitet. Das Gebiet um den See hat sich als Erholungszentrum entwickelt (Bootsverleih, Rundfahrten).

Die Ruine der Käfernburg beim Ortsteil Schwarzwald entstand im 12. Jh., war lange Zeit Sitz eines wettinischen Vogtes und zerfiel seit dem 17. Jh., ein 20 m hoher Turm aus dem 14. Jh. steht noch.

Veranstaltung

Im August findet am Stausee das Talsperrenfest statt.

Gastronomie

Empfehlenswert sind die Gaststätten Talsperre, Zur Brauerei, das Restaurant im Erholungsheim Adolf Deter und das Café Libelle. Ferner gibt es einen Imbiß am Parkplatz.

Ausflüge

Nahegelegen ist die Gaststätte Waldhaus in der Suhler Straße, die Wegscheide mit Gasthaus ist etwa 4 km entfernt. Bereits im Mittelalter war der über 700 m hoch gelegene Gast- und Geleithof bekannt.

❋Gotha❋Ohrdruf❋Frankenhain❋Georgenthal ❋ Gräfenhain ❋ Gräfenroda

Magdala

(Kreis Weimar-Land, Bezirk Erfurt)

Die kleine von der Landwirtschaft geprägte Stadt wurde im 13. Jh. durch Grafen von Orlamünde gegründet, die hier eine Burg besaßen. Ende des 15. Jh. wurden im Sächsischen Bruderkrieg Stadt und Burg zerstört. Magdala kam darauf zu Sachsen-Weimar, im 17. und 18. Jh. prägten Webereien, Bergbau und Strumpfwirkerei die Wirtschaft. Heute leben hier etwas mehr als 1.000 Einwohner.

Sehenswert

Das Rathaus hat ein beachtliches Säulenportal und ist im Renaissancestil errichet. Die später mehrfach veränderte Pfarrkirche stammt aus dem 14. Jh.

Ausflüge

❋ Weimar ❋ Jena ❋ Blankenhain

Manebach

(Kreis Ilmenau, Bezirk Suhl)

Der im oberen Ilmtal 550 m hoch gelegene Ort wurde im 14. Jh. erstmals erwähnt. Das hennebergische Manebach kam 1669 zu Sachsen-Gotha, Lehnsrechte hatten bis ins 19. Jh. die Herren von Witzleben. Die Bewohner lebten von Waldarbeiten und vom Bergbau (Steinkohle). Heute wohnen hier knapp 1700 Einwohner, die in den Bereichen Holz- und Kunststoffverarbeitung, Glas- und Porzellanherstellung arbeiten. Der Tourismus (2.0000 Urlauber pro Jahr) ist ebenfalls ein wichtiger Wirtschaftsfaktor in dem von bewaldeten Bergen umgebenen Ort.

Sehenswert
Goethe weilte wiederholt in Manebach, am ehemaligen Haus des Kantors, Goethestraße 13, befindet sich eine Gedenktafel. Für die Urlauber ist ein kleiner Kurpark, in dem auch Konzerte stattfinden, angelegt worden. Der Ort bietet gute Wintersportgelegenheiten (Ski- und Rodelhänge).

Gastronomie
Zu nennen sind die Gaststätten Freundschaft, Glückauf, Moosbach und Zur Höhe. Ferner gibt es das Café Waldfrieden und die Eis- und Milchbar.

Ausflüge
Manebach liegt am 18 km langen von Ilmenau ausgehenden Wanderweg „Auf Goethes Spuren“, der mit einem „g“ gekennzeichnet ist. Er führt von hier aus über den Kickelhahn (861 m, Aussichtsturm 24 m, Gaststätte) zum Jagdhaus Gabelbach (Goethemuseum) nach Ilmenau. Sehenswert ist auch der Große Hermannstein mit 20 m hohem Felsen und Höhle, an deren Eingang sich Gedenktafeln mit Goethe Versen befinden (der Dichter war zusammen mit Charlotte von Stein am 6.8.1776 hier).
✻Ilmenau✻Stützerbach✻Elgersburg✻Geraberg

Marksuhl

(Kreis Eisenach, Bezirk Erfurt)

Das im Tal der Suhl gelegene Dorf war im 9. Jh. im Besitz des Klosters Fulda. Im 15. Jh. wurde der Ort als zum Schloß Altenstein (Bad Liebenstein) gehörig erwähnt. 1587 ließ sich der Eisenacher Herzog Johann Ernst hier ein Jagdschloß errichten, bis zum 18. Jh. war Marksuhl wiederholt Sitz von Eisenacher Nebenlinien. Im 19. Jh. zog eine Oberförsterei in das imposante Bauwerk, heute dient es als Wohn- und Verwaltungsgebäude. Marksuhl hat etwa 1600 Einwohner, die vielfach in der Landtechnik und Landwirtschaft arbeiten. Für Urlauber gibt es ein Freibad und einen Park.

Sehenswert
Das Schloß war ursprünglich eine dreigeschossige Vierflügelanlage aus dem 16. Jh., der dritte Stock wurde im 18. Jh. abgetragen. Die Hauptfront mit Gaffköpfen, Innenräume mit wertvollen Stuckdecken und das Einfahrtstor sind beachtlich. Die Einrichtung eines Museums ist vorgesehen. Die Pfarrkirche stammt aus dem 17. Jh., der ältere Westturm ist ein massiges gotisches Bauwerk.

Gastronomie
Die drei Gasthäuser heißen Grüner Baum, Deutsches Haus und Kaiser, außerdem gibt es ein Café am Markt.

Ausflüge
✻ Eisenach ✻ Frauensee ✻ Bad Salzungen

Masserberg

(Kreis Hildburghausen, Bezirk Suhl)

Im Sommer und Winter ist Masserberg einer der beliebtesten Urlaubsorte im Thüringer Wald. Der in 800 m Höhe gelegene Ort entwickelte sich aus einem Rasthaus, das an einer alten Paßstraße 1687 errichtet wurde. Neben Waldarbeiten versuchten sich die Bewohner in Goldwäscherei, im 19. Jh. trat die wenig ertragreiche Heimarbeit (Spanschachteln, Holzknöpfe) in den Vordergrund. Um die Jahrhundertwende begann der Fremdenverkehr. In den 20er Jahren entstanden ein Kurviertel mit Hotels und Pensionen, eine Sprungschanze und später ein Kurpark. Heute dominiert der Tourismus (30.000 Gäste) den kleinen Ort (900 Einwohner), seit 1949 gibt es hier eine Augenheilstätte der Universität Jena.

Sehenswert
Der Kurpark mit Musikpavillon und Springbrunnen entstand 1935. Hier befindet sich auch die Augenheilstätte Prof. Lenz, an den ein Denkmal erinnert. Neben der Kurverwaltung befindet sich eine Sportanlage mit Kegelbahn, Großfeldschach und Tischtennis. Wintersportler schätzen die Hänge für Anfänger und Fortgeschrittene (Lift).

Gastronomie
Öffentliche Gaststätten gibt es in den Ferienheimen Otto Grotewohl, Robotron und Jenaer Glaswerke. Restaurants sind ferner der Berghof, die Schöne Aussicht und der Rennsteig. In angemessener Entfernung liegen die Turmbaude am Aussichtsturm Rennsteigwarte und die Werraquellbaude.

Veranstaltungen
Am etwas außerhalb gelegenen Aussichtsturm findet jährlich im Sommer ein Turmfest statt.

Ausflüge
Schöne Aussichtspunkte sind neben der Rennsteigwarte auf dem 841 m hohen Eselsberg die Schillerhöhe (Schutzhütte) und der Langertfelsen. Gut markierte Wanderwege und im Winter gespurte Loipen erschließen die reizvolle Mittelgebirgslandschaft um Masserberg.
✻ Hildburghausen ✻ Fehrenbach ✻ Schnett ✻ Heubach ✻ Gießübel

Meiningen

(Kreisstadt im Bezirk Suhl)

Die 1.000jährige ehemalige Residenzstadt im oberen Werratal zwischen Rhön und Thüringer Wald hat etwa 27.000 Einwohner. Das ursprüngliche Königsgut kam zum Bistum Würzburg und ging 1542 an die Grafen von Henneberg über. Die Würzburger Bischöfe hatten hier planmäßig eine Wasserburg errichtet und verliehen Meiningen das Stadtrecht. 1583 fiel der Ort an das ernestinische Sachsen und wurde 1680 Residenz des gleichnamigen Herzogtums.
Herzog Bernhard ließ anstelle der würzburgischen Burg das Barockschloß Elisabethenburg (1682-1692) erbauen. Im 18. Jahrhundert regierten die „aufgeklärten" Herzöge Karl und Georg I. Sie führten vielfältige Reformen im Strafrecht und Schulwesen durch und strebten die „Menschenbruderschaft zwischen Thron und Hütte" an. Herzog Georg II., der 1866 die Regierung übernahm, wandte sich dem Theater zu und entwickelte sein Hoftheater zum bedeutendsten Ensemble des europäischen Kontinents. „Die Meininger" gastierte mit ihren neuartig inszenierten Dramen zwischen 1874 und 1890 in 36 Städten mit 2500 Vorstellungen. Die Hofkapelle wurde mit ihren Dirigenten Richard Strauss und Max Reger ebenfalls berühmt. Die Industrie zog erst spät in das Beamten- und Soldatenstädtchen ein. Größter Betrieb ist heute das Reichsbahnausbesserungswerk, hinzu kommt eine große Palette kleiner Firmen. Die Stadt blieb kulturelles Zentrum im Südwesten der DDR mit Fachschulen, Theater und Museen. Meiningen hat eine Städtepartnerschaft mit Neu-Ulm.

Museen
Die *Staatlichen Museen Meiningen* im Schloß Elisabethenburg (Di-So 9.00-16.45) bietet in knapp 50 Ausstellungsräumen vielfältige Themen. Zu nennen sind die Kunstsamm-

Schloß Elisabethenburg in Meiningen

lungen mit historischer und zeitgenössischer Abteilung, die naturwissenschaftlichen Sammlungen, die Ausstellung zur Geschichte des Theaters und zur Musikgeschichte mit einer besonderen Max-Reger-Gedenkstätte. Reger leitete die Hofkapelle von 1911-1914. Außerdem werden die Schloßräume in verschiedenen Stilrichtungen zwischen 17. und 20. Jh. gezeigt.
Das *Literaturmuseum Baumbachhaus,* Burggasse 22 (Di-Sa 9.00-16.30), präsentiert das Wirken und Leben von Schriftstellern, die in Meiningen gewirkt haben. Gewürdigt werden unter anderem Rudolf Baumbach („Hoch auf dem gelben Wagen"), Jean Paul und Ludwig Bechstein, außerdem werden Gegenwartsautoren des Bezirks Suhl vorgestellt.

Sehenswert

Obwohl die Stadt im 19. Jh. von Bränden heimgesucht wurde, sind zahlreiche historische Gebäude sehenswert. Das Barockschloß Elisabethenburg ist eine beeindruckende Dreiflügelanlage, im Hof steht ein schöner Brunnen, im vorgelagerten Rundbau befinden sich der Rat der Stadt und die Gaststätte Thomas Müntzer. Der Schloßpark (moderne Plastiken) führt zur Werra und ist mit dem Landschaftspark Herrenberg verbunden. In unmittelbarer Umgebung befinden sich Reithalle, Zeughaus und Marstall. Zahlreiche Fachwerkhäuser, darunter die Gaststätte Schlundhaus, Schlundgasse 4, sind sehenswert. Das Theater entstand 1909, sehenswert ist das gesamte Bauensemble in der Bebel-Straße mit Kleinem und Großem Palais; einen Besuch lohnt der angrenzende Goethepark mit Denkmälern, einer künstlichen Ruine und Brunnen. Am Marktplatz dominiert die neugotische Stadtkirche (19.Jh.), die schon im Jahr 1000 gegründet wurde. Von der alten Stadtbefestigung blieben Reste stehen, darunter der Pulverturm.

Gastronomie

Die wichtigsten Restaurants sind im Hotel Sächsischer Hof sowie die Gaststätten

Drushba, Schlundhaus, Zum Löwen, Thomas-Müntzer Keller, Nonnenhof, Goldener Zwinger, Drei Rosen und Marktschänke. Eine schöne Aussicht hat man von den Gaststätten Götzhöhle und Freundschaft-Kaluga. Cafés befinden sich in der Breitscheidstraße „Am Eck" und in der Georgstraße „Freundschaft".

Veranstaltungen
Das Meininger Theater bietet ein alle Sparten umfassendes kulturelles Angebot; in der ehemaligen Schloßkirche befindet sich der Konzertsaal „Johannes Brahms"; die Kulturhäuser und die Musikschule bieten zudem Konzerte und Unterhaltung. Alljährlich finden im Juni die Meininger Parkfestspiele statt.

Ausflüge
Schloß Landsberg ist ein 4 km entferntes, im neugotischen Stil erbautes Lustschloß mit Hotel und Gaststätte, der Turm bietet eine grandiose Aussicht auf Rhön und Thüringer Wald. Ein anderes Naherholungsziel ist die Helenenhöhe (Gasthaus), von wo aus gut beschilderte Wanderwege abzweigen. Empfehlenswert ist auch eine Wanderung zum Melkerser Felsen mit frühgeschichtlichem Ringwall und der nahegelegenen Gaststätte Rhönpforte. Das nahegelegene Dorf Milz (783 erstmals erwähnt) ist einer der schönsten Fachwerkorte der Region.
✻Bauerbach✻Bibra✻Frankenheim✻Henneberg ✻ Obermaßfeld Grimmenthal ✻ Rohr ✻ Römhild ✻ Walldorf ✻ Wasungen

Mellenbach-Glasbach

(Kreis Neuhaus a. R., Bezirk Suhl)

Der kleine Ferienort entstand 1920 durch die Zusammenlegung der Ortsteile Mellenbach, Glasbach, Obstfelderschmiede, Blumenau und Zirkel im Schwarzatal. Erstmals wurden die Dörfer im 14. Jh. in Verbindung mit einem kleinen Kloster erwähnt. Im 30jährigen Krieg wurde Mellenbach weitgehend zerstört, danach entwickelte sich hier eine bescheidene Holzverarbeitung in Verbindung mit Schneidemühlen an der Schwarza und später der Abbau von Granit im Mellenbacher Steinbruch.
Mit der Inbetriebnahme von Eisenbahn und Oberweißbacher Bergbahn setzte in den 1920er Jahren der Tourismus ein. Heute gibt es in Mellenbach-Glasbach (1600 Einwohner) kleine Betriebe im Laborbau und in der Meßtechnik.

Sehenswert
Die Talstation der Oberweißbacher Bergbahn (jährlich 400.000 Fahrgäste) befindet sich im Ortsteil Obstfelderschmiede. Die steilste Bergbahn der Welt fährt in 18 Minuten die 1400 m lange Strecke nach Lichtenhain und überwindet dabei einen Höhenunterschied von 323 m. Von der Bergstation kann man in Triebwagen nach Oberweißbach und Cursdorf umsteigen. Die Bahn fährt zwischen 5 und 23 Uhr etwa stündlich. Für Urlauber steht in Mellenbach ein Schwimmbad mit Sportgelände zur Verfügung, außerdem ist ein stillgelegter Diabas-Steinbruch beeindruckend.

Gastronomie
Essen gehen kann man im Bahnhofshotel sowie in den Gasthäusern Fiedler, Zur Linde, Zur Kehre, Blumenau, Zur Sonne, Stadt Schlotheim und Zirkelstein. Empfehlens-

wert sind das Eiscafé Schwarz und das Café Linde, beide in der Marx-Straße.

Ausflüge
Die Meuselbacher Kuppe ist knapp 800 m hoch und 5 km entfernt, hier befinden sich Gaststätte und Aussichtsturm, man kann einen Teil der Strecke auch mit der Bergbahn zurücklegen. Schöne Wanderwege führen im Schwarzatal durch den Wald nach Meuselbach Schwarzmühle.
❉ Neuhaus a.R. ❉ Oberweißbach ❉ Cursdorf ❉ Katzhütte ❉ Schwarzburg ❉ Meuselbach-Schwarzmühle

Merkers

(Kreis Bad Salzungen, Bezirk Suhl)

Der Ort und die Umgebung sind durch den Abbau von Kalisalzen geprägt, der seit 1899 betrieben wird. Die 1910 errichteten Schächte bildeten ab 1924 den Hauptsitz der Wintershall AG, die in jener Zeit der größte Betrieb in der Kaliindustrie weltweit war. Nach dem 2. Weltkrieg wurde der Konzern von der Sowjetunion (Sowjetische Aktiengesellschaft) übernommen und 1952 an die DDR zurückgegeben. 1970 wurden alle Kalibetriebe des Werratals im Kombinat Kali mit Sitz im nordthüringischen Sondershausen zusammengefaßt.

Sehenswert
Das riesige Industriegelände hat drei Gruben mit fünf Schächten, die bis zu 1.000 m tief abgeteuft sind. Einige Abraumhalden sind inzwischen begrünt worden. In den drei Kulturhäusern hängen „Brigadebilder“ im Stil des sozialistischen Realismus.

Ausflüge
Das benachbarte Dorf *Tiefenort* ist eine frühe Siedlung im Werratal. Die St. Petrikirche stammt aus dem 12. Jh. und wurde im 17. Jh. grundlegend umgebaut. Ein Ausflug auf die nahe Krayenburg (Gaststätte) lohnt sich.
❉ Bad Salzungen ❉ Kieselbach ❉ Leimbach-Kaiseroda ❉ Stadtlengsfeld ❉ Vacha

Meura

(Kreis Neuhaus a. R., Bezirk Suhl)

Das im 14. Jh. durch das Kloster Saalfeld und die Grafen von Schwarzburg gegründete Bergdorf lebte zunächst von der Holzverarbeitung. Im 19. Jh. wurde hier Olitätenhandel betrieben, heute ist das Wirtschaftsleben von der Haflinger-Pferdezucht geprägt. In Meura leben 600 Einwohner, jährlich kommen über 10.000 Feriengäste.

Sehenswert
Die Meuraer Dorfkirche wurde im 18. Jh. errichtet. Die Angerlinde ist etwa 500 Jahre alt und zeugt von mittelalterlicher Gerichtsbarkeit. Auf dem nahen Eichberg befindet sich die Grabstätte des Komponisten und Musikpädagogen der Jugendbewegung August Halm.

Gastronomie
Die beiden Gasthäuser heißen Zum Haflinger und Zum Meurastein, in den Ferienheimen Schützenhof und Angerlinde befinden sich ebenfalls Restaurants.

Ausflüge
Ein schönes Gartenlokal hat der Jägerhof zum Auerhahn (Rohrbach) und ist ein beliebtes Ziel im Sommer. Der Aussichtspunkt Pilz bietet einen weiten Fernblick über Meura und das Sorbitztal. Kleine Spaziergänge führen zu den Meurasteinen (schrägstehende Felsmauer) und zum Heidehäuschen.
❉ Oberweißbach ❉ Schmiedefeld ❉ Neuhaus a.R.

Das Schiefergebirge

Meuselbach-Schwarzmühle

(Kreis Neuhaus a. R., Bezirk Suhl)

Im 14. Jh. wurde Meuselbach erstmals genannt, wirtschaftliche Grundlage des Walddorfs war die Holzverarbeitung und der Handel mit Heilkräutern. Die beiden Ortschaften wurden 1922 vereinigt. In der Gegenwart bestehen ein Arzneimittelwerk sowie Betriebe der Glas- und Holzverarbeitung. Der Doppelort hat etwa 2.000 Einwohner und wird alljährlich von 8.000 Urlaubern als Domizil gewählt.

Sehenswert

Die Dorfkirche ist ein Barockbau aus dem Jahr 1743. Die nahegelegene Meuselbacher Kuppe (789 m) ermöglicht vom Aussichtsturm (Gaststätte) einen Rundblick über den Thüringer Wald und das Schiefergebirge. Für Wintersportler ist ein gutes Skigelände vorhanden, im Sommer bieten ein Schwimmbad in Schwarzmühle und Sportanlagen Erholung.

Gastronomie

Im Ortsteil Meuselbach befinden sich Gaststätten im Haus des Volkes, Zum Hirsch, Zum Anker, Zur Traube und Gasthaus Scherr; im Ortsteil Schwarzmühle kann man in den beiden Gasthöfen Zum kühlen Grund und Schwarzmühle einkehren.

Ausflüge

Gute Wanderwege führen im Tal der Weißen Schwarza nach Katzhütte –unterwegs liegt die Ausflugsgaststätte Talmühle –und zum Hainberg (Freilichtbühne, Jagdhütte).

❋Neuhaus a. R. ❋Oberweißbach ❋Cursdorf ❋ Katzhütte ❋ Mellenbach-Glasbach

Meuselwitz

(Kreis Altenburg, Bezirk Leipzig)

Im 12. Jh. wurde die heutige Industriestadt erstmals genannt. Im Mittelalter war Meuselwitz von einem Rittergut geprägt, später führten eingewanderte Niederländer die Textilverarbeitung ein. Bekannt wurde Friedrich Heinrich von Seckendorff als Feldherr und Diplomat (österreicher Gesandter am Hof Friedrichs des Großen von Preußen). Er ließ hier einen Schloß erbauen, das im 2. Weltkrieg mit Ausnahme der Orangerie zerstört wurde. 1874 erhielt das von Altenburg aus regierte Meuselwitz das Stadtrecht. Der Braunkohlebergbau und der Maschinenbau bestimmten die Wirtschaft im 19. und 20. Jh. Durch Bomben wurde die Stadt im 2. Weltkrieg stark beschädigt. Heute leben hier rund 13.000 Menschen.

Sehenswert
Im ehemaligen Schloßgarten, dem heutigen Leninpark, steht die 1725 erbaute barocke Orangerie mit geschwungenen Seitenflügeln, die 1945 ausbrannte und wiederaufgebaut wurde. Das Gebäude wird heute als Konzertsaal genutzt. Die frühbarocke Pfarrkirche St. Martin südlich des Parks wurde 1687 errichtet, im Inneren befinden sich Grabplatten aus dem 16. Jh.

Ausflüge
✻ Altenburg ✻ Lucka ✻ Windischleuba

Mihla

(Kreis Eisenach, Bezirk Erfurt)

Der Ort am rechten Werraufer entwickelte sich aus einem alten Königsgut, das bereits im 8. Jh. erwähnt wurde. Die Lehnsherren von Harstall erbauten im 15. und 16. Jh. drei Schlösser, das Große oder Rote Schloß ist einer der größten Renaissance-Fachwerkbauten der Region. Heute leben in dem schönen Fachwerkdorf etwa 2500 Einwohner.

Sehenswert
Erhalten blieben zwei der drei Mihlaer Schlösser. Das Graue Schloß enstand 1560 als Wasserburg im Renaissancestil mit Turm. Das Gebäude wird als Gaststätte und Wohnhaus genutzt. Das Rote Schloß entstand 1581, es hat einen achteckigen Turm, ein reiches Portal, einen Rittersaal mit barocken Stuckdekorationen und drei Erkern. Heute ist in dem dreigeschossigen Fachwerk-Schloß ein Altenheim untergebracht. Die Dorfkirche aus dem 18. Jh. hat einen wertvollen Flügelaltar aus 1490, der sich aus 13 Reliefs zusammensetzt. Ein vergleichbarer Schnitzaltar befindet sich in der Erfurter Predigerkirche. Sehenswert ist ferner das Hölzerkopfhaus aus dem 17. Jh.

Ausflüge
Östlich der Werra erhebt sich der Hainich, ein langgestreckter knapp 500 m hoher Bergrücken (Naturschutzgebiet), der vielfältige Wandermöglichkeiten bietet. Im Grundbachtal am Westhang des Hainich, 5 km weiter, liegt *Nazza* mit der sehenswerten Burgruine Haineck (14. Jh.). Erhalten sind der fünfeckige Mauerring und zwei Türme. Von der Burg aus wurde die Handelsstraße von Mühlhausen nach Eisenach gesichert.
✻ Eisenach ✻ Creuzburg ✻ Treffurt

Möhra

(Kreis Bad Salzungen, Bezirk Suhl)

Der Ort wurde im 14. Jh. genannt, gehörte den Frankensteinern, Hennebergern und Wettinern, seit 1645 blieb Möhra bei Sachsen-Meiningen. Die Familie Martin Luthers

stammt aus dem Dorf. 1483 verließ Hans Luther Möhra, um im Mansfelder Kupferbergbau zu arbeiten, in Eisleben wurde sein zweiter Sohn Martin geboren.
In Möhra leben heute über 700 Einwohner, die vor allem in der Landwirtschaft tätig sind oder zu den nahegelegenen Industriebetrieben pendeln.

Museum
Die Lutherstube, Lutherplatz 2 (täglich 9.00-18.00), befindet sich in der gleichnamigen Kirche. Verschiedene Erinnerungsstücke informieren über den Stammsitz der Familie Luther und das Wirken des Reformators.

Sehenswert
Die Dorfkirche enstand um 1700. Der Innenraum wurde 1793 mit illusionistischer Malerei ausgestaltet, die eine Kuppelarchitektur vortäuscht. Auf dem nach dem Reformator genannten Dorfplatz steht das Lutherdenkmal. Am Stammhaus der Familie, Lutherplatz 1, befindet sich eine Gedenktafel.

Gastronomie
Das Gasthaus Zur Einkehr bietet Unterkunft und Verpflegung, außerdem kann man im Goldenen Stern sowie im Kosmos essen und trinken.

Ausflüge
Wer Luthers Spuren folgen will, hat seine nächsten Ziele in Bad Liebenstein (Luthergrund, Lutherdenkmal) und Eisenach (Lutherhaus, Wartburg).
Beliebte Naherholungsgebiete sind der Eichberg (454 m) mit Gaststätte und der – allerdings 7 km entfernte – Altenberger See (Camping, Gasthaus, Bademöglichkeit).
✻BadSalzungen✻Merkers✻BadLiebenstein ✻ Marksuhl

Molsdorf

(Kreis Erfurt-Land, Bezirk Erfurt)

Im 9. Jh. wurde der kleine Ort erstmals als Besitz des Klosters Hersfeld genannt. Im 18. Jh. erwarb Graf Gustav Adolf von Gotter ein altes Wasserschloß im Oberdorf und baute es 1736-1748 um, der Garten wurde nach Versailler Vorbild gestaltet. Der Diplomat im preußischen Staatsdienst machte das Schloß zum Schauplatz galanter und frivoler Feste (Motto: „Vive le joie“). Im Park fand 1843 das erste Liederfest des Thüringer Sängerbundes statt. Das Dorf hat heute 700 Einwohner.

Museum
In Schloß Molsdorf (Mi-So 14.00-18.00, Führungen zu jeder vollen Stunde) können die restaurierten Rokoko-Räume mit Gemälden und Möbeln des 18. Jh. besichtigt werden. Gelegentlich werden im „Eroticon“ kleine Sonderausstellungen gezeigt.

Sehenswert
Im Schloß finden gelegentlich Konzerte und kleine Aufführungen statt. Der Schloßpark wurde im 18. Jh. als Landschaftspark im englischen Stil mit Rosarium, Teichen und Pavillon umgestaltet. Die Brücke über die Gera und die barocke Dorfkirche stammen aus dem 18. Jh.

Gastronomie
Das Restaurant im Schloß galt lange Zeit als „Geheimtip“ für außergewöhnlich gute Küche in Erfurt (außer Mo, Di). Auch im Parkpavillon befindet sich eine Gaststätte (außer Mi, Do).

Ausflüge
✻ Erfurt ✻ Neudietendorf

Schloß Molsdorf

Mühlberg
(Kreis Gotha, Bezirk Erfurt)

Der Ort gehört zu den ältesten Dörfern in der DDR und wurde wie Arnstadt erstmals 704 genannt. Im Laufe der Geschichte hatte Mühlberg wechselnde Herrscher, im 14. Jh. war der Ort zwischen Schwarzburg und Mainz geteilt, später gehörte das Dorf gänzlich zu Mainz und nach 1815 zu Preußen. Eng mit der Geschichte des Orts verbunden ist die Mühlburg, die im 8. Jh. bereits als Missionsstützpunkt diente und 1355 von Erfurt erworben wurde. Heute leben hier 1300 Einwohner.

Sehenswert
Bergfried und Mauerwerk der Mühlburg aus dem 14. Jh. blieben ebenso erhalten wie die Grundmauern der Radegundis-Kapelle in der früheren Vorburg.

Veranstaltungen
Eine unterirdische Quelle, der Spring, der mehrere Mühlen antrieb, kann 120 Liter Wasser pro Sekunde absetzen. Die Quelle ist Anlaß für ein traditionelles Volksfest, das Mühlberger Springfest.

Ausflüge
Die Mühlburg gehört zum Burgenensemble „Die Drei Gleichen" mit der Burg Gleichen (12. Jh., Museum) und der Wachsenburg (10. Jh., Hotel-Gaststätte). Wanderwege, wie der Gustav-Freytag-Weg, verbinden die Burgen. Südöstlich von Mühlberg befindet sich ein großer Truppenübungsplatz, der nicht zugänglich ist.
✻Arnstadt✻Gotha✻Erfurt✻Wandersleben

Mühlhausen

(Kreisstadt im Bezirk Erfurt)

Die 1200 Jahre alte heutige Kreisstadt an der Unstrut wurde 775 erstmals urkundlich erwähnt. Im Mittelalter war die Stadt häufig Residenz deutscher Kaiser und Könige. Der deutsche Kaiser Philipp von Schwaben nahm hier im Jahr 1198 die Huldigung der Fürsten entgegen. Im 13. Jh. wurde Mühlhausen Freie Reichsstadt mit eigener Gerichtsbarkeit, Münz- und Zollrecht. An jene Zeit erinnert noch lebendig die in den letzten Jahren aufwendig restaurierte Altstadt. Die Herstellung von Leinen- und Wollwaren sowie deren Export verhalfen Mühlhausen zu Wohlstand, der Ort entwickelt sich – nach Erfurt –zur zweitgrößten Siedlung (10.000 Einwohner) in Thüringen. 1418 trat die Stadt der Hanse bei. Während des Bauernkrieges war hier ein Zentrum der Unruhen. Im März 1525 wurde der alte Rat entmachtet und durch die Aufständischen unter der Führung von Heinrich Pfeiffer und Thomas Müntzer der neue „Ewige Rat" eingesetzt, im Mai schlugen die fürstlichen Truppen die revolutionären Bauern; Müntzer, Pfeiffer und 54 weitere Bauernführer wurden in Görmar bei Mühlhausen enthauptet. Im 17. Jh. litt Mühlhausen unter dem 30jährigen Krieg und unter Stadtbränden. 1710 begab sich die Stadt unter den Schutz von Hannover und kam 1802 an Preußen.

Im 19. Jh. entwickelte sich die Textilindustrie, die heute neben der Mikroelektronik das wirtschaftliche Profil Mühlhausens bestimmt. Gegenwärtig leben in der 1975 mit dem Zusatznamen „Thomas-Müntzer-Stadt" bezeichneten Kreisstadt rund 43.000 Menschen. Mühlhausen hat eine Partnerschaft mit dem hessischen Eschwege.

Museen

Die *Gedenkstätte Deutscher Bauernkrieg,* Kornmarktkirche (Di-So 9.00-16.00), gibt einen Überblick über die Ereignisse der Jahre 1524/1525 und die Auswirkungen des Bauernkrieges. In der Gruft informiert eine Ausstellung über die Baugeschichte der Kirche. Die *Thomas-Müntzer-Gedenkstätte Marienkirche,* Steinweg (Sa-Do 10.00-12.00 und 14.00-16.00), zeigt des Wirken des Revolutionärs in Mühlhausen und Umgebung. Im Turmmuseum (40 m hoch) befindet sich eine Ausstellung zur Geschichte der Marienkirche, in der Sakristei wird über archäologische Grabungen in der Kirche informiert. Das *Brunnenhaus Popperode* im Naherholungszentrum Schwanenteich (Mai-Oktober Mi, Sa 14.00-17.30, So 10.00-12.00 und 14.00-17.30) informiert eine ständige Ausstellung über das Bewässerungssystem der Stadt sowie über das traditionelle Brunnenfest (seit 1605) und die damit verbundenen Bräuche.

Der *Wehrgang am Hirschgraben* (Mai-Juni,

Karl-Marx-Denkmal in Mühlhausen

Marienkirche

Sept.-Okt. Mi, Sa 14.00-17.00, So 9.00-12.00, 14.00-16.30; Juli-Aug. Sa-Do 9.00-12.00 und 14.00-17.00) ist ein Teil der begehbaren Stadtmauer, in Wach- und Gartenhäusern sind Ausstellungen zur Stadtgeschichte zu sehen.
Das *Heimatmuseum,* Leninstraße 61 (Di-So 9.00-12.00 und 12.30-16.30), zeigt Exponate der Ur- und Frühgeschichte, ein geologisches Schaumagazin und örtliche Sammlungen vom 15.-19. Jh. (Kunst und Kunsthandwerk). Gelegentlich finden Sonderausstellungen statt.
Im *Rathaus* und in der Ratsstube, Ratsstraße (Mo-Fr 10.00-12.00 und 14.00-16.00 mit Führung), sind ein Fries und Ölgemälde zur Stadtgeschichte zu sehen. Der älteste Teil des Gebäudes stammt aus 1300, hier befindet sich auch das Stadtarchiv, das neben wertvollen Beständen ein 350 Jahre altes Mobiliar hat.

Sehenswert
In Mühlhausen ist die nahezu vollständig erhaltene Stadtmauer zu sehen. Die historische Innenstadt wurde anläßlich der 1250-Jahr-Feier 1975 und zum 500. Geburtstag Müntzers 1989 aufwendig restauriert. Von den 14 sakralen Bauwerken der Stadt sind beachtenswert: die dreitürmige Marienkirche mit 98 m hohem Turm, die ehemalige Barfüßerklosterkirche aus dem 14. Jh. am Kornmarkt (Gedenkstätte Deutscher Bauernkrieg); die gotische Blasiuskirche, in der Bach wirkte; die gotische Jakobskirche, die im 19. Jh. profaniert wurde; die Allerheiligenkirche, Kilianskirche, Martinskirche, Friedhofskapelle, Petrikirche und Georgskirche allesamt aus dem 14. Jh. Bemerkenswert sind ferner das Rathaus mit Brunnen aus dem 18. Jh. im Innenhof, die Brotlaube (18. Jh.) und zahlreiche alte Bürgerhäuser am Pieck-Platz, in der Neuen Straße, der Herrenstraße, der Ratsstraße und am Obermarkt. Das Thomas-Müntzer-Denkmal vor dem Frauentor ist ebenfalls sehenswert. Spaziergänge lohnen sich im Stadtwald und am Schwanenteich, wo sich ein Schwimmbad mit Bootsverleih befindet, sowie im Volkspark Thomas Müntzer, in dem auch eine Freilichtbühne bespielt wird. Die Altstadt ist von Neubaugebieten am Forstberg und in der Feldstraße umgeben.

Gastronomie
Inmitten der historischen Altstadt befindet sich am Pieck-Platz das siebengeschossige Interhotel mit Restaurant. Empfehlenswert sind ferner das Restaurant Thuringia mit Barbetrieb, Steinweg 5; in der gleichen Straße die Gaststätte Zum Nachbar; das Haus des Handwerks im Goetheweg; Ammerscher Bahnhof, Ammerstraße und Drei Rosen, Johannisstraße. Kaffee und Kuchen bieten das Waldcafé im Stadtwald, das Stadtcafé, Grasegasse; Schikora, Erfurter Straße; Centralcafé, Stätte 1 und das Terrassencafé am Schwanenteich. Junge Leute treffen sich im Klub Konkret, Müntzer-Straße 38, und

im Jugendzentrum, Johannisstraße 59. Tanzabende und Modenschauen werden in der Kulturstätte Schwanenteich veranstaltet.

Veranstaltungen
Im Sommer wird seit dem 17. Jh. das traditionelle Brunnenfest an der Popperöder Quelle gefeiert. In ganz Thüringen bekannt ist auch die Mühlhäuser Kirmes, die Ende August begangen wird. In der Kirche Divii Blasii finden häufig Orgelkonzerte statt. An die Tätigkeit Bachs erinnern in jedem Frühjahr die „Thüringer Bachtage“ und die „Mühlhäuser Musiktage“. Konzerte, Theater und andere Veranstaltungen finden im Rathaus, in der Pädagogischen Hochschule, in der Kornmarktkirche und im Kulturhaus Pfaffenrode statt.

Ausflüge
Der von Buchenwald geprägte Hainich, ist ein etwa 25 km langer Bergrücken, der zu ausgedehnten Wanderungen einlädt. Einen Ausflug lohnt auch *Lengenfeld,* wo sich das Barockschloß Bischofstein (Landerziehungsheim) und eine Burgruine befinden. In *Horsmar* blieb die einzige Warte des 24 km langen Mühlhäuser Landgrabens aus dem 14. Jh. erhalten.
✻ Körner-Voldenroda ✻ Schlotheim ✻ Seebach ✻ Treffurt

Münchenbernsdorf

(Kreis Gera, Bezirk Gera)

Im 13. Jh. wurde der Ort Bernsdorf erstmals genannt, der im 15. Jh. das Stadtrecht erhielt. Der Name geht auf das Geschlecht der Herren von Münch zurück, die seit dem 15. Jh. dort ansässig waren und eine Wasserburg errichteten, die im 16. Jh. umgestaltet wurde. Textilherstellung war eine wichtige wirtschaftliche Grundlage, im 19. Jh. kam die Teppichindustrie hinzu. Heute leben mehr als 4.000 Einwohner in der kleinen Stadt.

Sehenswert
Die einschiffige Pfarrkirche stammt aus der späten Romanik, wurde um 1500 umgebaut und Anfang des 20. Jh. neugotisch erneuert. Der Flügelaltar stammt aus dem Jahr 1505.

Gastronomie
Das Restaurant im Hotel Alt-Thüringen am Brühl ist empfehlenswert.

Ausflüge
✻ Gera ✻ Triptis ✻ Weida

Neudietendorf

(Kreis Erfurt-Land im Bezirk Erfurt)

Das Geschlecht der Herren von Dietendorf wird im 12. Jh. erstmals genannt. Der Diplomat Gustav Adolf von Gotter erwarb 1734 den zum Herzogtum Gotha gehörigen Rittersitz „Alter Hof“ am linken Ufer der Apfelstädt und richtete hier eine Wollmanufaktur ein, aus der sich eine selbständige Gemeinde entwickelte. 1742 kaufte die pietistische Herrnhuter Brüdergemeinde (✻ Ebersdorf) Manufaktur und Siedlung. Noch heute befinden sich zahlreiche Gebäude im Besitz der evangelischen Landeskirche.

Sehenswert
Erhalten blieben die Chorhäuser aus dem 18. Jh. mit Chor- und Speisesaal, der Gemeindesaal stammt aus dem Jahr 1780. Beachtlich ist auch das Denkmal, das den Gründer der Brüdergemeinde, Nikolaus Ludwig von Zinzendorf, würdigt.

Ausflüge
✻ Erfurt ✻ Molsdorf

Neuhaus am Rennweg

Neuhaus am Rennweg

(Kreisstadt im Bezirk Suhl)

Die Stadt wurde 1933 aus der früheren Glashüttensiedlung Schmalenbuche, der Köhlersiedlung Igelshieb und dem Dorf Neuhaus gegründet. Im 17. Jh. hatte der Graf von Schwarzburg-Rudolstadt auf dem Kamm des Thüringer Waldes in 750 m Höhe ein Jagdhaus errichten lassen. Im 19. Jh. erfand hier der Glasbläser Heinrich Geißler die nach ihm benannte Röhre, eine Vorläuferin der Leuchtstoffröhre. Anfang dieses Jhs. entstand ein Röhrenwerk, das die stillgelegte Porzellan- und Glashütte ersetzte. Heute ist Neuhaus die am höchsten gelegene Kreisstadt der DDR mit knapp 7.000 Einwohnern, Arbeitsplätze bietet neben der Glasverarbeitung die Mikroelektronik. Für die Einwohner und die jährlich etwa 12.000 Feriengäste stehen ein Waldbad, eine Schwimmhalle mit Sauna, Sportstätten und Skigelände mit Lift und drei Schanzen zur Verfügung.

Museum
Eine Heimatstube, Sonneberger Straße 32 (geöffnet nach Vereinbarung, Tel. 4647), informiert über die Stadt- und Industriegeschichte.

Sehenswert
Die Pfarrkirche hat im Inneren eine Bronzegrabplatte aus dem 17. Jh. Das Stadtzentrum entstand zwischen 1968 und 1983 mit Verwaltungsgebäuden, Kulturhaus, Post und Wohnungen. Am Geburtshaus von Heinrich Geißler, Sonneberger Straße, befindet sich eine Gedenktafel.

Gastronomie
Verpflegen können sich Urlauber im Hotel Hirsch und im Gasthaus Rennsteig, beide in

der Sonneberger Straße; sowie im Kreiskulturhaus, Marktplatz; in den Gasthäusern Wiesengrund, Zum Schlobam und Spartenheim. Außerdem ist das Café Oberland in der Schwarzburger Straße zu nennen.

Ausflüge

Etwa 1 km entfernt ist das Bernhardsthal mit der Gaststätte Rennsteigbaude und dem Waldbad. Ein empfehlenswerter Aussichtspunkt ist der Hilpertsblick am Eisenberg.
✻ Cursdorf ✻ Ernstthal a.R. ✻ Goldisthal ✻ Katzhütte ✻ Lauscha ✻ Mellenbach-Glasbach ✻ Meura ✻ Meuselbach-Schwarzmühle ✻ Oberweißbach ✻ Scheibe-Alsbach ✻ Siegmundsburg ✻ Steinheid

Neustadt/Harz

(Kreis Nordhausen, Bezirk Erfurt)

Am Fuß der Ruine Hohnstein liegt der Erholungsort Neustadt mit etwa 1300 Einwohnern. Die Gründung des Dorfes ist eng mit der Geschichte der drei umliegenden Burgruinen Hohnstein, Heinrichsburg und Ebersburg verknüpft. Die nördlich gelegene Burg Hohnstein entstand im 12. Jh. durch Conrad von Sangerhausen und wurde Sitz der Hohnsteiner Grafen, später ging sie an die Herrn von Stolberg. Im 30jährigen Krieg wurde sie zerstört.
Neustadt wurde erstmals im 14. Jh. genannt und war als Marktflecken bedeutend. Die ersten Urlauber kamen um 1900 an den Südrand des Harzes.

Sehenswert

Von der alten Stadtbefestigung kann man noch Mauerreste und ein Tor aus der Zeit von 1450 sehen, die Rolandsfigur stammt aus dem Jahr 1734. Die romantisch gelegene Ruine Hohnstein bietet einen schönen Ausblick. Geringere Reste sind von der 1 km entfernten Ruine Heinrichsburg erhalten. Die Ebersburg (3 km) wurde im 17. Jh. angezündet, übrig blieben Reste des Bergfrieds und einzelner Gebäude.

Gastronomie

Die Burggaststätte in der Ruine Hohnstein bietet Speisen und Getränke (außer Mo, Di). Das Café Für Dich in der Burgstraße ist ein beliebter Treffpunkt.

Ausflüge

Etwa 4 km entfernt ist die 1905 errichtete und 1972 erweiterte Nordhäuser Talsperre mit 33 m hoher Staumauer.
✻ Nordhausen ✻ Harzungen ✻ Ilfeld ✻ Ellrich

Neustadt am Rennsteig

(Kreis Ilmenau, Bezirk Suhl)

Bereits im Mittelalter wurde in der Umgebung Bergbau betrieben, um 1700 entstand hier in 805 m Höhe eine Glashütte. Der Ort, auf beiden Seiten des grenzbildenden Rennsteigs gelegen, gehörte zu Schwarzburg-Sondershausen und Sachsen-Meiningen. 1923 kam es zum Zusammenschluß beider Ortsteile. Neustadt gehörte zu den ärmsten Waldorten, im 19. Jh. stellten die Bewohner Zündhölzer her, 1964 wurde die Produktion eingestellt. Heute wohnen hier 1400 Einwohner, die Zahl der Feriengäste beträgt jährlich 10.000. Der Ort gehört zu den schneesichersten im Thüringer Wald, noch im April finden Wintersportveranstaltungen statt.

Museum

Eine Heimatstube, Rennsteigstraße 52 (geöffnet nach Vereinbarung, Tel. Großbreitenbach 9836), informiert über die Ortsentwicklung und die handwerkliche Herstellung von Zündhölzern.

Sehenswert
Entlang des Rennsteigs befinden sich alte Grenzsteine mit den Wappen der früheren Länder. Für Urlauber von Interesse: Das Waldschwimmbad im Ortsteil Kahlert ist 2 km entfernt, es gibt eine Jugendsprungschanze, Ski- und Rodelhänge mit Lift sowie Sportstätten.

Gastronomie
Essen und trinken kann man im Haus des Volkes, in der Waldbaude, im Arnstädter Hof, in der Schönen Aussicht und im Gästehaus des VEB Relaistechnik. Am Freibad in Kahlert steht die Gaststätte Falkenbaude.

Ausflüge
Die Waldschänke Zum Dreiherrenstein ist auf dem Rennsteig nach 5 km langem Fußmarsch zu erreichen, sie liegt in 813 m Höhe. Die Talsperre Schönbrunn ist ebenfalls nahe gelegen.
✻ Ilmenau ✻ Großbreitenbach ✻ Masserberg ✻ Schönbrunn

Neustadt an der Orla

(Kreis Pößneck, Bezirk Gera)

Die im 13. Jh. entstandene Stadt wurde in der ersten Hälfte des 14. Jh. planmäßig im Tal der Orlasenke angelegt. Ein Kloster der Augustiner wurde im Bauernkrieg zerstört. Nach den Grumbachschen Händeln 1567 (✻ Gotha) fiel die Stadt an die Albertiner und gehörte zu Sachsen-Zeitz, nach vorübergehender Besetzung durch Preußen kam Neustadt nach 1816 zu Sachsen-Weimar. Wirtschaftlich bedeutend waren das Tuchmacher- und Gerberhandwerk, aus dem sich im 19. Jh. eine Industrie entwickelte. Heute leben in der von Textil- und Lederbetrieben geprägten Stadt über 10.000 Einwohner.

Sehenswert
In der Stadt gibt es noch reichlich historische Bausubstanz: Reste der Stadtmauer und Wehrtürme stammen aus dem 14. Jh., das Rathaus ist ein spätgotischer Bau mit schönem Erker, der 1500 vollendet wurde; das Schloß ist ein Barockbau von 1674, der aus einem ehemaligen Klostergebäude entstand; die Stadtkirche St. Johannis, eine dreischiffige Hallenkirche, hat eine beachtliche Ausstattung. Der wertvolle Flügelaltar stammt aus der Cranach-Werkstatt, zu sehen sind ferner ein Taufstein von 1494 und Grabdenkmäler aus dem 17. Jh. Die Hospitalkirche wurde in diesem Jahrhundert im gotischen Stil wieder aufgebaut. Sehenswerte Bürgerhäuser sind das Lutherhaus, Rodaer Straße 12, und der ehemalige Renaissance-Ratskeller.

Gastronomie
Unterkunft und Verpflegung findet man im Hotel Goldener Löwe, Thälmann-Straße 72.

Veranstaltung
Der traditionelle Duhlendorfer Karneval wird von Fastnachtssamstag bis Aschermittwoch mit Umzug gefeiert. Im Sommer finden Filmtage statt, eine Freilichtbühne steht für Konzertveranstaltungen zur Verfügung.

Ausflüge
Ein idyllisches Ziel ist das Gasthaus Schlüsselgrund in Wolfersdorf (6 km), wo sich ein Besuch des Jagschlosses „Fröhliche Wiederkunft“ (16. Jh.) lohnt.
✻ Pößneck ✻ Ranis ✻ Triptis ✻ Hummelshain ✻ Orlamünde

Nordhausen

(Kreisstadt im Bezirk Erfurt)

Anfang des 10. Jh. ließ der fränkische König Heinrich I. eine Pfalz bauen, aus der sich die spätere Siedlung entwickelte. 927 wurde Nordhausen erstmals genannt. König Heinrichs Gattin gründete hier das nach ihr benannte Mathildenstift. 1220 bekam die Stadt die Reichsfreiheit, im 15. Jh. wurde sie Mitglied der Hanse. Seit 1507 gibt es nachweislich ein Brennerei-Gewerbe in Nordhausen, das an der wirtschaftlichen Entwicklung großen Anteil hatte. Später folgte die Tabakfabrikation, noch heute ist der Nordhäuser Kautabak eine hier hergestellte Spezialität. 1802 wurde die Stadt preußisch und entwikkelte sich zu einem wichtigen Industrie- und Gewerbestandort. Gefördert wurde die ökonomische Entwicklung durch Eisenbahnverbindungen nach Halle, Kassel, Erfurt, Northeim und Wernigerode. In der NS-Zeit wurde Nordhausen zu einem Zentrum der Rüstungsindustrie und KZ-Standort (Mittelbau-Dora). Bombenangriffe zerstörten im April 1945 80 Prozent der Bausubstanz, fast 9.000 Menschen kamen ums Leben. Heute leben 47.000 Menschen in der Stadt; die wichtigsten Betriebe sind das Motorenwerk, ein Schachtbau- und ein Schwermaschinenbetrieb (Nobas). Für Urlauber ist eine Fahrt mit der nostalgischen Harz-Querbahn ab Bahnhof Nordhausen-Nord in Richtung Wernigerode reizvoll.

Museen

Das *Meyenburg-Museum,* Alexander-Puschkin-Straße 31 (Di-Fr 10.00-12.00 und 14.00-17.00, Sa 13.00-17.00, So 10.00-12.00 und 13.00-17.00), zeigt Exponate der regionalen Geschichte. Schwerpunkte bilden die Ur- und Frühgeschichte, die sakrale Kunst des Mittelalters und die industrielle Entwicklung (Kornbranntwein, Kautabak).

Die *Mahn- und Gedenkstätte Mittelbau-Dora* (April-Sept. Di-So 8.30-16.30 und Okt.-März 9.00-15.30) befindet sich am Kohnstein im Ortsteil Krimderode. Das Museum informiert über das Konzentrationslager mit Rüstungsbetrieb der Jahre 1943-1945. Von 60.000 Häftlingen aus 21 Staaten kamen 20.000 ums Leben. Führungen sind nach Voranmeldung (Tel. 3636) möglich.

Sehenswert

Trotz der großen Kriegszerstörungen bietet die Stadt noch einige beachtliche Gebäude. Der 961 gegründete Dom wurde 1267 geweiht und nach Kriegsschäden (1945) ist er rekonstruiert. Bemerkenswert sind der Kreuzgang und die wertvollen Kunstschätze (spätgotisches Chorgestühl, barocker Hochaltar).

Einen Besuch lohnen die Flohburg, einst Theater und heute Kinderbibliothek; die Blasius Kirche aus dem 15. Jh.; die Finkenburg und das Alte Rathaus mit Treppenturm und dem Roland (1717) an der Südseite. An der Wassertreppe steht die Finkenburg, ein gotischer Fachwerkbau. Beachtlich ist auch die im Krieg zerstörte und wieder restaurierte romanische Frauenbergkirche, die einst zu einem Zisterzienser-Nonnenkloster gehörte. Auch der Park Hohenrode am Beethovenring mit seltenen Baum- und Strauchbeständen lohnt einen Besuch.

Gastronomie

Die wichtigsten Hotels und Gaststätten: Zur Sonne, Hallesche Straße; Handelshof, Karl-Marx-Straße; Stadtterrasse, Rautenstraße; Jägerhof, Wernigeröder Straße; Alte Mühle, Darrweg; Stadtparkrestaurant, Pieck-Straße; Parkschloß, Parkallee; Rolandstuben, Bebelplatz; Finkenburg, Domstraße; Gambrinus (Wildgerichte), Parkallee; Gastmahl des Meeres, Arnoldstraße. Tanzveranstaltungen finden im Parkschloß und im Stadtparkrestaurant an den Wochenenden statt. Das Stadt-Café, Marx-Straße, bietet mittwochs und samstags Kaffeekonzerte.

Interhotel Panorama in Oberhof

Veranstaltungen
Die Bühnen der Stadt, Kollwitz-Straße, bieten Opern, Operetten, Balett und im „Theater unterm Dach" modernes Schauspiel.
Im Juni findet das traditionelle Rolandsfest, im August der Kultursommer im Gehege statt.
Junge Leute gehen in die Klubs Schöne Aussicht, Stolberger Straße; Variant, Nebelung-Straße; Ost, Ostrower Straße; Freundschaft, Breitscheid-Straße und ins Kreiskulturhaus tanzen.

Ausflüge
Etwas südlich der Stadt liegt das Wildgehege gegenüber der Gaststätte Parkschloß; die nahe Jagdgaststätte Gambrinus ist wegen ihrer Wildgerichte bekannt. Auf dem Weg zum Kohnstein befindet sich der Salza-Spring; er ist eine der stärksten Quellen der DDR (700 Liter pro Sekunde). Nordöstlich liegt Petersdorf (4 km) mit den Ausflugsgaststätten Harzrigi und Harzpforte.
✻Bleicherode✻Ellrich✻Großlohra✻Harzungen ✻ Ilfeld ✻ Neustadt/Harz

Oberhof
(Kreis Suhl-Land, Bezirk Suhl)

Der beliebteste Urlaubsort im Thüringer Wald ist das in 800 m Höhe gelegene Oberhof. Über 110.000 Touristen kommen jährlich in den Ort, der lediglich 3.000 Einwohner hat. Im 15. Jh. gab es hier eine Herberge auf der Paßhöhe an der Handelsstraße vom Werratal nach Erfurt. Im 17. Jh. übernahm Sachsen-Gotha das Gebiet, in dem nur wenige Menschen von Waldarbeit lebten. Mit dem Bahnanschluß Ende des 19. Jh. begann der Fremdenverkehr in Sommer und Winter. Oberhof entwickelte sich im 20. Jh. zum wichtigsten Wintersportzentrum Thüringens. 1985 erhielt Oberhof das Stadtrecht. Heute stehen 5.000 Betten für Feriengäste zur Verfügung, das Ortsbild wird vom Interhotel Panorama (905 Betten, 1100 Gaststättenplätze) geprägt, ein Baukörper, der zwei gegenüber gestellte Sprungschanzen symbolisiert. Die Ferienheime Fritz Weineck (850

Betten) und Rennsteig (440 Betten, 17 Stockwerke) wurden 1972/73 errichtet. Für die Urlauber gibt es ein Hallenbad, eine Rennschlittenbahn, Sprungschanzen, Skilifte und vielfältige Sportmöglichkeiten im Sommer.

Museum
Das Wintersportmuseum im Turm der Thüringenschanze (Mo-Sa 8.00-12.00 und 13.00-16.00, So 8.00-12.00, nur mit Führung) informiert über die Entwicklung des Wintersportortes und stellt lokale Meister vor.

Sehenswert
Der Rennsteiggarten am Pfanntalskopf ist ein botanischer Garten für Hochgebirgsflora mit 4.000 Pflanzenarten, darunter 15 Edelweiß-Sorten. Der Park, der 1971 entstand, bietet eindrucksvolle Aussichtspunkte zum Werratal und in die Rhön (geöffnet Mai-Oktober 9.00-17.30). Die Kunsteisrodelbahn an der Tambacher Straße entstand 1971, sie ist 1033 m lang und hat 96 m Höhenunterschied. Die Strecke kann noch bei 18 Grad betrieben werden. 1964 wurde die Schanze am Rennsteig, die Weiten um 120 m erlaubt, errichtet; zwischen Auslauf und Turm verkehrt ein Sessellift, im Kampfrichterturm befindet sich ein Café. Die Schanze im Kanzlersgrund wurde 1985 fertiggestellt und hat eine künstlich vereisbare Anlaufspur. In der näheren Umgebung des Ferienortes befinden sich Hochmoore mit interessanter Flora.

Gastronomie
Im Interhotel Panorama befinden sich die Restaurants Thüringen, Hanoi, Rennsteig, Bauernstube und Jägerbaude, die Nachttanzbar Kristall, eine Kaminhalle und das Café Bellevue. Oberhof bietet außerdem folgende Gaststätten: Restaurant Bergkristall, Serbisches Restaurant, Jägerrestaurant, Gasthaus Oberer Hof, Luisensitz, Thüringer Bauernstube, das Café Eitner und die Tanzbar Joel. Das Café im 17. Stock des Ferienheims Rennsteig bietet einen schönen Überblick über Oberhof.

Veranstaltungen
In der Wintersaison finden häufig nationale und internationale Sportveranstaltungen (Skispringen, Rodeln) statt. Alle zwei Jahre werden die Oberhofer Amateurfilmtage veranstaltet. Die Kurverwaltung sorgt für ein unterhaltsames Kulturangebot in den Hotels und Ferienheimen.

Ausflüge
Beliebte Ausflugsgaststätten sind die Obere Schweizerhütte (2 km), das Turmcafé in der Rennsteigschanze (6 km), Kanzlersgrund (8 km), Wegscheide (5 km), Veilchenbrunnen (4 km) und Forsthaus Sattelbach (3 km). Nahe des bekannten Gasthauses Schmücke (916 m) liegt der Jägerstein, an dem sich 1690 ein tragischer Jagdunfall ereignete, den Ludwig Bechstein in seinen Werken und Carl Maria von Weber im „Freischütz" verarbeitet hat. Ferner sind die Talsperren von Ohra und Lütsche von Oberhof aus leicht zu erreichen.
✻ Suhl ✻ Zella-Mehlis ✻ Gehlberg ✻ Gräfenroda

Obermaßfeld-Grimmenthal

(Kreis Meiningen, Bezirk Suhl)

Der im 13. Jh. von den Hennebergern gegründete Ort hatte Marktrecht. Im 15. Jh. lockte ein wundertätiges Marienbild zahlreiche Pilger nach Grimmenthal. Die Wallfahrtskirche brannte im 18. Jh. ab. Der Doppelort hatte wechselnde Herrscher und kam 1680 zu Sachsen-Meiningen. Das Dorf hatte wegen seiner Werrabrücke strategische Bedeutung.

Geburtshaus des Pädagogen Fröbel

Sehenswert
Die Maßsteine auf dem ummauerten Lindenplatz mit Brunnen von Obermaßfeld dienten zum Nachprüfen der Getreidemaße. Beachtlich ist die 1531 anläßlich der Wallfahrten erbaute fünfjochige Werrabrücke mit Betkapelle. Die Dorfkirche aus dem 17. Jh. weist noch Teile von Wehrmauern auf und hat eine Barockausstattung.

Ausflüge
Im benachbarten Untermaßfeld steht die alte Wasserburg der Henneberger aus dem 12. Jh. Der Minnesänger Wolfram von Eschenbach erhielt hier den Ritterschlag. Seit 1813 wird das Gebäude als Strafanstalt genutzt.
✻ Meiningen ✻ Henneberg ✻ Bauerbach

Oberweißbach

(Kreis Neuhaus a. R., Bezirk Suhl)

Im 14. Jh. wurde der in 700 m Höhe gelegene Ort erstmals genannt und befand sich zunächst im Besitz der Herren von Greußen, die ihn an Schwarzburg-Rudolstadt verkauften. Wirtschaftlich spielte neben den Waldberufen der Handel mit Heilkräutern, auch die Glasbläserei und die Porzellanherstellung eine Rolle. Heute sind die ökonomischen Schwerpunkte die Herstellung von Glühlampen und die Aufzucht von Rindern. Seit 1932 hat Oberweißbach das Stadtrecht, hier wohnen über 2.000 Einwohner.

Museum
Das Fröbel-Memorial-Museum, Markt 10 (Mi-Fr 9.00-12.00 und 13.00-16.00, Sa 13.00-16.00, So 10.00-12.00 und 13.00-16.00), befindet sich im Geburtshaus des Pädagogen.

Die Ausstellung vermittelt Einblicke in Leben und Werk Friedrich Fröbels, zu sehen sind auch die berühmten Spielgaben Kugel, Walze und Würfel aus Holz.

Sehenswert
Die barocke Dorfkirche hat ein hölzernes Gewölbe und dreistöckige Emporen. Vor dem Fröbel-Museum befindet sich eine Büste des bekannten Erziehers. An ihn erinnert auch auf dem Friedhof eine Gedenktafel am Elterngrab. Der Aussichtsturm (Gaststätte) auf dem 785 m hohen Kirchberg trägt ebenfalls seinen Namen. Oberweißbach ist die Endstation der gleichnamigen Bergbahn, die ab Lichtenhain per Seilzug ins Schwarzatal führt.

Gastronomie
Zu nennen sind die Gasthäuser Schenke, Thüringer Hof, Burghof, Narva-Kulturhaus, Am Markt und Fröbelturm. Weiter gibt es ein Eis-Café in der Rudolstädter Straße und das Central-Café in der Sonneberger Straße.

Ausflüge
Der 1 km entfernte Fröbelturm wurde 1890 errichtet, im Winter ist hier ein gutes Skigebiet mit Lift. Etwa 4 km entfernt ist die noch höhere Meuselbacher Kuppe mit Aussichtsturm und Gasthaus.
✻ Neuhaus a. R. ✻ Cursdorf

Oehrenstock

(Kreis Ilmenau, Bezirk Suhl)

Im abgelegenen Tal der Oehre am Nordhang des Thüringer Waldes liegt der kleine Ort Oehrenstock (600 Einwohner). Im 14. Jh. wurde das Dorf erstmals genannt, es gehörte zunächst den Herren von Wüllersleben und später den Grafen Schwarzburg-Sondershausen. Vom Mittelalter bis zum 20. Jh. wurde der für die Glas- und Stahlherstellung wichtige Braunstein abgebaut. Heute arbeiten die Bewohner in der Landwirtschaft oder in benachbarten Orten. Jährlich kommen etwa 5.000 Urlauber, für die es ein Freibad, Sportplatz und Wintersportmöglichkeiten gibt.

Sehenswert
In Ortsnähe befindet sich eine Freilichtbühne (2.000 Plätze), die im Sommer bespielt wird. Das Zechenhaus Lutherteufe ist ein technisches Denkmal. Hier wurde von 1665 bis 1928 Braunstein Bergbau betrieben. Mineraliensammler können hier noch schöne Stücke finden.

Gastronomie
Im Ort gibt es die Gaststätte Zur Linde. Im 2 km entfernten Lohmetal befindet sich das Ausflugsgasthaus Krannichsruh.

Ausflüge
Ein schöner Spaziergang führt zur Waldgaststätte Schortemühle im gleichnamigen Tal, wo es früher zahlreiche Mühlen gab und Bergbau betrieben wurde.
✻ Ilmenau ✻ Langewiesen ✻ Gehren ✻ Manebach ✻ Stützerbach

Ohrdruf

(Kreis Gotha, Bezirk Erfurt)

Der angelsächsische Mönch und spätere Bischof Bonifatius betrieb von hier aus 724 die Missionierung Thüringens, er gründete ein Kloster und eine Kirche, die der Abtei Hersfeld unterstellt waren. Im 14. Jh. erhielt der Ort die Stadtrechte. Das Kloster wurde im 16. Jh. aufgehoben. Als die Grafen von Gleichen, die über Jahrhunderte hier herrschten, ausstarben, fiel Ohrdruf im 17. Jh. an die Grafen von Hohenlohe-Neuenstein, während Sachsen-Gotha die Landeshoheit ausübte. Im 19. Jh. entwickelte sich

Technisches Museum Tobiashammer

neben den bestehenden Schmelz- und Kupferhütten eine lebendige Kleinindustrie, die Porzellan, Spielwaren, Lederwaren, Knöpfe und Glasinstrumente produzierte. In der NS-Zeit befand sich hier ein großes Außenlager des KZ Buchenwald. Heute leben 7.000 Menschen in der Industriestadt am Nordostrand des Thüringer Waldes, wo Fahrzeuganhänger, Farben, Holz-, Leder- und Spielwaren hergestellt werden. Ein großer Truppenübungsplatz befindet sich am Rand des Ortes.

Museen

Das *Heimatmuseum* in Schloß Ehrenstein (So-Do 9.00-12.00 und 13.00-16.00) präsentiert in den Schloßräumen Exponate zur historischen Entwicklung der Stadt und der Wirtschaft der Region. Johann Sebastian Bach, der von 1695-1700 hier als Schüler lebte, wird besonders gewürdigt.

Das *Technische Museum Tobiashammer*, Suhler Straße 34 (Fr-Di 9.00-16.00), zeigt das im 15. Jh. entstandene Hammerwerk, das bis 1974 in Betrieb war. Hier wurden u.a. Waschkessel und Milchbehälter getrieben, Poch- und Schmelzwerk sowie Walzwerk von 1850 werden originalgetreu vorgestellt.

Sehenswert

Schloß Ehrenstein, von den Grafen von Gleichen im 16. Jh. errichtet, blieb eine unvollendete Vierflügelanlage. Das Schloß steht an der Stelle des von Lullus von Hersfeld 777 begründeten Petristifts. Reste der Stadtmauer blieben ebenso bestehen wie einige historische Bürgerhäuser. Das Kupferschloß (leuchtend grünes Dach) in der Gothaer Straße ist ebenfalls beachtlich. Das Rathaus ist ein Renaissancebau von 1546, der im 19. Jh. nach einem Brand vereinfacht wiederaufgebaut wurde, der Marktbrunnen stammt aus gleicher Zeit. Zu nennen sind ferner die barocke Trinitatiskirche, der Turm der Michaeliskirche (14. Jh., Bibliothek mit Erstdrucken von Luthers Schriften), die barocke Siechhofskirche mit spätgotischem Flügelaltar.

Veranstaltungen
Im Rokokosaal des Schlosses Ehrenstein finden gelegentlich Thüringer Schloßkonzerte statt.

Ausflüge
❋ Gotha ❋ Georgenthal ❋ Luisenthal ❋ Frankenhain

Oppurg

(Kreis Pößneck, Bezirk Gera)

Im 11. Jh. wurde Schloß Oppurg an der Orla als Wasserburg Friedrichstein gegründet und im 14. Jh. unter den Rittern von Brandenstein weiter ausgebaut. Seit dem 16. Jh. hatte der Ort wechselnde Besitzer, im 17. Jh. entstanden die Dorfkirche und ein Barockschloß, zuletzt gehörte das Dorf von 1782-1945 den Fürsten von Hohenlohe-Ingelfingen. Heute leben in dem kleinen Ort 1700 Einwohner.

Sehenswert
Das Barockschloß, von 1708 bis 1724 erbaut, wird heute als Ferienheim genutzt. Die Anlage bezieht sich symbolisch auf den Jahreslauf (4 Eingänge, 12 Schornsteine, 52 Türmchen, 365 Fenster). Die ausgedehnte Parkanlage entstand Anfang des 18. Jh. und dient heute als beliebtes Naherholungszentrum mit Gaststätte und Spielplatz. Der zum Schloß gehörige Renaissancebau mit Turm heißt Türkenhof und wurde 1537 errichtet. Beachtlich sind in Oppurg ferner die alte Steinbrücke (17. Jh.) über die Orla und die barocke Dorfkirche.

Ausflüge
❋ Pößneck ❋ Neustadt/Orla ❋ Ranis

Orlamünde

(Kreis Jena-Land, Bezirk Gera)

An der Mündung der Orla in die Saale wurde im 10. Jh. –vermutlich als Grenzburg – eine Festung von den Marggrafen von Meißen errichtet. Die Grafen von Weimar-Orlamünde ließen eine ummauerte Burg-Markt-Anlage ausbauen. Im 13. Jh. kämpften sie gegen die Landgrafen von Thüringen und nach 1307 unterwarfen sie sich den Wettinern. 1476 starb des Geschlecht derer von Orlamünde aus. Zur Zeit der Reformation zog der radikale Reformer Andreas Karlstadt (Bilderstürmer) nach Orlamünde, der jedoch auf Betreiben Luthers vertrieben wurde. Heute leben hier etwa 1800 Einwohner.

Sehenswert
Die auf einem steilen Bergkegel liegende Burgruine mit der Oberstadt bietet einen weiten Blick ins Orlatal und auf die Saale. Erhalten blieb eine der größten Kemenaten der Region. Die Burg ist mit der Legende der „Weißen Frau“ verbunden, die nachts rastlos umherirren soll. Die Sage geht auf die Gräfin Kunigunde zurück, die ihre Kinder ermordet hat. Beachtenswert sind die Marienkirche (16./19. Jh.) und das spätgotische Rathaus.

Ausflüge
❋ Jena ❋ Kahla ❋ Hummelshain ❋ Pößneck

Oßmannstädt

(Kreis Apolda, Bezirk Erfurt)

Der Ort wurde 956 erstmals erwähnt; die Burg Oßmannstädt, im Laufe der Jahrhunderte in ein Rittergut umgewandelt, kam im 18. Jh. zu Sachsen-Weimar. 1797 erwarb der Weimarer Prinzenerzieher und Dichter

Christoph Martin Wieland Teile des Gutes, um dem Hofleben zu entfliehen. Goethe wollte zunächst ebenfalls einen Teil des Anwesens übernehmen, er entschied sich jedoch für das benachbarte Gut Oberroßla.

Museum
Die Wieland-Gedenkstätte der Nationalen Forschungs- und Gedenkstätten der klassischen deutschen Literatur, Wieland-Schule (April-Sept. Mi-So 10.00-16.00), informiert über Leben und Werk des großen deutschen Schriftstellers der Aufklärung. Besichtigt werden können Möbel, Handschriften und Erstdrucke seiner Arbeiten; außerdem werden hier Wielands Zeitgenossen und Freunde (Goethe, Herder, Kleist) vorgestellt.

Sehenswert
Der Park des Gutes wurde im barocken Stil angelegt und in einen Landschaftsgarten umgewandelt, hier liegen auch die Grabstätten des 1813 verstorbenen Christoph Martin Wieland, seiner Frau sowie die der Sophie von Brentano, die 1800 bei einem Besuch verstarb. Am Fuße des nahegelegenen kleinen Ettersberges steht ein großes Steinkreuz mit Wappen und Schwert aus dem späten Mittelalter.

Ausflüge
✻ Apolda ✻ Weimar

Pappenheim

(Kreis Schmalkalden, Bezirk Suhl)

Kleinschmalkalden wurde 1945 in Pappenheim umbenannt, um an den sozialistischen Redakteur Ludwig Pappenheim zu erinnern, der 1920 in Schmalkalden die Räterepublik ausgerufen hatte. 1934 wurde er im KZ Börgermoor erschossen. Der Ort im oberen Schmalkaldetal war über Jahrhunderte zwischen Sachsen-Gotha und Hessen geteilt. Die Menschen lebten von Erzbergbau und Waldarbeiten, im 19. und 20. Jh. kamen Erwerbszweige wie das Herstellen von Kuhglocken, Lederarbeiten und Korbflechterei hinzu. Heute leben hier etwa 2.000 Einwohner, knapp 10.000 Urlauber kommen jährlich. Sport- und Skigelände (Mattenschanze) stehen zur Verfügung.

Gastronomie
Die vier Gaststätten im Ort heißen Zum Löwen, Zum Hirsch, Zur Hohen Warte, Wiebachsgrund. Kaffeetrinken kann man in den Cafés Aschenbach und Zur Quelle.

Veranstaltung
Ende August finden jährlich die Hohe-Warte-Festspiele mit Schubkarrenrennen statt.

Ausflüge
In Ortsnähe liegen die Hohe Warte (600 m) und der Riesige Stein mit Aussichtspavillon. Beliebte Ausflugsgaststätten sind die Schöne Aussicht am Pfefferberg, die Waldschänke (3 km) an der Heubergstraße und der Mommelstein.
✻ Schmalkalden ✻ Brotterode ✻ Floh ✻ Trusetal

Paulinzella

(Kreis Rudolstadt, Bezirk Gera)

Das gleichnamige Benediktinerkloster wurde Anfang des 12. Jh. im damaligen Gebirgsurwald mit der Absicht gegründet, auf die umliegenden slawischen Siedlungen Einfluß zu nehmen. Seit 1195 durften die Äbte die Bischofsmütze tragen. 1542 wurde im Zuge der Reformation das Kloster aufgehoben. Die Vogteirechte hatten von nun an die Grafen von Schwarzburg inne. Anfang des 17. Jh. brannte die Anlage nieder, später wurde die Ruine Objekt romantischer Verehrung. Goethe beging hier seinen 68. Ge-

Kloster Paulinzella

burtstag, Schiller widmete dem Kloster ein Gedicht. Heute leben hier etwas mehr als 100 Einwohner.

Museum
Das Museum im Zinsbodengebäude (März-Okt. 9.00-12.00 und 14.00-17.00) zeigt die beiden Ausstellungen: „Die Jagd- und Forstgeschichte des Territoriums" und „Die Geschichte der Klosteranlage vom frühen 12. Jahrhundert bis zur Gegenwart".

Sehenswert
Die Ruine der Klosterkirche im Vorland des Thüringer Schiefergebirges zählt zu den beeindruckendsten romanischen Gebäuden in Thüringen und wurde nach Hirsauer Vorbild errichtet. An der Nordmauer der dreischiffigen Säulenbasilika stehen Grabplatten. Der Zinsboden, ein Fachwerkbau, stammt aus dem Jahr 1500. Das barocke ehemalige Jagdschloß (heute Kinderheim) errichteten die Schwarzburger aus Teilen des einstigen Klosters. Sehenswert ist auch das ehemalige fürstliche Amtshaus (17. Jh.), das als Wohngebäude genutzt wird.

Gastronomie
Im Ort befinden sich eine Gaststätte in der ehemaligen Klosterschenke und ein Schnellimbiß.

Ausflüge
Nördlich des Ortes ist der schöne Naturlehrpfad zum Mönchsbrunnen, einer im Mittelalter eingefaßten Quelle. – Am nahegelegenen Singer Berg findet man eine seltene Muschelkalkflora (Enzian, Orchideen usw.).
❋ Rudolstadt ❋ Königsee ❋ Stadtilm ❋ Bad Blankenburg ❋ Singen

Pausa

(Kreis Zeulenroda, Bezirk Gera)

Der Ort wurde im 13. Jh. gegründet und gehörte lange Zeit den Vögten von Plauen, bevor er 1460 zu Kursachsen kam. Im 18. Jh. wurde der Mineralbrunnen „Gottesgeschenk" entdeckt, mit dem ein bescheidener Badebetrieb begann. Nach Bränden im 19. Jh. baute man Pausa neu auf. Heute hat Pausa rund 4.000 Einwohner.

Sehenswert

Die Stadtkirche St. Michael entstand 1824/25. Ein wertvolles Marmorrelief mit Pieta ist im Altar eingelassen. Das Amtsgerichtsgebäude und frühere Rathaus ist ein klassizistischer Bau aus gleicher Zeit. Im Park befinden sich die alten ungenutzten Heilquellen mit ausgebautem Brunnen.

Ausflüge

❋ Zeulenroda ❋ Schleiz

Pferdingsleben

(Kreis Gotha, Bezirk Erfurt)

In dem kleinen westlich von Gotha gelegenen Dorf wurde seit dem 13. Jh. das Blaufärbemittel Waid angebaut und verarbeitet. Der Ort gehörte zu Sachsen-Gotha und ist heute noch von der Landwirtschaft geprägt.

Sehenswert

Am Anger befindet sich ein beachtliches technisches Denkmal, eine Waidmühle aus dem 14. Jh. In der Mitte steht ein hölzerner Pfosten, an dem eine Achse für den Waidstein angebracht ist. Die Kirche St. Wigbert (15. Jh.) hat noch einen Taufstein aus dem 13. Jh. und einen Flügelaltar aus dem 16. Jh.

Ausflüge

❋ Gotha ❋ Neudietendorf

Plaue

(Kreis Arnstadt, Bezirk Erfurt)

Der Ort am Zusammenfluß der Wilden und der Zahmen Gera wird im 13. Jh. erstmals erwähnt. Da Plaue an der alten Handelsstraße Nürnberg-Erfurt lag, errichteten die Schwarzburger Grafen 1324 eine Burg. Der Ort bekam das Stadtrecht und wurde durch eine Mauer mit der Festung verbunden. Haupterwerbszweig im Mittelalter war der Salzhandel, denn hier gibt es Salz- und Mineralquellen. Seit dem 16. Jh. verfiel die Ehrenburg, sie wurde 1913 rekonstruiert und beherbergt heute ein Gasthaus. Im 19. Jh. entstand eine Porzellanfabrik, später setzte aufgrund der Mineralquellen der Erholungsbetrieb ein. In Plaue werden gegenwärtig Koffer, Getränke, Elektroteile, Kunststofferzeugnisse und Zierporzellan hergestellt; im Städtchen wohnen knapp 2.000 Bürger.

Sehenswert

Der mächtige Wohnturm und die Wehrmauern der gotischen Ruine Ehrenstein blieben bestehen. Beachtlich ist außerdem die Sigismundkapelle, die durch Umbau eines gotischen Bauwerks im 17. Jh. entstand. Die Liebfrauenkirche ist im Kern romanisch, wurde aber 1700 grundlegend erneuert. Den Touristen bieten sich ein Freibad, Sportanlagen, Kegelbahn und Skigelände. Die etwas außerhalb gelegene Kaiser-Günther-Quelle liefert Heilwasser für Magen- und Darmerkrankungen.

Gastronomie

Unterkunft und Verpflegung bietet das Hotel Ehrenburg an der Hauptstraße. Weitere Gasthäuser: Zum Adler, Plauescher Grund

und Kulturhaus Plaue-Ost im Ortsteil Kleinbreitenbach.

Ausflüge

✻ Arnstadt ✻ Frankenhain ✻ Gräfenroda

Plothen

(Kreis Schleiz, Bezirk Gera)

Der keine Ort und Fluß Plothen nördlich von Schleiz sind namengebend für die aus rund 1.000 Teichen bestehende Seenplatte. Sie wurde im Mittelalter von ostthüringischen Klöstern künstlich für die Fischzucht angelegt. Ursprünglich gab es etwa 1600 kleinere und größere Seen. In den 1950er Jahren wurden die teilweise verlandeten Teiche entschlämmt. Heute wird die Umgebung um Plothen vom Tourismus und zur Zucht von Karpfen und Schleien genutzt.

Sehenswert

Das Landschaftsschutzgebiet ist reich an Flora und Fauna, auf größeren Seen bestehen gute Bade- und Wassersportmöglichkeiten. Am Hausteich befindet sich ein altes Zapfenhaus auf Pfählen.

Gastronomie

Das Gasthaus Zum Plothenteich bietet ebenso Unterkunft und Verpflegung wie das Ferienheim der Baumwollspinnerei im nahegelegenen Dreba. Ein Campingplatz mit gastronomischer Einrichtung befindet sich am Großen Plothenteich.

Ausflüge

Die kleinen Ortschaften Dittersdorf (Autobahnabfahrt), Dreba, Knau, Bucha, Finkenmühle, Schöndorf und Volkmannsdorf können von Plothen aus erwandert werden. Spaziergänge im Seengebiet sind besonders für Ornithologen lohnenswert.

✻ Schleiz ✻ Ziegenrück

Pößneck

(Kreisstadt im Bezirk Gera)

Die Stadt wurde 1324 erstmals erwähnt. Die Tuchmacherstadt gehörte seit dem 15. Jh. zu verschiedenen Kleinstaaten, so im 17./18. Jh. zu Saalfeld und im 19. Jh. zu Meiningen. Mit der Industrialisierung wurden Textil- und Lederbetriebe, eine große Druckerei und eine Schokoladenfabrik gegründet. Heute leben in der Industriestadt an der Orla etwa 18.000 Einwohner. Die wichtigsten Betriebe stellen Werkzeuge, Süßwaren, Ledererzeugnisse, Schulbücher und Kunststoffe her. Neubauten, Sportstätten und Industriegebiete umrahmen den Stadtkern.

Sehenswert

Das spätgotische Rathaus mit überdachter Freitreppe und bemerkenswerten Giebeln, der Marktbrunnen mit dem Marktbornmännchen und der Renaissancewohnbau (Wohlfahrtsches Haus) am Markt zeugen vom einstigen Reichtum aus der Blütezeit der Tuchmacher. Die St. Mauritiuskirche mit fünfgeschossiger Empore wurde nach 100jähriger Bauzeit 1488 vollendet und im 19. Jh. erneuert. Reste der Stadtbefestigung (zwei Wehrtürme) blieben ebenfalls erhalten.

Gastronomie

Empfehlenswert ist das Hotel Zum Posthirsch in der Bahnhofstraße 13.

Veranstaltungen

Jährlich werden im Herbst ein Winzerfest und zu Weihnachten das Lichterfest veranstaltet. In den Kulturhäusern finden regelmäßig Konzerte und Aufführungen statt.

Ausflüge

Im benachbarten *Werndorf* (2 km) befindet sich die spätgotische St. Veitskapelle und eine ursprüngliche romanische Dorfkirche.

Im ehemaligen Schloß der Herren von Brandenstein ist eine Landwirtschaftsschule untergebracht.
❋ Neustadt/Orla ❋ Oppurg ❋ Ranis

Ranis

(Kreis Pößneck, Bezirk Gera)

Am Fuße eines Riff-Felsens am Südostrand der Orlasenke befindet sich das Städtchen Ranis (2500 Einwohner), das im 11. Jh. als Siedlung erschlossen wurde. Die restaurierte Burg (390 m) wurde ursprünglich vermutlich als Kaiserpfalz angelegt. Später besaßen die Grafen von Käfernburg und von Schwarzburg die Festung, 1418 kam die Anlage an die Wettiner und 1815 als Sitz des Landrates an Preußen. Die Ilsenhöhle unter der Burg gilt als eine der wichtigsten deutschen Fundstätten der letzten Eiszeit.

Museum
Das Museum Burg Ranis (April-Sept. 8.00-12.00 und 13.00-17.00, Okt.-März Mo-Fr. 8.00-12.00 und 13.00-17.00, Sa 10.00-12.00 und 13.00-16.00, So 13.00-17.00) zeigt als Kreisheimatmuseum Ausgrabungsfunde, Mineralien, Waffen, Handwerkserzeugnisse und Münzen. Einen Schwerpunkt bildet das Thema Erdbebenforschung, da sich die Seismologische Hauptstation der DDR unweit von Ranis befindet.

Sehenswert
Der Bergfried der Burg aus dem 11. Jh. wurde im 16. Jh. erweitert und bietet eine reizvolle Aussicht über die Orlasenke bis zur Leuchtenburg (❋ Kahla) und zum Pumpspeicherwerk Hohenwarte II im Saaletal. Die Burg besteht aus Vor-, Haupt- und Unterburg. Palas, Bergfried und Befestigungsanlagen blieben erhalten. Das um 1700 erbaute Schloß Brandenstein ist seit 1953 eine Jugendherberge.

Die Pfarrkirche Unser Lieben Frauen ist ein einschiffiger Bau aus der Spätgotik. Das Abendmahlsrelief stammt aus dem Jahr 1520.

Gastronomie
Auf der Burg befindet sich eine empfehlenswerte Gaststätte.

Veranstaltung
Im Juni wird alljährlich das historische Burgfest begangen.

Ausflüge
Der Naherholung dient das Landschaftsschutzgebiet Zechsteinriffe, wo auch vorgeschichtliche Hügelgräber entdeckt wurden. Zur nahegelegenen Hohenwartetalsperre führen schöne Wanderwege. Etwa 4 km entfernt ist die Ausflugsgaststätte Kalte Schenke an der Hohen Straße.
❋ Pößneck

Rastenberg

(Kreis Sömmerda, Bezirk Erfurt)

Der Erholungsort am Südwestrand der Finne wurde mit der Raspenburg erstmals 1282 genannt. Die Burg ging an die Wettiner über und kam nach 1572 an Sachsen-Weimar. Das Dorf im Schatten der Festung erhielt 1378 das Stadtrecht. Im 17. Jh. wurden hier mineralhaltige Heilquellen entdeckt, die zu einem Aufstreben des Städtchen führten. 1822 ging das Bad ein, 1824 zerstörte ein Stadtbrand große Teile Rastenbergs. Nach 1866 wurde der Kurbetrieb wieder aufgenommen. Heute ist die kleine Stadt ein beliebter Erholungsort mit großem Waldschwimmbad und Campingplatz.

Sehenswert
Reste der Stadtbefestigung mit zwei Wehrtürmen und des Bergfriedes der Raspenburg

blieben erhalten. Das Rathaus stammt aus dem 16. Jh, wurde jedoch mehrfach verändert. Das Raspehaus am Pascheplatz aus der Mitte des 17. Jh. hat noch Schießscharten, sehenwert sind ferner die Bürgerhäuser am Friedensplatz und in der Leninstraße. Die Pfarrkirche ist ein klassizistischer Bau aus dem 19. Jh., der Teile einer alten Klosterkirche integriert.

Ausflüge
Ein Naturlehrpfad, der am Kapellenberg beginnt, lädt zu einem Spaziergang zur Finne ein.
❋ Sömmerda ❋ Buttstädt ❋ Kölleda ❋ Bad Sulza

Rauenstein
(Kreis Sonneberg, Bezirk Suhl)

Die im 14. Jh. genannte Burg am Südhang des Thüringer Schiefergebirges gehörte den Herren von Schaumberg, das gleichnamige Dorf wurde erstmals 1445 erwähnt. Ende des 18. Jh. wurde hier eine Porzellanfabrik von Greiner gegründet, die sich zum größten Unternehmen in Sachsen-Meiningen entwickelte und einfache Gebrauchsware herstellte. Heute leben hier 1500 Einwohner, die insbesondere Werkzeugmaschinen und Spielwaren produzieren.

Museum
Die Porzellansammlung der ehemaligen Manufaktur Rauenstein, Herrenhaus am Markt, (Voranmeldung beim Rat der Gemeinde, Tel. Schalkau 7721) kann besichtigt werden und gibt einen Überblick über die Entwicklung der Erzeugnisse.

Sehenswert
Die Burgruine mit der vorgelagerten Kirche prägt den Ort. Auf dem oberen Teil des Marktplatzes befindet sich das ehemalige Herrenhaus, in dem bis 1929 die Porzellanfabrik untergebracht war. Für Urlauber stehen ein Schwimmbad (etwas außerhalb) sowie Skihänge mit Schanzenanlage und ein Volkspark zur Verfügung. Die ausgedehnte Zinselhöhle (Tropfstein) ist nicht begehbar.

Gastronomie
Die vier Gasthäuser im Ort sind das Hotel Heckel, die Bahnhofsgaststätte, das Kulturhaus und der Gasthof Zur Burgruine.

Ausflüge
Ein schöner knapp 2 km langer Spaziergang führt zur 600 m hoch gelegenen Triniushütte (Gasthaus).
❋Sonneberg❋Steinheid❋Schalkau❋Steinach

Reitzengeschwenda
(Kreis Saalfeld, Bezirk Gera)

Die Umgebung des kleinen Dorfes hat sich durch die reizvolle Landschaft an der Hohenwartetalsperre zu einem beliebten Ziel der Campingurlauber entwickelt. Direkt am Wasser befinden sich die Campingplätze Hopfenmühle (600 Personen), Schäferwiese und Greetz (320 Personen), auf dem anderen Ufer liegt der Platz Am Alter mit einer Kapazität von über 2.000 Personen. Hinzu kommt die vielbesuchte Jugendherberge in Neidenberga.

Museum
Das Volkskundemuseum und Landeskulturkabinett (Mai bis Okt. Mi-So 9.00-12.00 und 13.00-16.00; Nov. bis April Di-Sa 9.00-12.00 und 13.00-16.00) ist in einem etwa 300 Jahre alten Gehöft untergebracht.
Schwerpunkte der heimatgeschichtlichen Ausstellung sind die Themen Saaleflößerei,

Imkerwagen

Entwicklung der Landwirtschaft und des Handwerks.

Sehenswert
Die barocke Dorfkirche stammt aus dem Jahr 1711, Reste des Altars sind aus der Saalfelder Schule im 15. Jh. erhalten.

Ausflüge
Beliebte Ausflugsgaststätten befinden sich in Neidenberga an der Talsperre sowie in der westlich gelegenen Lothramühle.
✻ Saalfeld ✻ Leutenberg ✻ Ziegenrück

Remda

(Kreis Rudolstadt, Bezirk Gera)

Der kleine Ort an der Rinne wurde im 9. Jh. erstmals genannt. 1286 erhielt der Flecken das Stadtrecht durch den Grafen von Schwarzburg. Vom 15. bis 17. Jh. besaßen die Grafen von Gleichen das Städtchen, das schließlich Mitte des 18. Jh. zu Sachsen-Weimar kam. Seit dem 19. Jh. haben Glas- und Strumpfherstellung hier wirtschaftliche Bedeutung.

Sehenswert
Die Pfarrkirche stammt aus dem 18. Jh. und hat noch einen gotischen Ostturm. In den Orten Dorfremda, Sundremda und Altremda war eine slawisch-germanische Gruppensiedlung. Der Reihengräberfriedhof von Sundremda ist die Fundstelle von über 300 Gräber, in denen Waffen, Schmuck und Geräte gefunden wurden. Die Fundstücke sind im Museum für Ur- und Frühgeschichte Weimar und im Museum Schloß Heidecksburg Rudolstadt zu sehen.

Ausflüge
✻ Rudolstadt ✻ Stadtilm ✻ Paulinzella

Renthendorf

(Kreis Stadtroda, Bezirk Gera)

Der Ort ist durch den Naturforscher Alfred Edmund Brehm bekannt geworden, der im Pfarrhaus als Sohn von Christian Ludwig Brehm, dem „Vogelpastor", 1829 geboren wurde.

Museum
Die Brehm-Gedenkstätte (Di-Fr 9.00-12.00, 13.00-17.00, Sa-So 10.00-12.00 und 13.00-17.00) zeigt die original erhaltenen Wohn- und Arbeitsräume des Tierforschers Alfred Brehm. Das Leben des durch sein „Illustriertes Tierleben" bekannten Zoologen und das Werk seines Vaters, einem Ornithologen, wird in der Ausstellung gewürdigt. Brehm verstarb in diesem Haus im Jahr 1884.

Sehenswert
Am Pfarrhaus im Ortsteil Unterrenthendorf, dem Geburtshaus Brehms, befindet sich eine Gedenktafel. In der alten Pfarrscheune hat der Vater des Naturforschers seine Vogelsammlung präpariert.

Ausflüge
✻ Stadtroda ✻ Münchenbernsdorf ✻ Triptis

Römhild

(Kreis Meiningen, Bezirk Suhl)

Auf dem Großen und Kleinen Gleichberg (672 m) wurden Reste einer alten keltischen Siedlung (800-100 v.Chr.) entdeckt. Die Anlage ist das wichtigste vorgeschichtliche Bodendenkmal in der DDR.
Römhild selbst wurde um 800 erwähnt und entwickelte sich im 13. Jh. zur Marktsiedlung. Die 1361 zur Stadt erhobene Siedlung gehörte den Hennebergern und hatte später verschiedene Landesherren. 1680 bis 1710 war Römhild Residenz des gleichnamigen kleinen Herzogtums. Aus dieser Zeit stammt der Ausbau des Stadtschlosses, später kam die Stadt zu Coburg-Saalfeld und Meiningen. Anfang des 20. Jh. wurden kleinere Betriebe eingerichtet. Bedeutend ist der 1720 gegründete Töpferhof, heute größter Betrieb für Kunstkeramik in Europa. In Römhild leben 2100 Einwohner; es gibt ein Kulturhaus (1978 in der Meininger Straße errichtet), ein Schwimmbad am Großen Gleichberg und Angelmöglichkeiten am nahen Stausee.

Museum
Das Steinsburg-Museum in der 3 km östlich gelegenen Waldhaussiedlung (Di-So 8.00-17.00) vermittelt Einblicke in die Ur- und Frühgeschichte im Südwesten der DDR. Schwerpunkt der Präsentation bildet die keltische Besiedlung des Kleinen und Großen Gleichbergs bei Römhild, die Sammlung umfaßt über 10.000 Fundstücke. Nach Voranmeldung (Tel. 561) sind Führungen durch das Gelände möglich.

Sehenswert
Im mittelalterlichen Stadtkern sind das Schloß Glücksburg, die Stadtmauer und die Kavaliershäuser beachtlich. Die Stiftskirche wurde erstmals 1405 erwähnt, sie ist eine eindrucksvolle dreischiffige Hallenkirche mit reicher Ausstattung, Gruftkapelle und Grabmälern der Henneberger, besonders beeindruckend ist die Tumba Hermanns VIII. Zudem sind das barocke Prinzenhaus, das Rathaus aus dem 17. Jh. und der Töpferhof zu nennen.

Gastronomie
In der kleinen Stadt befinden sich die Restaurants Stadt Römhild, Zur Guten Quelle, Zur Glücksburg und Zur Eisenbahn.

Veranstaltung
Ein traditionelles Volksfest ist der Kalte

Markt, der jeweils am letzten Donnerstag im Januar begangen wird. Ein internationales Keramik-Symposium findet alle drei Jahre im Töpferhof statt (1990, 1993).

Ausflüge
Das Bergplateau des Kleinen Gleichberges (642 m) bietet eine weite Aussicht, hier befindet sich die Ruine einer mittelalterlichen Wallfahrtskapelle. Teile der vorgeschichtlichen Befestigung wurden durch Steinbrucharbeiten zwischen 1838 und 1927 zerstört. Im nahegelegenen Dorf *Haina* ist ein steinernes Brunnenhaus aus dem 18. Jh. und eine gotische Dorfkirche sehenswert. Empfehlenswert sind auch Ausflüge nach Milz (geschlossenes Fachwerkensemble mit Wehrkirche, Toranlage und Scheunenring), nach Gleichamberg (mit einer der schönsten bemalten Dorfkirchen Thüringens) und nach Linden (Fachwerkdorf mit Backhaus auf dem Anger).
✻Meiningen✻Heldburg✻Hildburghausen✻ Bauerbach ✻ Henneberg

Rohr

(Kreis Suhl, Bezirk Suhl)

Die fränkische Siedlung im Grabfeldgau am Zusammenfluß von Hasel und Schwarza nennt sich nach dem 815 gegründeten Benediktinerkloster. Die Klosterkirche entstand um 824, aus ihr ging die Michaeliskirche hervor. Die ottonischen Kaiser weilten wiederholt hier. 984 fand ein Reichstag statt, bei dem Heinrich der Zänker den entführten Kaiser Otto III. freiließ. Im 13. Jh. entstand etwas südlich vom inzwischen von Nonnen betriebenen Kloster das Dorf. Im 16. Jh. wurde es in eine Domäne umgewandelt. Der Ort kam im 18. Jh. an Kursachsen und 1815 zu Preußen. Heute leben hier etwa 1.000 Einwohner, die in der Landwirtschaft und in einem Betonwerk Arbeit finden.

Sehenswert
Die Michaeliskirche ist eine Kirchenburg mit ringförmiger Wehranlage auf einem Hügel. Unter dem Chor befindet sich eine sehenswerte ottonische Krypta. Der Bau stammt aus dem 10. Jh. und wurde mehrmals verändert. Beachtlich ist ferner die im 19. Jh. profanisierte Johanniskirche aus dem späten 12. Jh. Das Dorf hat etliche schöne Fachwerkhäuser, darunter die alte Baderei aus dem 17. Jh.

Gastronomie
Im Ort gibt es die Gaststätten Freundschaft und Zum Goldenen Hirsch.

Ausflüge
Ein beliebtes Ausflugsziel ist die Gaststätte Zur Henne im nahegelegenen Dillstädt.
✻ Suhl ✻ Obermaßfeld-Grimmenthal ✻ Meiningen ✻ Schwarza

Ronneburg

(Kreis Gera-Land, Bezirk Gera)

Etwa 10.000 Einwohner leben heute in der vom Wismutbergbau geprägten Industriestadt, die einst aufgrund ihrer radioaktiven Quellen bekannt war. Der Ort wurde als Besitz der Herren von Weida erstmals 1209 erwähnt und erhielt knapp 100 Jahre später das Stadtrecht. In früheren Zeiten dominierten Webereien und die Textilverarbeitung, seit 1766 entwickelte sich der von Sachsen-Altenburg aus regierte Ort zu einem beliebten Heilbad, im 19. Jh. wurden Kuranlagen geschaffen.
Seit 1950 hat sich mit dem Uranerzabbau der Charakter der Stadt völlig verändert. Das Dorf Schmirchau mußte den Baggern weichen. Wirtschaftliche Bedeutung haben ferner Fahrzeugwerke (Barkas) und kleinere Industriebetriebe.

Museum
Das Heimatmuseum Schloß Posterstein (April bis Okt. Mi-So 9.00-16.00; Nov. bis März Di-Sa 9.00-16.00) liegt etwa 4 km entfernt. In der mittelalterlichen Burg (12. und 16. Jh.) werden in acht Ausstellungsräumen die Burggeschichte, die bäuerliche Volkskultur der Region und die Entwicklung der heimischen Industrie (Knopfherstellung) vorgestellt.

Sehenswert
Die Altstadt bietet noch historische Bausubstanz. Das Schloß ist eine spätgotische Anlage, die im 17. und 19. Jh. umgebaut wurde, die Pfarrkirche St. Johannis ist im Kern spätgotisch, wurde aber 1888 grundlegend erneuert. An den Kurbetrieb erinnern noch die Kuranlagen mit Brunnenhäuschen, Esplanade, Traiteur- und Badehaus.

Gastronomie
Beste Häuser am Platz sind das Hotel Glück Auf Am Markt 4 und das Bergarbeiterklubhaus, weiterhin gibt es Klubgaststätten in den Neubaugebieten.

Ausflüge
✻ Gera ✻ Schmölln ✻ Weida

Rudolstadt

(Kreisstadt im Bezirk Gera)

Die alte Residenz am Mittellauf der Saale wurde im 9. Jh. als slawischer Siedlungsplatz erwähnt. Die karolingische Siedlung war ein bis ins 19. Jh. selbständiger Teil im Osten der heutigen Stadt. 1334 kam Rudolstadt, das den Grafen von Orlamünde gehörte, in den Besitz derer von Schwarzburg. Diese ließen die mächtige Heidecksburg errichten, nach einem Stadtbrand wurde das Schloß im 18. Jh. erneuert. Zu jener Zeit erlebte die Stadt eine kulturelle Blüte. Wilhelm von Humboldt und Friedrich Schiller, der hier seine spätere Frau kennenlernte, schwärmten von der Residenz an der Saale. Das 1792 gegründete Theater wurde zeitweise von Goethe geleitet. Hier wirkten Franz Liszt, Richard Wagner und Paganini. Pädagogen, Maler, Verleger, Philosophen (Schopenhauer schrieb hier seine Doktorarbeit) und Künstler kamen in die kleine Beamtenstadt, in der seit 1762 Porzellan hergestellt wurde. Die eigentliche Industrialisierung begann erst im 20. Jh.
Wichtigstes Unternehmen wurde die 1935 gegründete „Thüringer Zellwolle AG Schwarza“. Heute ist dieser Betrieb unter dem Namen „Chemiefaserkombinat Wilhelm Pieck“ größter Arbeitgeber der Kreisstadt mit 32.000 Einwohnern. Arbeitsplätze bieten außerdem ein Beton-, ein Röhren- und ein Isolierflaschenwerk.

Museen
Das *Freilichtmuseum* Thüringer Bauernhäuser, Große Wiese 2 (Mai bis Sept. Mi-So 9.00-12.00 und 13.00-17.00; Sept. bis April Mi-So 9.00-12.00 und 13.00-15.30), befindet sich jenseits der Saale. 1914 wurden einige historisch wertvolle Bauernhäuser in den Heine-Park versetzt, in denen man Mobiliar, Handwerkszeug und eine Dorfapotheke sehen kann.
Die *Staatlichen Museen Heidecksburg* im Schloß sind in vier unterschiedliche Ausstellungen untergliedert:
Die Fest- und Wohnräume des Schlosses (Mai bis Sept. Di-So 9.00-11.30 und 12.00-16.00; Okt. bis April Di-So 9.00-11.30 und 12.00-15.00) können mit Führungen besichtigt werden. Zu sehen sind der große Festsaal aus dem 18. Jh. und die Wohnräume in den Stilen des Rokoko, Empire und Biedermeier.
Die Kunstsammlungen im Schloß (Mai bis Okt. Di-So 9.00-17.00) bieten Kunsthandwerk, Gemälde und Plastiken vom 16. bis 19. Jh. Bemerkenswert sind eine Porzellan-Sammlung und ein ostasiatisches Kabinett.

Rudolstadt

An Friedrich Schillers Zeit in Rudolstadt erinnert hier eine kleine Gedenkstätte.
Das Naturkundemuseum im Schloß (Mai bis Okt 9.00-11.30 und 12.00-17.00; Nov. bis April 9.00-11.30 und 12.00-16.00) zeigt die fürstlichen und neueren Sammlungen einheimischer Gesteine, Pflanzen, Tiere sowie aus der tropischen Tierwelt.
Die Historischen Ausstellungen in der Heidecksburg (Öffnungszeiten wie Naturkundemuseum) präsentieren ur- und frühgeschichtliche Funde (u.a. aus Remda), Stücke des „Schwarzburger Zeughauses" (Waffen) und Exponate zur neueren Regionalgeschichte.

Sehenswert
Das die Stadt überragende Schloß Heidecksburg mit seinen reichen Museen und Sammlungen wird jährlich von 250.000 Menschen besucht. Im Schloß sind neben den Museen das Staatsarchiv, der renommierte Greifenverlag und eine wertvolle Bibliothek untergebracht. Im Schloßpark befinden sich das Schallhaus und der Horentempel. Das Schloß Ludwigslust entstand in der ersten Hälfte des 18. Jh. und ist heute Sitz der Kulturakademie des Bezirks. Daneben steht die gotische Stadtkirche, die im Barock ihren Turm erhielt. In der Altstadt sind das alte und neue Rathaus ebenso sehenswert wie einige alte Bürgerhäuser (Tuchmacherhaus, Gasthaus Zum Adler). Im Stadtteil Schaala gibt es noch eine gotische Dorfkirche mit spätgotischem Flügelaltar, in Volkstedt steht die 1762 gegründete Porzellanmanufaktur. Zahlreiche Schillergedenkstätten sind in der Stadt außerdem zu entdecken (Schillerstraße Nr. 1 und 25; Schloßaufgang II, Nr. 3; Bebel-Straße 4a und Volkstedter Pfarrhaus, Lengefeldstraße 1).

Gastronomie
Am Markt sind die empfehlenswerten Restaurants Zum Löwen, Ratskeller und Zum Adler. Der Thüringer Hof am Bahnhof ist

ebenso zu nennen wie das Theaterrestaurant, die Gaststätten Zur Weintraube, Alte Garküche und Zur Pörze. Im Ortsteil Schwarza befinden sich der Bremer Hof, die Schwarzahöhle und Zur Traube. Ferner gibt es Cafés am Markt und in der Thälmannstraße sowie auf Schloß Heidecksburg. Junge Leute treffen sich im Klubhaus am Platz der OdF.

Veranstaltungen

Das Theater mit Orchester prägt das kulturelle Leben Rudolstadts mit seinen Aufführungen. Vielfältige Veranstaltungen finden regelmäßig im Kulturhaus des Chemiefaserkombinats statt. Die Stadt ist ein Zentrum der Folklore; Höhepunkt ist das alle zwei Jahre durchgeführte Tanzfest der DDR auf dem Markt. Auf der Freilichtbühne des Schlosses und im Rokoko-Saal werden im Sommer Konzerte veranstaltet.

Ausflüge

Im Ortsteil Volkstedt (4 km südlich) befindet sich die Naturgedenkstätte „Schillershöhe" mit einer Büste des Dichters. Hier beginnt der 2 km lange Schiller-Lehrpfad. Der Marienturm auf der rechten Seite der Saale über dem Stadtteil Cumbach ist ein lohnendes Ausflugsziel (Gaststätte). Auch der Hohe Kulm (481 m) hat einen Aussichtsturm mit Gaststätte, von dem man das Saaletal von Rudolstadt bis Saalfeld überblicken kann.

✻ Bad Blankenburg ✻ Großkochberg ✻ Keilhau ✻ Königsee ✻ Paulinzella ✻ Remda ✻ Schwarzburg ✻ Sitzendorf ✻ Teichel

Ruhla

(Kreis Eisenach, Bezirk Erfurt)

Der Ort wurde im 14. Jh. erstmals erwähnt, der Dorfbach trennte die langgestreckte über 400 m hoch gelegene Siedlung nach der Landesteilung von 1640 in einen gothaischen und einen eisenachischen Teil, die Vereinigung kam erst 1833. 1921 bekam Ruhla das Stadtrecht. Traditionsreich ist das Eisengewerbe (Sage „Schmied von Ruhla") und seit dem 18. Jh. die Pfeifenkopfherstellung. 1862 wurde eine Uhrenfabrik gegründet, die künftig das Wirtschaftsleben Ruhlas prägen sollte. 1967 entstand hier die erste vollautomatische Uhrenfertigungsstraße der Welt. Heute leben in Ruhla 6.000 Einwohner für die es Arbeitsplätze in der Fahrzeugelektro- und Uhrenindustrie gibt.

Museum

Das Heimatmuseum, Obere Lindenstraße 29 (Di-Fr 8.30-12.00 und 13.00-16.00, Sa-So für Gruppen nach Voranmeldung, Tel. 3188), widmet sich dem örtlichen Handwerk. So sind Werkstätten eines Pfeifenmachers und Erzeugnisse der Uhrenindustrie zu sehen. Ortsgeschichte, Trachten und bäuerliche Wohnräume runden den Überblick ab.

Sehenswert

Beachtlich ist die zweischiffige Winkelkirche St. Concordia, die ebenso wie die Trinitatiskirche aus dem 17. Jh. stammt; in letzterer ist der Taufstein der Messerschmiedeinnung sehenswert. Eines der schönsten Bürgerhäuser, Obere Lindenstraße 29, beherbergt das Heimatmuseum.

Gastronomie

Zu empfehlen sind die Gasthäuser Arnstädter Hof, Zur Traube, Zur Klause, Am Waldbad, Zum Löwen, Thüringer Wald, Schall und die Klubgaststätte im Kulturhaus. Ferner gibt es neben dem Heimatmuseum ein Eiscafé.

Ausflüge

Alexanderturm und Gerberstein gehören ebenso zu den Zielen der Spaziergänger, wie das Gasthaus Schöne Aussicht am Reuter.

✻ Eisenach ✻ Thal

Bleilochtalsperre

Saalburg

(Kreis Schleiz, Bezirk Gera)

Der kleine Erholungsort (1200 Einwohner) am Ostufer der Bleilochtalsperre entstand im 13. Jh. und erhielt 1313 das Stadtrecht. Zu jener Zeit wurde ein Nonnenkloster gegründet, das mit der Reformation aufgelöst wurde. Der Ort gehörte zunächst den Vögten von Gera und später den reußischen Herrschaften Schleiz und Gera. 1806 setzten hier die französischen Truppen über die Saale, womit die Niederlage Preußens eingeleitet wurde. Durch den Bau der Bleilochtalsperre (65 m hohe Staumauer) zwischen 1925 und 1942 versank etwa ein Viertel des Ortes im Wasser. Ein wichtiger Betrieb ist das Marmorwerk nahe der Stadt.

Sehenswert

Die Bleilochtalsperre ist die größte der Saaletalsperren, in Saalburg werden Rundfahrten auf dem Stausee nach Saaldorf (Jagdschloß, Ausflugsgaststätte) und zur Staumauer angeboten. Hier überspannt auch die 1967 fertiggestellte Brücke die Talsperre.

Von den historischen Bauwerken blieben Teile der Stadtbefestigung, darunter das Stadttor, die Stadtkirche aus dem 15. Jh. und im Hof der Oberschule Reste des einstigen Wartturmes erhalten. Im Ortsteil Kloster ist die Ruine eines Wohngebäudes des Klosters zum Heiligen Kreuz aus dem 14. Jh. zu sehen. Eine bekannte Sehenswürdigkeit ist in diesem Ortsteil auch die 400 Millionen Jahre alte Steinerne Rose (geologisches Naturdenkmal, Schalendiabas). Es bestehen in Kloster und Saalburg Möglichkeiten zum Baden, Rudern und Segeln.

Gastronomie
Empfehlenswert ist das Hotel Kranich am Stadttor.

Ausflüge
Der Kulmberg (574 m) ist ein Aussichtspunkt, der einen Überblick über die Talsperre und Saalburg bietet. In unmittelbarer Nähe liegt das Dorf *Kulm* mit sehenswerter spätromanischer Kirche. Reizvolle Wanderwege auf beiden Ufern erschließen die von Wäldern umgebene Talsperre.
✻ Schleiz ✻ Lobenstein ✻ Ebersdorf ✻ Burgk

Saalfeld

(Kreisstadt im Bezirk Gera)

Um das fränkische Gebiet gegen die Slawen zu sichern, entstand am Nordosthang des Thüringer Schiefergebirges eine Burg. Im 9. Jh. wurde der Ort, in dem häufig deutsche Kaiser weilten, erstmals genannt. Mit der Gründung eines Benediktinerklosters 1074 wurde Saalfeld zu einem der mächtigsten Zentren Ostthüringens. Den Aufschwung der Stadt beschleunigen die günstige Lage an einem Knotenpunkt mehrerer Handelswege und der Silber- und Kupferbergbau. Die an historischen Bauwerken reiche Stadt wird auch „Steinerne Chronik Thüringens" genannt. Das kulturelle Zentrum Ostthüringens prägte mit der Saalfelder Schule die Bildschnitzerei im 16. Jh. Die Stadt gehörte den Grafen von Schwarzburg, ab dem 14. Jh. den Wettinern. 1680 wurde Saalburg Residenz eines kleinen Herzogtums, kam 1735 zu Sachsen-Coburg und 1826 zu Meiningen. Heute ist Saalfeld eine Kreisstadt mit 3500 Einwohnern. Hier werden vor allem Werkzeugmaschinen, Krane, optische Geräte, Textilien und Süßwaren produziert. Viele Saalfelder arbeiten in der nahegelegenen Maxhütte Unterwellenborn, dem wichtigsten Hüttenwerk Thüringens. Links der Saale breitet sich die alte Stadt aus, rechts liegt das große Industriegebiet.

Saalfeld

Museen
Die *Feengrotten,* Feengrottenweg 2 (täglich Führungen von 9.00-16.00) sind die Reste eines Alaunschieferbergwerkes, das 1914 als Museum eröffnet wurde. Die Grotten beeindrucken durch die farbigen Tropfsteingebilde (Ausflugsgaststätte Quellenhaus).
Das *Thüringer Heimatmuseum,* Münzplatz 5 (April bis Okt. Mo-Sa 8.00-12.00 und 14.00-17.00, So 9.30-12.00 und 14.00-18.00; Nov. bis März Mo-Fr 8.00-12.00 und 14.00-17.00), befindet sich im ehemaligen Franziskanerkloster und zeigt mittelalterliche Kunst, Kunsthandwerk, volkskundliche und geologische Sammlungen. Flügelaltäre dokumentieren die bekannte Saalfelder Schnitzerschule, zudem wird über die Stadtentwicklung informiert.
Die *Naturkundliche Sammlung Emil Weiske,* Sonneberger Straße 44 (Feb. bis Nov. Di-Sa

8.00-12.00 und 13.30-17.00) zeigt Kleintierpräparate und ethnografische Sammlungen aus Ozeanien, die der Forschungsreisende aus Neuguinea mitgebracht hat.

Sehenswert
Von der mittelalterlichen Stadtbefestigung sind noch vier Tore und Mauern erhalten, darunter das Saaltor, durch das man vom Fluß aus die Kernstadt erreicht. Der Hohe Schwarm, östlich des Stadtkerns, ist eine Burgruine aus dem 13. Jh. und einstiger Sitz der Grafen von Schwarzburg. Schloß Kitzerstein, ein spätgotischer Bau mit Staffelgiebeln aus der Renaissance, ist heute Musikschule. Das frühere Residenzschloß enstand auf den Ruinen der im 16. Jh. zerstörten Benediktinerabtei und wurde im Barock-Stil errichtet, heute sitzt hier der Rat des Kreises. Die Stadtkirche St. Johannis belegt den mittelalterlichen Reichtum der Stadt. Die gotische Hallenkirche hat eine Doppelturmfront und im Inneren eine reiche Ausstattung. Sehenswert ist die Schloßkapelle, die von den Italienern Luchese und Castelli im Rokoko-Stil ausgestaltet wurde. Beachtlich sind ferner das Rathaus am Markt (15./16. Jh.), die ehemalige romanische Nikolaikirche (heute Wohnhaus) und Bürgerhäuser, wie die Stadtapotheke und das Haus Höhn in der Saalstraße. Für Touristen ist auch der Kulturpark am Residenzschloß ein lohnendes Ziel.

Gastronomie
Die wichtigsten Gaststätten sind die Hotels Goldener Anker am Markt; Tanne und Weltrich, Saalstraße; das historische Gasthaus Das Loch und die Alte Post, Blankenburger Straße; Eiche, am Turmplatz; Obstgut Gehlen, Hohe Straße; Gewerkschaftshaus am Markt; Stadt Sokolov in der Pieck-Straße; Theaterrestaurant, Gaststätte Gorndorf in der Gorndorfer Straße; die Johannisklause und die Bayerischen Bierstuben, sowie das Café am Markt. Junge Leute treffen sich im Klubhaus Breitscheidstraße.

Veranstaltungen
Für ein kulturelles Angebot sorgen das Staatliche Sinfonieorchester sowie die bekannten Saalfelder Sängerknaben. Regelmäßig finden Theateraufführungen im Meininger Hof, im Sommer auch auf einer Freilichtbühne, statt; bekannt sind die Chorkonzerte in der Johanniskirche. Unterschiedliche Veranstaltungen werden in der Schloßkapelle, im Thüringer Heimatmuseum und im Kulturhaus der Maxhütte Unterwellenborn (sozialistische Architektur der 50er Jahre) angeboten.

Ausflüge
Der nahegelegene Kulm (4 km) hat einen Aussichtsturm und eine Ausflugsgaststätte. Auf dem 403 m hohen Gleitsch, hier befand sich einst eine vorgeschichtliche Fliehburg, hat man ebenfalls einen eindrucksvollen Überblick über das Saaletal. Beachtliche Dorfkirchen mit spätgotischen Flügelaltären finden sich in den Ortsteilen Gorndorf, Graba und Köditz.
✻ Gräfenthal ✻ Hohenwarte ✻ Leutenberg ✻ Reitzengeschwenda

Schalkau

(Kreis Sonneberg, Bezirk Suhl)

In der Verbindung mit der nahegelegenen Schaumburg entstand die kleine Stadt im 12. Jh. Die Burg wurde im 30jährigen Krieg zerstört. 1362 erhielt Schalkau das Stadt- und Marktrecht, im 18. Jh. gehörte der Ort, in dem Spielwaren hergestellt wurden, zu Sachsen-Meiningen. Heute leben hier rund 2.000 Einwohner.

Museum
Das Heimatmuseum (Öffnungszeiten nach Vereinbarung) zeigt Erzeugnisse der Schalkauer Spielwarenherstellung, keramische Produkte, traditionelle Möbel und Geräte.

Sehenswert
Von der Ruine Schaumburg sind nur noch geringe Reste erhalten. Die einschiffige Pfarrkirche ist ein spätgotischer Bau mit barockem Kruzifix.

Gastronomie
Übernachtung und Verpflegung bietet die Gaststätte Thüringer Hof, Marktstraße 8.

Ausflüge
✻ Sonneberg ✻ Eisfeld ✻ Rauenstein

Scheibe-Alsbach

(Kreis Neuhaus a. R., Bezirk Suhl)

Der in über 600 m Höhe gelegene Ort in der Nähe des Rennsteigs wurde im 17. Jh. in Verbindung mit einem Hammerwerk gegründet. Der Ortsteil Alsbach entstand 1711 aus einer Glashüttensiedlung der Familie Greiner. Seit dem 19. Jh. prägte eine Porzellanfabrik das wirtschaftliche Profil, in den 1930er Jahren wurde hier die Schwarza aufgestaut. Der Zusammenschluß der beiden Ortsteile, in denen heute 800 Einwohner leben, erfolgte 1924.

Sehenswert
Die 1 km entfernte Schwarzatalsperre wurde 1942 fertiggestellt und dient der Trinkwasserversorgung (Badeverbot), oberhalb des Sees befindet sich die Schwarzaquelle. Das Geburtshaus von Johann Greiner, neben dem Ferienheim Alsbachberg gelegen, erinnert an den thüringischen Erfinder des Porzellans, der das Geheimnis des „weißen Goldes“ unabhängig von Böttger entdeckte.

Gastronomie
Nennenswert sind die Gaststätten Oeler, Zur Talsperre, Alsbachberg, Zum Mohren und Zum Hochwald. Ferner gibt es ein Eiscafé.

Ausflüge
Wanderwege führen zur Schwarzaquelle und zum Rennsteig, eine gleichnamige Ausflugsgaststätte liegt bei Friedrichshöhe.
✻ Neuhaus a.R. ✻ Goldisthal ✻ Steinheid

Schleiz

(Kreisstadt im Bezirk Gera)

Die Siedlung wurde von Sorben an der Wisenta (Wappentier von Schleiz) gegründet und erhielt 1297 unter den Lobdeburgern (✻ Jena) das Stadtrecht. Nach dem Ende der Linie kam Schleiz an den Wettiner Albrecht den Entarteten, später an die Vögte von Gera und Mitte des 16. Jh. an die Burggrafen von Meißen, dann an die Herrschaft Reuß. 1666 wurde die Stadt Residenz der Herrschaft Reuß-Schleiz, die 1806 zum Fürstentum erhoben und 1848 wieder mit der anderen Reußen-Linie (Gera) vereinigt wurde. Bekanntester Sohn der Stadt ist Johann Friedrich Böttger, der hier 1682 geboren wurde; berühmtester Lehrer war Konrad Duden, der von 1869-1876 am Gymnasium arbeitete. 1945 zerstörten Bomben die Stadt und das Schloß der Fürsten von Reuß. Heute leben in der Kreisstadt 8.000 Einwohner.

Museum
Die Johann-Friedrich-Böttger-Gedenkstätte am Neumarkt (Mai bis Sept. Di, Fr, Sa 13.00-16.00; Okt. bis April Di, Fr 13.00-16.00) erinnert an den in Schleiz geborenen Alchimisten, der in Europa das Porzellan erfand. Die Ausstellung informiert über das Schicksal Böttgers.

Sehenswert
Die spätgotische Pfarrkirche St. Georg wurde um 1700 grundlegend erneuert und hat einen barocken Altaraufsatz. Die Wolfgangskirche entstand im 19. Jh, die Pauluskirche erst 1950. Etwas außerhalb liegt die

Waldschlößchen bei Schleiz

beachtliche Bergkirche, die in romanischer Zeit erbaut und im 15. Jh. ergänzt wurde. Im 17. Jh. wurde die Kirche prachtvoll ausgestaltet, im Inneren sind Fürstengräber und verziertes Chorgestühl zu sehen.

Gastronomie

Empfehlenswert ist der Schleizer Hof, Engels-Straße 4, und das Café am Neumarkt. An der 1923 erbauten Autorennstrecke liegt die bekannte Gaststätte „Lug in's Land".

Veranstaltungen

Sportlicher Höhepunkt ist das Schleizer Dreieck-Autorennen, das alljährlich in den Sommermonaten stattfindet.

Ausflüge

Westlich der Rennstrecke in *Oberböhmsdorf* (Gasthaus) führt eine schöner Weg zum Waldschlößchen und zum Neuen Teich, von hier aus sind ausgedehnte Wanderungen im Schleizer Forst möglich. Über die Dörfer Mönchgrün und Grockwitz erreicht man die Wisentatalsperre.

✻Burgk✻Hirschberg✻Plothen✻Saalburg✻Tanna ✻ Ziegenrück

Schleusingen

(Kreis Suhl-Land, Bezirk Suhl)

Vermutlich wurde die Stadt bereits im 9. Jh. gegründet, die erste Erwähnung stammt aus dem Jahr 1232. Bis 1533 war sie Residenz einer hennebergischen Linie, später kam sie an Kursachsen und 1815 an Preußen, bevor Schleusingen 1944 thüringisch wurde. Im 2. Weltkrieg erlitt die Stadt erhebliche Zerstörungen. In dem Marktort prägte man in früheren Jahrhunderten Münzen, es gab einen Pulverhammer, Schmiede- und Gerbereibetriebe. Heute wohnen in Schleusingen knapp 6.000 Einwohner; es werden Gebrauchsglas und Elektromotoren hergestellt, zahlreiche Arbeitsplätze bietet die Landwirtschaft.

Schloß Bertholdsburg, Schleusingen

Museum
Das Naturhistorische Museum Schloß Bertholdsburg (Di-So 9.00-17.00; Sa-So 11.30-13.00) präsentiert eine regionale geologische, paläontologische und mineralogische Sammlung, zugleich wird die Flora und Fauna des Bezirks vorgestellt. Das Haus stellt ebenso eine Spielzeugsammlung, Exponate zur Papierherstellung und kulturhistorische Objekte aus.

Sehenswert
Das Schloß wurde im 13. Jh. unter Berthold V. angelegt und hennebergische Residenz. Heute ist die Bertholdsburg eine Vierflügelanlage mit Stilelementen aus Gotik und Renaissance.
Neben dem Museum beherbergt das Gebäude eine wertvolle Bibliothek. Vom Schloßturm aus hat man eine schöne Übersicht über Schleusingen und die Umgebung.
In der Altstadt befinden sich das Rathaus (16. Jh.), der Marktbrunnen mit dem Standbild der Gräfin Elisabeth, die Johanniskirche, die alte Münze und Posthalterei, sowie einige gut erhaltene Fachwerkbauten.

Gastronomie
Am Markt sind das Hotel Frieden und der Goldene Löwe empfehlenswert. Ferner gibt es den Schloßkeller, Thälmann-Straße; Gambrinus, Schloßstraße; den Goldenen Hirsch, Zur Sonne, Zur Erholung, Waldhaus, Schleuseblick und Bergklause.

Ausflüge
Das Waldbad mit Gaststätte im nahe gelegenen *Erlau* ist ein beliebtes Ausflugsziel. *Schleusingerneudorf* ist 6 km entfernt und bietet ein Freibad im Glasbachtal sowie Wintersportgelegenheiten. Hier sind die Gasthäuser Engertal und Weidmannsruh zu empfehlen. Im Glasbachtal gibt es eine der letzten Köhlereien mit Erdmeiler im Thüringer Wald.
✻Suhl✻Themar✻Hildburghausen✻Schmiedefeld

Schlotheim

(Kreis Mühlhausen, Bezirk Erfurt)

Im 10. Jh. wurde zwischen Unstrut und Hainleite eine Burg an der Notter erstmals erwähnt. Im 13. Jh. erhielt Schlotheim das Stadtrecht. Hier residierten abwechselnd die Truchessen von Schlotheim, die Grafen von Hohnstein und seit 1356 die Herren von Schwarzburg-Sondershausen. Außerdem bestand hier ein Nonnenkloster. Wirtschaftliche Grundlage waren der Flachsanbau und die Viehzucht. 1773 wurde anstelle der Burg ein schlichtes Barockschloß erbaut. Die kleine Stadt hat heute knapp 5.000 Einwohner.

Sehenswert

Erhalten blieben die Reste der alten Burg mit zwei Rundtürmen am Schloß. Das barocke Gebäude beherbergt heute eine Bibliothek.

Die romanische Pfarrkirche wurde im 16. und 17. Jh. umgebaut und besitzt einen spätgotischen Schnitzaltar. Das Rathaus stammt aus dem 18. Jh.

Gastronomie

Im Barockschloß befindet sich eine Gaststätte mit angenehmer Atmosphäre.

Veranstaltungen

Im Rahmen der Thüringer Schloßkonzerte gibt es gelegentlich im Festsaal klassische Musikveranstaltungen.

Ausflüge

✻ Mühlhausen ✻ Ebeleben

Schmalkalden

(Kreisstadt im Bezirk Suhl)

Die fränkische Siedlung wurde 874 erstmals genannt. Um 1100 geriet sie unter den Einfluß der Thüringer Landgrafen und erhielt 1227 das Stadtrecht. Im 14. Jh. kam sie zur Grafschaft Henneberg und wurde gleichzeitig zur Hälfte von den Landgrafen von Hessen beherrscht, die das hennebergische Erbe 1583 übernahmen. Im 16. Jh. fanden in Schmalkalden wichtige historische Entscheidungen statt: 1531 verbündeten sich hier die protestantischen Fürsten zum Schmalkaldischen Bund gegen den Kaiser, der Schmalkaldische Krieg 1546/47 führte zu einer Niederlage der Reformierten. Luther verfaßte hier seine „Schmalkaldischen Artikel“, die er dem Bund vorlegte. Im 18. Jh. begann hier die Kleineisenverarbeitung, die sich im Zuge der Industrialisierung weiter entwickelte. Nach 1866 gehörte die Stadt zur preußischen Provinz Hessen-Nassau.

Heute leben 17.000 Einwohner in Schmalkalden, die vor allem Werkzeuge, Meßgeräte, Kräne und Sportgeräte produzieren. Es gibt eine Fachschule für Schwermaschinenbau.

Museen

Das *Museum Schloß Wilhelmsburg* (täglich 9.00-17.00) zeigt in 32 Räumen Ausstellungen zum Schmalkaldischen Bund und Krieg, zur Geschichte der ehemaligen Herrschaft Schmalkalden und zur wirtschaftlichen Entwicklung der Stadt. Ferner können Schloßräume, wie der Weiße Saal, die Küche und Kapelle besichtigt werden.

Als Außenstelle des Museums Schloß Wilhelmsburg befindet sich im Stadtteil Weidebrunn ein sehenswertes technisches Denkmal, die *„Neue Hütte“*, ein klassizistischer Industriebau von 1835. Die Hochofenanlage wurde mit Holzkohle betrieben und war bis 1924 in Betrieb.

Schloß Wilhelmsburg, Schmalkalden

Die *Lutherstube* in der Stadtkirche am Altmarkt (Öffnung nach Vereinbarung) präsentiert eine kleine Ausstellung über Luthers Wirken in Schmalkalden, er verfaßte 1537 hier seine Bekenntnisschrift, die „Schmalkaldischen Artikel".

Sehenswert
Der historische Altstadtkern gehört zu den wertvollsten Altstädten in Thüringen. Teile davon wurden allerdings im letzten Jahrzehnt abgerissen. Beachtenswert ist das unter Landgraf Wilhelm IV. von Hessen errichtete Schloß Wilhelmburg (1585-90) als Jagdschloß und Sommersitz. Vom Schloß hat man einen guten Überblick über die Altstadt. Am Altmarkt sind das gotische Rathaus und die Stadtkirche St. Georg zu sehen. Sie gehört zu den schönsten gotischen Hallenkirchen Thüringens mit reicher spätgotischer Ausstattung. Sehenswert sind auch die Fachwerkhäuser am Kirchhof. Wichtige historische Gebäude sind ferner die Todenwarthsche Kemenate am Altmarkt (16. Jh.), am Platz der DSF der Hessenhof (mit der ältesten Profanmalerei in der DDR, den Iweinfresken) und die Große Kemenate in der Weidebrunner Gasse als größtes Bürgerhaus der Altstadt. Am Lutherplatz befindet sich das Lutherhaus, in dem der Reformator 1537 wohnte. Von der Stadtmauer sind umfangreiche Reste erhalten. Nennenswert sind außerdem die Hospitalkapelle, die Friedhofskapelle und der Pulverturm sowie zahlreiche Bürgerhäuser.

Gastronomie
Empfehlenswert sind der Pfalzkeller am Schloßberg; der Thüringer Hof, der Hessische Hof, das Teichhotel, die Jägerklause, das Waldhaus, der Alte Lutherkeller, der Ratskeller, das Feldschlößchen und der Volksgarten. Ferner gibt es das Eiscafé Hellmund, das Café Liebaug und die Eisdiele am Platz der DSF. Junge Leute treffen sich in den Klubs Rosenau, Külz-Straße 1, Walperloh, Allende-Straße 64, sowie in den Gaststätten Stadt Schmalkalden und Stiller Grund.

Veranstaltungen
Zwischen Altstadt und Neubaugebiet befindet sich eine Freilichtbühne (3.000 Sitzplätze) auf der jährlich Thüringer Folklorefestivals und andere Veranstaltungen stattfinden. Im Schloß Wilhelmsburg werden regelmäßig Orgel- und Sinfoniekonzerte aufgeführt.

Ausflüge
Das beliebteste Ausflugslokal ist die Queste hinter dem Schloß, wo sonntags gelegentlich auch musikalische Frühschoppen stattfinden. Etwas weiter muß man zu den Gaststätten Dippachshof, Ehrental und Waldhaus wandern. Im Stadtteil Näherstille befindet sich ein schönes Freibad.
✻Asbach✻Breitungen✻Brotterode✻Floh✻Heßles ✻ Pappenheim ✻ Steinbach-Hallenberg ✻ Trusetal

Schmiedebach

(Kreis Lobenstein, Bezirk Gera)

Das abgelegene Dörfchen am Nordrand des Frankenwaldes wurde 1943 von den NS-Machthabern für die geheime Produktion der Rakete V2 vorgesehen. In einem ehemaligen Schieferbruch hatten 1100 Häftlinge Prüfstände für die ferngelenkten Raketen zu bauen. Das Lager war die Außenstelle „Laura“ des KZ Buchenwald (Weimar). Bei Arbeiten und Versuchen kamen mehr als zwei Drittel der Gefangenen ums Leben.

Sehenswert
Im Oertelsbruch bei Schmiedebach befindet sich eine kleine Gedenkstätte, die an das ehemalige Lager „Laura“ und die 800 Opfer erinnert.

Ausflüge
✻ Lehesten ✻ Lobenstein

Schmiedefeld am Rennsteig

(Kreis Ilmenau, Bezirk Suhl)

Der Ort liegt am Rennsteig in 750 m Höhe, nicht zu verwechseln mit dem kleineren gleichnamigen Schmiedefeld (Kreis Neuhaus a.R.). Die Siedlung wurde im 15. Jh. erstmals erwähnt und gehört zu den älteren Waldorten. Hier wurde Eisenerz geschmolzen und zur Waffenherstellung nach Suhl transportiert. Im 19. Jh. setzte die Porzellanindustrie ein.
Heute wird in Schmiedefeld (2500 Einwohner) Glas hergestellt, eine größere Bedeutung hat jedoch der Fremdenverkehr mit fast 5.000 Urlaubern.

Sehenswert
Beachtlich ist die Dorfkirche aus der Zeit um 1700. Für die Urlauber gibt es ein Waldbad im Saalebachtal, Sportstätten, Kulturhaus, Naturpark mit Spielpätzen, Kaffeestation mit Gondelbetrieb und ideale Wintersporthänge (2 Lifte, Rodelbahn, Sprungschanzen, gespurte Loipen, Ausleihstation).

Gastronomie
Die wichtigsten Gaststätten heißen Rennsteig, Restaurant Suhl, Zwei Linden, Thüringer Hof, Thüringer Wald, Kulturhaus, Henne, Zur Sonne, Deutsch-Sowjetische Freundschaft (im Ferienheim). Ferner sind das Café Puschkin in der Bahnhofstraße und die Liftbaude am Eisenberg zu nennen.

Veranstaltungen
Größtes volksfestartiges Ereignis ist der GuthsMuths-Lauf auf dem Rennsteig jährlich im Mai.

Ausflüge
Spaziergänge können zur Vesserquelle und zur nahegelegenen Gaststätte Schmücke

(916 m) führen. Vielfach beginnen oder enden hier Rennsteig-Wanderungen.
✻Ilmenau✻Stützerbach✻Manebach✻Frauenwald

Schmölln

(Kreisstadt im Bezirk Leipzig)

Schon Anfang des 11. Jh. befand sich im Tal der Sprotte ein bedeutendes Benediktinerkloster. Die Stadt wurde in der Folgezeit von Plauener Vögten und später von den Wettinern regiert. Wichtigster Erwerbszweig wurde die Tuchmacherei und später Knopfindustrie. Im 19. Jh. kamen der Maschinenbau, die Spielwaren- und Schmuckherstellung hinzu. Bedeutung hatte seit 1840 die Produktion von Zahnbürsten. Heute leben in der Industriestadt etwa 13.000 Menschen.

Sehenswert
Das dreigeschossige barocke Rathaus mit Freitreppe prägt den Marktplatz. Beachtlich ist in der Pfarrkirche St. Nikolaus, einer dreischiffigen spätgotischen Hallenkirche, ein Vesperbild aus dem 14. Jh. Auch die Friedhofskirche ist ein Gebäude aus dem 15. Jahrhundert.

Gastronomie
Das Hotel-Restaurant Russischer Hof befindet sich in der Gößnitzer Straße 14.

Ausflüge
✻ Gößnitz ✻ Altenburg

Schnett

(Kreis Hildburghausen, Bezirk Suhl)

Der in 720 m Höhe am Simmersberg gelegene Ort entstand im 15. Jh. Neben Waldarbeiten bestimmten Holzschnitzerei, Puppen- und Zündwarenherstellung das Leben in dem ärmlichen Walddorf. Heute ist Schnett (800 Einwohner) ein beliebter Ferienort und wird von fast 20.000 Gästen aufgesucht, die das Skigelände, Hallenbad, Sauna und Waldbad schätzen.

Gastronomie
Speisen und Getränke bieten die Gaststätten der Ferienheime Kaluga, Spindler und Simmerberg. Am Waldbad liegt die Schnetter Waldschenke.

Veranstaltung
Am 2. Januar wird hier noch die traditionelle „Hullefranznacht" begangen. Die jungen Männer des Ortes verkleiden sich als „Hulleweiber" und bringen durch Rutenhiebe Glück im neuen Jahr.

Ausflüge
Der Simmersberg (780 m) bietet eine gute Fernsicht auf den Thüringer Wald.
✻ Hildburghausen ✻ Biberau ✻ Heubach ✻ Fehrenbach ✻ Schönbrunn

Schönau vor dem Walde

(Kreis Gotha, Bezirk Erfurt)

In Urkunden des Klosters Georgenthal wird der Ort im 12. Jh. genannt. Das Kloster verkaufte Schönau im 14. Jh. an die Herren von Döllstädt. Die Bewohner waren Korb- und Siebmacher. Bekanntester Sohn der Gemeinde war Christian L. Brehm, der „Vogelpastor" und Vater von Alfred Brehm, der mit seinem „Tierleben" berühmt wurde. Noch heute gibt es im Ort (etwa 1.000 Einwohner) Korbmacher, ansonsten ist Schönau von der Landwirtschaft geprägt. Der Ort darf nicht mit dem kleinen Dorf Schönau (Kreis Eisenach) verwechselt werden.

Sehenswert

Auf dem Schloßberg befinden sich geringe Reste einer Wallanlage aus dem 8. Jh. Die spätgotische Saalkirche wurde im 18. Jh. mit Szenen aus dem Alten Testament bemalt. Beachtlich ist auch die Kirche im Ortsteil Wipperode von 1513. Der Leinakanal (Wehr) stammt aus dem 14. Jh. Im Pfarrhaus wurde Christian Brehm geboren (✻ Reuthendorf). Für Urlauber gibt es ein Waldbad, den Brehmpark sowie Sportmöglichkeiten.

Gastronomie

Verpflegung bietet die Gemeindeschänke, ferner gibt es das Gasthaus Tannburg.

Ausflüge

Die Hirzbergbaude am Waldrand kann Ziel eines schönen Spaziergangs sein.
✻ Gotha ✻ Catterfeld ✻ Ernstroda ✻ Waltershausen ✻ Georgenthal

Schönbrunn

(Kreis Hildburghausen, Bezirk Suhl)

Die Gemeinde entstand 1950 aus der Zusammenlegung von Oberneubrunn, Unterneubrunn, Ernstthal, Gabel und Schönau. Bis ins 19. Jh. wurde hier Bergbau betrieben. Heute dominiert die 1863 gegründete Glasindustrie, zudem werden Möbel und Meßinstrumente hergestellt. In Schönbrunn leben über 2.000 Einwohner, jährlich kommen mehr als 10.000 Feriengäste.

Sehenswert

Die St. Jacobskirche stammt aus dem 15. Jh., in den Ortsteilen stehen noch gut erhaltene Fachwerkbauten aus dem 17. und 18. Jh. Für Urlauber gibt es im Ort ein Freibad und Sportstätten; Fahrräder und Wintersportgeräte können entliehen werden.

Gastronomie

Die Gasthäuser heißen Zum Fröhlichen Jäger, Zum Wilden Mann, Zur Hütte und Meininger Hof, außerdem gibt es ein Café in der Eisfelder Straße.

Ausflüge

Die 1975 fertiggestellte Talsperre Schönbrunn liegt etwa 2 km entfernt (Gaststätte), bis zu 60 m wird die Schleuse aufgestaut. Die Sperre (Badeverbot) dient der Trinkwasserversorgung im Bezirk Suhl.
✻ Hildburghausen ✻ Gießübel ✻ Heubach ✻ Schnett ✻ Fehrenbach

Schwarza

(Kreis Suhl, Bezirk Suhl)

948 wurde der Name erwähnt, seit dem 13. Jh. besteht die Wasserburg, die später in ein Wohnschloß umgewandelt wurde. 1495 erhielt der Ort das Stadtrecht. Zunächst gehörte Schwarza zu Henneberg-Römhild, die Grafen residierten hier von 1532 bis 1549. Später kam die Stadt unter kursächsischer Hoheit an die Grafen von Stolberg, 1815 wurde der Ort, in dem man Erze verhüttete, preußisch. Bis 1939 gab es einen hohen jüdischen Bevölkerungsanteil, Friedhof und Synagoge blieben erhalten. Heute leben hier 1500 Menschen, es gibt Arbeitsplätze in der Metallverarbeitung und der Landwirtschaft.

Museum

Das Heimatmuseum Schwarza, Zella-Meininger Straße 3 (geöffnet nach Vereinbarung, Tel. Benshausen 392), befindet sich im Schloß und zeigt eine mittelalterliche Waffensammlung, landwirtschaftliches Gerät und Funde aus der Bronzezeit.

Sehenswert
Die ehemalige Wasserburg, die im 18. Jh. als Wohnschloß umgebaut wurde, liegt im Ortskern und ist als solche kaum mehr zu erkennen. Reste der alten Stadtbefestigung (Tor, Mauer) blieben erhalten. Südwestlich des Ortes befinden sich Hügelgräber aus der Bronzezeit. Für Urlauber gibt es ein Freibad und eine kleine Sportanlage am Schloß.

Gastronomie
Die Gasthäuser im Ort heißen Stolberger Hof (Unterkunft), Zur Linde und Zum Dolmar.

Ausflüge
✻ Suhl ✻ Meiningen ✻ Rohr ✻ Zella-Mehlis

Schwarzburg
(Kreis Rudolstadt, Bezirk Gera)

Der vielbesuchte Urlaubsort (1.000 Einwohner) ist durch die im 11. Jh. gegründete Schwarzburg geprägt. Hier war der Hauptsitz des gleichnamigen Grafengeschlechts, das auch in Nordthüringen (Sondershausen) Besitzungen hatte. Die Schwarzburger wurden 1711 in den Fürstenstand erhoben. 1699 bis 1719 wurde der Kaisersaal errichtet, um zu unterstreichen, daß sie 1349 einen Gegenkaiser hervorgebracht hatten. Friedrich Ebert unterschrieb hier in seinem Urlaubsort die Weimarer Verfassung. Im 18. Jh. wurden die Gebäude als Jagd- und Sommerschloß umgestaltet und 1941 teilweise abgerissen, denn die NS-Machthaber wollten hier einen „Reichsgästehof" erbauen. Die Arbeiten wurden jedoch nicht beendet. Heute hat der Ort eine Ingenieurschule für Forstwirtschaft. Für Urlauber gibt es ein Freibad, Sportstätten, Freiluftkegeln und Reitmöglichkeiten.

Museum
Im Kaisersaal, Schloßstraße 4 (Mai bis Okt. Fr-Mi 9.00-12.00 und 13.30-17.00; Nov. bis April Sa-Mi 10.00-12.00 und 13.00-16.00), werden 148 Kaiserportraits seit Julius Caesar auf Leinwand oder als Deckenbilder gezeigt. Weiter ist die bekannte Waffensammlung des „Schwarzburger Zeughauses" zu sehen.

Sehenswert
Von der Schwarzburg blieben die Umfassungsmauern, das alte Zeughaus, Reste der Burgvogtei und der Haupthaus-Neubau (18. Jh.) erhalten, beachtlich sind der Turm der Schloßkapelle und das alleinstehende Kaisersaalgebäude. Der breite Bau dahinter war früher ein Zucht- und Tollhaus, in dem Döschnitzer Marmor geschliffen wurde. Sehenswert sind auch das 2 km entfernte Jagdschlößchen Fasanerie und das Chaussee-Einnehmer-Häuschen im Ort.

Gastronomie
Zu empfehlen sind die Hotels Schwarzaburg und das Schloßberghotel. Außerdem gibt es die Gaststätten Schloßblick, Schloßschenke, das Café Tourist und Zur Post. Die Waldschenke Fasanerie liegt etwa 2 km entfernt.

Ausflüge
Vom nahegelegenen Trippstein (Schutzhütte) ist ein beeindruckender Rundblick auf die Umgebung möglich. Beliebtes Ziel ist das Schweizerhaus im ehemaligen Wildpark. In der Umgebung wurde bis zum 19. Jh. Gold gewaschen, hin und wieder sind Flächen von sogenannten Seifenhuckeln zu sehen.
✻Rudolstadt✻BadBlankenburg✻Sitzendorf ✻ Königsee

Seebach

(Kreis Mühlhausen, Bezirk Erfurt)

Der Ort wurde im 12. Jh. erstmals erwähnt. Die Wasserburg – vermutlich im 11. Jh. erbaut – befand sich von 1501 bis 1945 im Besitz der Herren von Berlepsch, die allerdings seit 1779 ihren Wohnsitz neben der Burg hatten. Der Ornithologe Hans von Berlepsch gründete 1886 hier die erste Vogelschutzwarte der Welt. Dafür wurde die Schloßburg 1911 umgebaut.

Sehenswert

Im Schloß ist heute die ornithologische Forschungsstelle der Akademie der Landwirtschaften der DDR untergebracht. Im ehemaligen Schloßpark befindet sich eine Lehrschau zur Vogelkunde und eine sehenswerte Ausstellung über Vogelschutz. Auf dem Gelände sind rund 40 Vogelarten vertreten. Grabdenkmäler (16./17. Jh.) des weitverzweigten Adelsgeschlechts von Berlepsch befinden sich in der Dorfkirche.

Ausflüge

✻ Mühlhausen ✻ Bad Langensalza

Siegelbach

(Kreis Arnstadt, Bezirk Erfurt)

Das kleine Dörfchen befindet sich an der F4 auf halbem Wege zwischen Arnstadt und Plaue. Um die Gedenkstätte Espenfeld zu besichtigen, muß man sich hier beim Rat der Gemeinde (Tel. Arnstadt 2773) anmelden.

Museum

Die Gedenkstätte Espenfeld (geöffnet nach Vereinbarung) informiert über Leben und Leiden der KZ-Häftlinge sowie über die Widerstandsbewegung. Im Kalkfelsen des Jonastals sollte Ende des 2. Weltkrieges ein neues „Führerhauptquartier" errichtet werden. Im nahen Espenfeld (etwa 2 km) wurde das Außenlager S III des KZ Buchenwald angelegt. Wenige Monate vor Kriegsende begannen die Häftlinge mit dem Bau der unterirdischen Anlagen, dabei kamen 4.000 Menschen ums Leben.

Ausflüge

✻ Arnstadt ✻ Plaue ✻ Mühlberg

Siegmundsburg

(Kreis Neuhaus a.R., Bezirk Suhl)

Der Höhenluftkurort (300 Einwohner) liegt in knapp 800 m Höhe und entstand im 18. Jh. aus einer Glashüttensiedlung. Im 19. Jh. wurde Schiefer und Wetzstein im Grümpengrund gebrochen. Heute gehört der einzige Betrieb im Ort zur Lauschaer Glasschmuck-Industrie. Den Urlaubern bieten sich ideale Wander- und Wintersportmöglichkeiten.

Sehenswert

Nahe des Ortes steht ein kleiner Obelisk, der Dreistromstein. Er kennzeichnet die hydrographische Stelle, an der sich die Einzugsgebiete von Elbe, Rhein und Weser berühren. Nicht weit davon gibt es einen Dreiherrenstein (Grenzstein 18. Jh.), die in Stein gefaßte Quelle des Siegmundsburger Quellarms der Werra.

Gastronomie

Die beiden Gaststätten im Ort heißen Hilfenberg und Rosenbaum. Das Gasthaus Grundmühle ist 2 km entfernt.

Ausflüge

✻ Neuhaus a.R. ✻ Friedrichshöhe ✻ Scheibe-Alsbach ✻ Steinheid

Die bisher einzige Privatbrauerei Thüringens in Singen

Silbitz

(Kreis Eisenberg, Bezirk Gera)

Der kleine, von Slawen gegründete Ort rechts der Weißen Elster ist heute von der Schwerindustrie geprägt. Die große Stahlgießerei Elstertal wurde in der NS-Zeit als Rüstungsbetrieb gegründet und war nach dem 2. Weltkrieg eine sowjetische Aktiengesellschaft. Mit seinen Zweigwerken in Rasberg und Wetterzeube ist das Unternehmen heute der größte Stahlgußproduzent der DDR. Von der Gießerei geht eine starke Umweltbelastung aus.

Sehenswert
Das frühere Schloß entstand 1604, die ehemalige Kapelle hat wertvolle Stuckarbeiten.

Ausflüge
✻ Eisenberg ✻ Bad Köstritz

Singen

(Kreis Arnstadt, Bezirk Erfurt)

Das abgelegene kleine Dorf liegt an der Stelle, wo die thüringischen Bezirke Erfurt, Gera und Suhl aneinanderstoßen. Singen ist von Landwirtschaft, einem Sägewerk und einer kuriosen Brauerei geprägt.

Sehenswert
Die kleinste Brauerei der DDR befindet sich seit Generationen im Familienbesitz. Der Braumeister stellt jede Woche 2.000 Liter helles Vollbier her. Dazu wird traditionelle Technik mit einer mehr als 100 Jahre alten Dampfmaschine eingesetzt. Das Bier wird in einem angrenzenden Felsenkeller gekühlt und in Holzfässern gelagert. Der Braumeister ist bereit, Besuchern den musealen Privatbetrieb zu zeigen. Die Gasthäuser in den umliegenden Ortschaften werden mit Fäs-

sern beliefert. Dienstags ist gewöhnlich Brautag.

Ausflüge
✻ Arnstadt ✻ Paulinzella ✻ Stadtilm

Sitzendorf

(Kreis Rudolstadt, Bezirk Gera)

Der Ferienort wurde im 14. Jh. erstmals erwähnt und ist historisch eng mit der nahen Schwarzburg verbunden. Erzbergbau, Silber- und Goldgewinnung waren die wichtigsten Wirtschaftszweige bis ins 19. Jh., später wurden eine Porzellan- und Farbenfabrik gegründet. Heute stellen die 1100 Einwohner Porzellan, Glaswaren und Werkzeug her. Jährlich verbringen etwa 7.000 Urlauber hier ihre Ferien, die ein Freibad und verschiedene Sportstätten nutzen können.

Gastronomie
Unterkunft findet man in den Hotels Zur Linde und Annafels. Ferner gibt es die Gaststätten Postklause, Waldfrieden, Max Kirchner und Milchbar.

Ausflüge
Die Fasanarie bei Schwarzburg und das Gasthaus Eisenhammer im 3 km entfernten Bockschmiede sind durch kleine Wanderungen zu erreichen.
✻Rudolfstadt✻Schwarzburg✻Oberweißbach ✻ Bad Blankenburg

Sömmerda

(Kreisstadt im Bezirk Erfurt)

Die bereits 876 erwähnte Siedlung an der Unstrut ist heute eine der wichtigsten Industriestandorte im nördlichen Thüringen. Die Stadt gehörte lange Zeit zu Fulda, kam später an Mainz und fiel im 19. Jh. an Preußen. Berühmtester Sohn der Stadt ist der Pädagoge Christian Gotthilf Salzmann (✻ Waltershausen). 1817 erfand hier der Schlossergeselle Johann Nikolaus Dreyse das Zündnadelgewehr, eine leicht handhabbare Waffe, für die ein großer Bedarf bestand. Bereits 1840 hatte Dreyses Betrieb mehr als 1.000 Beschäftigte. 1901 wurde der Rüstungsbetrieb von „Rheinmetall" übernommen; im 2. Weltkrieg arbeiteten hier 14.000 Menschen und stellten Zünder für Bomben her. Das Werk war damit Thüringens größter Kriegsbetrieb. Heute werden Schreibmaschinen und Computer gefertigt. Die Stadt mit 23.000 Einwohnern wird vor allem durch Neubaugebiete geprägt (Stadtteil Neue Zeit), es gibt eine Schwimmhalle und im Stadtpark eine Freilichtbühne.

Museum
Die Ausstellungen des Heimatmuseums in den Stadtmauertürmen (So 14.00-16.00, oder nach Voranmeldung Tel. 22112) informieren über die örtliche Geschichte. Im Turm am Tankweg befindet sich eine ur- und frühgeschichtliche Ausstellung, im Turm am Holzbaubetrieb wird das holzverarbeitende Handwerk präsentiert, und im Turm am Stadtring informieren die Exponate über Flachs- und Waidverarbeitung.

Sehenswert
Erhalten blieben Wehrtürme mit Teilen der Stadtmauer, das Erfurter Tor (14. Jh), das Fachwerk-Pfarrhaus (ehemaliges kurmainzisches Amtshaus) aus dem 16. Jh. und das sehenswerte Rathaus (1539). Die Bonifatiuskirche stammt aus dem 15. Jh. und besitzt einen beachtenswerten spätgotischen Flügelaltar.

Gastronomie
Unterkunft und Verpflegung bieten das Hotel Roter Hirsch, Lange Straße 53, und die Hoteletage im Hochhaus; Restaurant und

Schloß Sondershausen

Bar findet man in der Gaststätte „Stadt Sömmerda", auch im Kulturhaus 1.Mai kann man essen gehen. Jugendliche treffen sich im Klubhaus in der Weißenseerstraße 35.

Ausflüge
Beliebt ist die alte Fuhrmannsgaststätte Michelshöhe zwischen der Kreisstadt und Weißensee.
❋ Buttstädt ❋ Kölleda ❋ Rastenberg ❋ Weißensee

Sondershausen

(Kreisstadt im Bezirk Erfurt)

Erstmals wurde die Siedlung 1125 erwähnt. Ende des 13. Jh. herrschten hier die Grafen von Hohnstein. Sondershausen wurde 1325 zur Stadt erhoben und kam 1356 in den Besitz der Grafen von Schwarzburg. Durch Erbteilung bildete sich 1571 die selbständige Residenz Schwarzburg-Sondershausen, die bis 1918 Bestand hatte. Die Fürsten bauten das Schloß aus und förderten besonders Musik und Theater. Das Lohorchester gehörte im 19. Jh. zu den bekanntesten deutschen Klangkörpern, mit den Dirigenten Max Bruch und Max Erdmannsdörffer. Wirtschaftliche Grundlage ist hier seit 1892 die Kaliindustrie. Im 2. Weltkrieg wurde die Stadt stark zerstört, das Hoftheater aus dem 19. Jh. brannte ab. Heute leben die etwa 22.000 Einwohner vor allem in den Neubaugebieten Borntal und am Hasenholz.

Museum
Das *Staatliche Heimat- und Schloßmuseum* im Schloß (Di-So 10.00-12.00 und 14.00-17.00) präsentiert Sammlungen über die Literatur-, Musik- und Theatergeschichte der Stadt. In den historischen Schloßräumen (Riesensaal, Weißer Saal) sind Gemälde und Kunsthandwerk von der Renaissance bis

zum 19. Jh. zu sehen. Außerdem können die einstige Schloßapotheke und Kapelle mit wertvoller Orgel besichtigt werden.
Die *Kleine Galerie* im Carl-Corbach-Klub, Straße der Thälmannpioniere 6, präsentiert zeitgenössische Kunst, die auch abends besucht werden kann.

Sehenswert
Das Schloß ist eine unregelmäßige Anlage mit Bauelementen aus dem 16. bis 18. Jh. Neben Museum, Bibliothek, Kulturakademie sind hier zentrale Bibliotheksfachschule und eine Musikschule untergebracht. Der von der Wipper durchflossene Stadtpark wurde im 19. Jh. als Landschaftsgarten angelegt. Im Wäldchen, Loh genannt, finden seit fast 200 Jahren die Lohkonzerte statt. Das als Lusthaus errichtete achteckige Karussell ist heute Konzertsaal. Zur einstigen Residenz gehören auch die Hauptwache (1835) und das barocke Prinzenhaus. Erhalten blieb die gotische Trinitatiskirche.
In den Stadtteilen sind die romanische Dorfkirche in Jecha und das barocke Gotteshaus in Jechaburg erwähnenswert. Für Urlauber stehen ein Waldbad, Sportanlagen und Wintersportmöglichkeiten (Sprungschanze an der Hainleite) zur Verfügung.

Gastronomie
Unterkünfte und Speisen bieten die Gaststätten Stille Liebe, Hammatalstraße 1; Zur Sonne, Röntgen-Straße 5; Borntal im Neubaugebiet sowie die Hotels Franzberg, Lisztstraße 1 und etwas außerhalb der Stadt Zum Possen. Junge Leute treffen sich im Klubhaus Alfred Sobik oder zu Tanzveranstaltungen im Klubhaus der Kaliwerker.

Veranstaltungen
Im Haus der Kunst, im Liebhabertheater des Schlosses, der Schloßkapelle und im achteckigen Karussell finden Konzerte des heimischen Lohorchesters oder anderer Ensembles statt.

Ausflüge
Das frühere Jagdschloß Zum Possen ist heute das wichtigste Naherholungsgebiet der Sondershäuser. Hier steht ein 52 m hoher Aussichtsturm aus dem 18. Jh. Den Besuchern bieten sich ein Tiergehege, Bärenzwinger, Spielplatz, Liegewiese und gepflegte Gastronomie (Mi, Do geschlossen).
✽Clingen✽Ebeleben✽Greußen✽Großenehrich ✽ Großfurra

Sonneberg
(Kreisstadt im Bezirk Suhl)

Am Rande des Thüringer Schiefergebirges, nahe der Grenze zu Bayern, liegt die „Spielzeugstadt“ Sonneberg. Um 1200 sind die Herren von Sunnenberg belegt, 1349 erhielt die Siedlung an der Handelsstraße Nürnberg-Erfurt das Stadtrecht. Von 1735 bis 1918 gehörte die Stadt zu Sachsen-Meiningen. Die Bewohner handelten zunächst mit Schleifsteinen, Pech, Schiefer und geschnitzten Gebrauchsgegenständen. Seit dem 17. Jh. stellten die Sonneberger Spielwaren aus Holz her, die mit Blumenmustern bemalt waren. Im 19. Jh. entwickelte sich mit der Einführung von Pappmaché die Massenherstellung. 1851 entstand der „Täufling“, eine über Jahrzehnte bedeutende Sonneberger Babypuppe. Anfang dieses Jh. wurden in der „Weltspielzeugstadt“ immerhin 20 Prozent des Weltspielzeugmarkts erzielt bzw. 40 Prozent des deutschen Umsatzes. Amerikanische Handelshäuser bauten in der Innenstadt sogar Kaufhäuser.
Heute leben hier 28.000 Einwohner, die neben Spielwaren auch Zündkerzen, Radiogeräte, Glas- und Keramikmaschinen herstellen. In Sonneberg befindet sich ferner eine Ingenieurschule für Formgestaltung. Den jährlich etwa 10.000 Urlaubern bieten sich Schwimm(hallen)bäder und Sportstätten.

Spielzeugmuseum, Sonneberg

Museum
Das Deutsche Spielzeugmuseum, Beethovenstraße 10 (Di-So 9.00-12.00 und 13.00-17.00), wurde 1901 gegründet und hat eine Sammlung von 70.000 Spielsachen aufgebaut. Die Präsentation umfaßt Ausstellungen wie „Die Geschichte der Puppe", „Die Geschichte des technischen Spielzeugs", „Die Kinder der Spielzeugmacher um 1900". Anziehungspunkte sind die „Thüringer Kirmes" und „Gulliver in Liliput", Gruppen die für Weltausstellungen geschaffen wurden.

Sehenswert
Das Rathaus gegenüber dem Bahnhof wurde erst 1928 fertiggestellt. Das Alte Rathaus aus dem Jahr 1849 befindet sich in der Altstadt, daneben steht die neugotische Stadtkirche St. Peter. Die frühere Villensiedlung der Spielwaren-Händler befindet sich in einer Siedlung am Eichberg, im Wehd wurde ein typisches Arbeiterwohnquartier errichtet. An der Stelle der ehemaligen Burg Sonneberg steht im Norden der Stadt das Schloßberggebäude.

Gastronomie
Übernachten und speisen kann man in der Gaststätte Freundschaft, Thälmann-Straße; Gaststätte Centralhotel, Marx-Straße und im Gasthaus Hüttensteinach, Steinacher Straße 118. Restaurants sind ferner im Kreiskulturhaus, im Lutherhaus und die Gaststätten Stadt Sonneberg, Thüringer Hof.

Veranstaltungen
Im Kreiskulturhaus gastieren regelmäßig das Meininger Theater und die Suhler Philharmonie. Ein Bergfest findet jährlich Ende August statt.

Ausflüge
Im Stadtteil Neufang befindet sich die höchstgelegene Sternwarte der DDR (638 m), das nahe Waldhaus ist eine Ausflugsgaststätte. Seit der Aufhebung des Grenzsperrgebiets kann auch die südliche Umgebung Sonnebergs bewandert werden.
✻Rauenstein✻Schalkau✻Steinach✻Lauscha

Stadtilm
(Kreis Arnstadt, Bezirk Erfurt)

Die Stadt im Ilmtal wurde im 12. Jh. erstmals erwähnt. Der Ort war zwischen den Grafen von Käfernburg und Schwarzburg geteilt, gehörte später zu Schwarzburg-Rudolstadt. Im 13. Jh. entstand ein Zisterzienser-Nonnenkloster, das im 16. Jh. aufgehoben wurde. In früheren Jahrhunderten spielte der Hopfenanbau, die Schafhaltung und die Textilverarbeitung eine Rolle im Wirtschaftsleben. 1780 vernichtete ein Stadtbrand etwa die Hälfte aller Gebäude. Im 19. Jh. begann die Leder- und Schuhindustrie, heute ist ein Gelenkwellenwerk der wichtigste Betrieb.

Museum
Das Heimatmuseum, Straße der Einheit 1 (täglich 16.30-18.00), befindet sich im Rathaus. Anhand von Möbeln und Handwerksgeräten wird die örtliche Geschichte dokumentiert. Eine weitere Abteilung informiert über die Schafzucht und die ortsansässige Schuh- und Porzellanindustrie.

Sehenswert
Die heutige Altstadt geht auf das 13. Jh. zurück. Das Rathaus, ein Renaissancebau, steht anstelle des ehemaligen Klostergebäudes am großen Marktplatz. Die frühgotische Stadtkirche wurde 1335 geweiht, die Plastiken sind mit den Figuren des Erfurter Doms vergleichbar. Im 17. Jh. wurde das Bauwerk im Inneren mit einer Rokokokanzel versehen. Teile der Stadtmauer mit Wehrtürmen blieben erhalten.

Gastronomie
Der historische Ratskeller befindet sich im ehemaligen Refektorium (Speisesaal) des Zisterzienserklosters.

Veranstaltungen
Der Ort gehört zu den Karnevalshochburgen in Thüringen.

Ausflüge
✻Arnstadt✻Singen✻Remda✻Paulinzella✻ Kranichfeld

Stadtlengsfeld

(Kreis Bad Salzungen, Bezirk Suhl)

Im 12. Jh. wurde der Ort erstmals erwähnt, 1306 erhielt er das Stadtrecht. Im 13. Jh. lebten die Herren von Frankenstein in der Wasserburg, später kam die Stadt an die Herrn von Boyneburg, bevor sie 1816 an Sachsen-Weimar-Eisenach fiel. Landwirtschaft, Kleingewerbe und Textilverarbeitung bestimmten das Wirtschaftsleben, Ende des 19. Jh. wurde eine Porzellanfabrik gegründet, die heute wichtigster örtlicher Betrieb ist. In Stadtlengsfeld im Feldatal leben heute etwa 2500 Einwohner, viele davon pendeln zu den Kalibetrieben an der Werra. Die Urlauber schätzen den Ort wegen des Freibades, der Sauna und der Sportstätten.

Sehenswert
In der ehemaligen Wasserburg, die im 18. Jh. zum Barockschloß umgestaltet wurde, befindet sich heute ein Sanatorium. Die örtliche Barockkirche hat noch romanische und gotische Bauteile.

Gastronomie
Unterkunft bietet der Thüringer Hof, Amtsstraße 1; weitere Gaststätten heißen Glück Auf, Weimarischer Hof und Feldatal.

Ausflüge
Zwischen Stadtlengsfeld und Leimbach liegt das Ausflugslokal Hundskopf, von hier hat man eine gute Aussicht auf die Kalibetriebe im Werratal und die Krayenburg.
✻ Bad Salzungen ✻ Dermbach ✻ Vacha ✻ Merkers

Stadtroda

(Kreisstadt im Bezirk Gera)

Die kleine Kreisstadt am südlichen Rand des Altenburger Holzlandes hat etwa 5.000 Einwohner. Gegründet wurde die Siedlung am rechten Ufer des Roda-Flusses von den Lobdeburgern. 1333 erhielt der Ort das Stadtrecht. Zeitweilig existierte ein Kloster der Zisterzienser-Nonnen. Im 18. Jh. war die Stadt Residenz der Prinzen des Hauses Sachsen-Gotha-Altenburg. 1925 wurden Roda und Klosterroda zu Stadtroda vereinigt. Die kleine Stadt ist heute Luftkurort und hat einige Ferienheime.

Sehenswert
Im ehemaligen barocken Schloß sitzt heute der Rat des Kreises. Die Salvatorkirche ist ein Zentralbau der Renaissance mit achtekkigem Grundriß, auf dem Dach befindet sich ein hölzerner Turm mit Haube. Aus dem 13. Jh. stammt die Zisterzienser Klosterkirche, die im frühgotischen Stil erhalten blieb. Die Heiligkreuzkirche stammt ebenfalls aus der Gotik, wurde aber im 18. Jh. barock umgestaltet.

Gastronomie
Unterkünfte findet man im nahegelegenen Hainbücht, Gaststätte Geiling, und in Quirla, Gasthaus Altenburger Hof.

Ausflüge
Eine interessante Wanderstrecke führt durch den Zeitzgrund in Richtung Hermsdorf, beliebt ist dort die Ausflugsgaststätte Rabsburg. An der Janismühle befindet sich ein Tiergehege, hier sind Reitausflüge und Kutschfahrten möglich. Nördlich der Stadt befindet sich das tief in Kalkstein geschnittene Teufelstal.
✻ Bad Klosterlausnitz ✻ Hermsdorf ✻ Renthendorf

Steinach

(Kreis Sonneberg, Bezirk Suhl)

Die Siedlung wurde im 16. Jh. mit einem Hüttenwerk gegründet. Emigrierte salzburgische Protestanten machten im 18. Jh. hier die Märbelmüllerei (Steinkugeln zum Schießen) vorübergehend heimisch. Im 19. Jahrhundert hatte der Ort dann durch seine Schiefergriffelproduktion fast ein Weltmonopol. Bis in die 1960er Jahre gingen Steinacher Griffel in alle Welt. Heute erinnern daran nur noch die Schiefergruben. 1920 erhielt das fast 3 km lang gestreckte Industriedorf das Stadtrecht. Heute leben hier 6.000 Einwohner, die in der Spielwaren- und Glasindustrie, im Instrumenten- und Maschinenbau sowie in der Baustoffindustrie arbeiten.

Sehenswert
Ein denkmalgeschütztes Ensemble ist mit der Kirche und der Oberschule um die Jahrhundertwende entstanden. Der Ober- und Unterdorf vereinigende Marktplatz (Karl-Marx-Platz) ist etwa ein Hektar groß. Bemerkenswert ist ferner ein Barockbau, das sogenannte Neue Schloß.

Gastronomie
Empfohlen werden können der Goldene Anker, Marx-Straße 14; der Thüringer Hof, Talstraße 14; sowie die Gaststätten Wiegand, Klug, Steinbächlein und Zur Höll. Unterkünfte bieten die Hotels Loreley, Karl-Marx-Straße 28 und Erholung, Sonneberger Straße 24. Das Café Vaterland findet man in der Kirchstraße 25.

Veranstaltungen
Die Kerwa (Kirmes) ist ein im Umkreis beliebtes Volksfest am 3. August-Wochenende.

Ausflüge
Etwa 2 km entfernt liegen das reizvolle Goldbachtal und der Fellberg (842 m) mit der Ausflugsgaststätte Fellbergbaude.
✻ Sonneberg ✻ Lauscha ✻ Steinheid

Steinbach-Hallenberg

(Kreis Schmalkalden, Bezirk Suhl)

Am Oberlauf der Hasel liegt der Erholungsort in etwa 450 m Höhe am Südhang des Thüringer Waldes. Die Doppelsiedlung entwickelte sich im 13. Jh. Der Ort wechselte als Mittelpunkt eines hennebergischen Amtes mehrfach den Besitzer, 1619 kam Steinbach-Hallenberg von Kursachsen nach Kurhessen und schließlich 1866 an Preußen. Wirtschaftlich bedeutend war das eisenverarbeitende Handwerk. Im 20. Jh. ging die Hausindustrie in Fabrikbetriebe der Werkzeugherstellung, Feinmechanik und Elektronik über. Bekanntester Bürger ist der legendäre Skispringer Helmut Recknagel.
Heute leben hier über 6.000 Einwohner. Wegen der guten touristischen Infrastruktur (Freibad, Sportstätten, Skigebiete) kommen jährlich etwa 20.000 Urlauber.

Sehenswert
Die Burg Hallenberg entstand im 10. Jh., wurde aber erst 1268 als Residenz der Herren von Hallenberg erstmals genannt, später war hier ein Gefängnis. 1608 wurde die Burg zerstört. Erhalten blieben der 20 m hohe Bergfried und Reste des Palas. Beachtenswert sind im Ort die Pfarrkirche, Friedhofskapelle und etliche alte Fachwerkhäuser.

Gastronomie
Die wichtigsten Gasthäuser heißen Steinbacher Wirtshaus, Hallenburg, Freundschaft, Bahnhofshotel, Lindenhof, Zur Linde, Zur Tanne, Waldschlößchen, Thüringer Kaffeehaus und Café Stolze.

Ausflüge
Wanderwege führen rund um den Arzberg oder in das Moosbachtal mit den geringen Resten einer Raubritterburg. Die Gaststätte Knüllfeld ist etwa 4 km entfernt.
❋ Schmalkalden ❋ Oberhof ❋ Zella-Mehlis

Steinbach und Langenbach

(Kreis Hildburghausen, Bezirk Suhl)

Die beiden selbständigen Gemeinden haben zusammen etwa 500 Einwohner. In Langenbach wurde im 16. Jh. eine Glashütte errichtet, ansonsten lebten die Menschen von Waldarbeiten und Vorspanndiensten. Seit dem 19. Jh. spielt die Stickerei eine Rolle im dörflichen Wirtschaftsleben.

Sehenswert
Das Naturtheater „Deutsch-Sowjetische Freundschaft“ wurde 1957 von den Einwohnern beider Gemeinden und Soldaten der Sowjetarmee erbaut und hat etwa 3.000 Sitzplätze.

Gastronomie
Die Waldklause befindet sich am Freilichttheater, die Gaststätte Zur Erholung liegt in Langenbach.

Veranstaltungen
Das Naturtheater wird von Juni bis September bespielt. Zumeist gastiert das Meininger Theater viermal pro Woche mit Unterhaltungsstücken (Märchen, Komödien; Kartenbestellungen Tel. Meiningen 2972). Gelegentlich finden hier auch Konzerte statt.

Ausflüge
Im nahen Waldau befindet sich die Auensportstätte, hier lohnt sich auch ein Besuch der Brunnenbergbaude.
❋ Hildburghausen ❋ Schleusingen ❋ Schönbrunn ❋ Gießübel ❋ Biberau

Steinheid

(Kreis Neuhaus am Rennweg, Bezirk Suhl)

Die Bewohner des im 12. Jh. gegründeten Ortes betrieben seit dem 15. Jh. Goldbergbau. Im 30jährigen Krieg wurde Steinheid zerstört. Später lebten hier Glasbläser und Schachtelmacher, die Verpackungen für den Heilpflanzenhandel produzierten. Im Ortsteil Limbach gründete Johann Gotthelf Greiner im 18. Jh. eine Porzellanmanufaktur. Der Ort hat heute etwa 1700 Einwohner. Es werden Christbaumschmuck und elektrotechnische Geräte hergestellt.

Sehenswert

Ein Denkmal für die Familie Greiner, die in Thüringen die Porzellanherstellung einführte, steht am Petersberg im Ortsteil Limbach. In der Nähe von Limbach markiert ein kleiner Obelisk, der Dreistromstein, die Grenze der Einzugsgebiete von Rhein, Weser und Elbe. Für die Einheimischen und Feriengäste gibt es gute Wintersportmöglichkeiten, eine Skirollerbahn, Sportplatz und Kegelbahn.

Gastronomie

Die Gaststätten heißen Goldener Hirsch, Kieferle und Marktcafé, ferner gibt es im Ortsteil Limbach den Dorfgasthof.

Ausflüge

Im Naherholungsgebiet Schlezenbach gibt es Schutzhütten, Spiel- und Turngeräte und eine Brunnenanlage.

✻ Neuhaus a. R. ✻ Siegmundsburg ✻ Scheibe-Alsbach ✻ Lauscha ✻ Steinach ✻ Rauenstein

Stotternheim

(Kreis Erfurt-Land, Bezirk Erfurt)

Bereits im 12. Jh. hatte Mainz Einfluß in Stotternheim, dessen historische Entwicklung seit dem 13. Jh. mit der Erfurts verknüpft ist. Im 19. Jh. wurde erfolgreich nach Steinsalz gebohrt (Saline Luisenhall). Heute ist das kleine Dorf von der Landwirtschaft geprägt. Im Februar 1505 wurde der junge Jurist Martin Luther hier auf dem Weg von Erfurt zu seinen Eltern in Mansfeld von einem starken Gewitter überrascht. Der Luftdruck eines vor ihm einschlagenden Blitzes riß ihn zu Boden. In einem Gebet gelobte er der Heiligen Anna, daß er Mönch werden wolle, wenn er überlebe (Gedenkstein). Das schicksalhafte Erlebnis führte Luther in das Erfurter Augustinerkloster.

Ausflüge

Die Kiesseen nahe des Ortes sind beliebte Naherholungsziele im Sommer.

✻ Erfurt ✻ Gebesee ✻ Sömmerda

Stützerbach

(Kreis Ilmenau, Bezirk Suhl)

Der beliebte Ferienort in über 600 m Höhe am Nordhang des Thüringer Waldes hat etwa 2.000 Einwohner und über 12.000 Ferien- und Kurgäste pro Jahr. Stützerbach entstand im 16. Jh. aus einem hennebergischen Gasthof. Später kamen Mühlen, eine Glashütte und eine kleine Papiermanufaktur hinzu. Bei einer Erbteilung, 1660, wurde der Dorfbach zur Grenze zwischen Sachsen-Weimar und Kursachsen (nach 1815 Preußen). So entstanden im 18. Jh. zwei Kirchen, zwei Gemeindeämter und zwei Schulen, obwohl es insgesamt nur 32 Wohnhäuser gab. Zwischen 1776 und 1780 war Goethe hier mehrfach tätig. Im 19. Jh. entwickelte sich die Glasinstrumenten- und Thermometerherstellung. Otto Schott (Jenaer Glas) führte ebenso wie Conrad Röntgen seine Experimente mit Stützerbacher Glas durch. Noch heute werden hier hochwertige Glaserzeugnisse und Holzausstattungen für optische Geräte und Sportartikel hergestellt. Die Kurgäste und Urlauber haben vielfältige Freizeitmöglichkeiten (Freibad, Sportplatz, Rodelbahn, Skigelände und Sprungschanze).

Museum
Das von den Nationalen Forschungs- und Gedenkstätten der klassischen deutschen Literatur gestaltete Goethehaus, Sebastian Kneipp-Straße 18 (April bis Okt. Di-So 9.00-12.00 und 13.00-17.00; Nov. bis Jan., März Mi-So 9.00-12.00 und 13.00-16.00; Feb. Di-So 9.00-12.00 und 13.00-16.00), hat Goethe dreizehnmal besucht. Das um 1700 erbaute zweistöckige Haus gehörte einem Glashüttenbesitzer. Die Ausstellung informiert über Goethes Wirken im Thüringer Wald. Im Erdgeschoß befindet sich eine Ausstellung über die Entwicklung der Glasherstellung in Stützerbach.

Gastronomie
Die wichtigsten Gasthäuser heißen: Erholung, Gute Quelle, Präzeptorgrund, Eintracht, Meyersgrund und Bahnhof, sie stehen alle in der Schleusinger Straße; Tanne, Karl-Liebknecht-Straße; Neue Welt, Dimitroff-Straße. Das Café Waldfrieden befindet sich in der Goethestraße, die Kaffeestube Lengwitz in der Thälmann-Straße.

Ausflüge
✻ Ilmenau ✻ Manebach ✻ Frauenwald ✻ Schmiedefeld a. R.

Marktbrunnen mit Waffenschmied

Suhl

(Bezirksstadt)

Von hohen Bergen umgeben am Südwestrand des Thüringer Waldes in 450 m Höhe liegt die Bezirksstadt Suhl (51.000 Einwohner). Die Stadt wurde im 14. Jh. urkundlich erwähnt. Eisenerzbergbau und Weberei waren bis zum 16. Jh. wirtschaftliche Grundlage, danach gewann die Büchsenmacherei an Bedeutung. Im 17. Jh. produzierten die Suhler Waffenmacher 20.000 Gewehre pro Jahr, gleichzeitig gewann das Textilgewerbe an Bedeutung. Im 30jährigen Krieg wurde Suhl erheblich zerstört. Ab 1660 kam die Stadt an Kursachsen, nach 1815 an Preußen. Im 19. Jh. wurden mehrere Rüstungsbetriebe gegründet und im 1. Weltkrieg stellte man hier jährlich 500.000 Gewehre her. Auch in der NS-Zeit war die Stadt ein Zentrum des Waffenbaus.

1952 – nach Auflösung des Landes Thüringen – wurde Suhl zur Bezirksstadt im Südwesten der DDR erhoben. Heute werden hier Jagd- und Sportwaffen sowie Kleinkrafträder, Elektrogeräte, Meßwerkzeuge, Förderanlagen und Hebezeuge hergestellt. Der Ausbau der Innenstadt zum Verwaltungszentrum erfolgte in den 50er und 60er Jahren. Das Zentrum wird von Neu- und Altbauten nebeneinander geprägt, auffallende Neubauten sind das Kulturhaus, das Centrum-Warenhaus und die Stadthalle.

Museum

Das *Waffenmuseum,* Wilhelm-Pieck-Straße 19 (Mi-Sa 9.00-16.00; So 13.00-16.00), befindet sich im ehemaligen Malzhaus, einem Fachwerkbau aus dem 17. Jh. Die Sammlung dokumentiert die Tradition der Suhler Waffenherstellung vom 14. Jh. bis zur Gegenwart. Zwei Schauwerkstätten (Schmiede und Büchsenmacherei) zeigen die Arbeitsbedingungen im 19. Jh.

Im *Historischen Fachwerkhaus am Waffenmuseum* (Mo-Do, Sa 9.00-16.00; So 13.00-16.00) können Werkstatt, Wohnküche, Schlafzimmer und Stube einer Suhler Schäferfamilie besichtigt werden.

Die *Galerie am Steinweg* (Mo-Fr 10.00-18.00) und die *Galerie am Herrenteich* (Di-So 11.00-18.00) präsentieren zeitgenössische Kunst der DDR.

Die *Schul- und Volkssternwarte,* Auf dem Hoheloh (Mi-Fr 14.00-16.00) zeigt die Dauerausstellung „Geschichte und Entwicklung von Raketentechnik und Weltraumfahrt" (öffentliche Vorführung im Planetarium So 15.00).

Sehenswert

Das Wahrzeichen Suhls ist der Waffenschmied, ein Denkmal auf dem Marktbrunnen vor dem Rathaus. Ein anderer bemerkenswerter Brunnen zeigt die Jagdgöttin Diana vor dem Warenhaus Centrum. Der Steinweg bietet noch ein reizvolles Ensemble restaurierter Bürgerhäuser. An historischen Gebäuden zu nennen sind das Malzhaus am Herrenteich, ein langgestreckter Fachwerkbau (Waffenmuseum); die barocke Kreuzkirche; die spätgotische Hauptkirche St. Marien; das Rokokohaus am Steinweg sowie die bemerkenswerten Fachwerkbauten in Heinrichs (Rathaus, Pfarrhaus) und Neundorf (Gasthaus Goldener Hirsch, Waisenhaus). Das Kulturhaus 7. Oktober ist ein Beispiel für die sozialistische Architektur der 50er Jahre, die Stadthalle mit dem Gaststättenkomplex Kaluga entstand 1972 mit Wandbildern von Sitte und Neubert. Das Stadtzentrum ist von Hochhäusern und vielfältig gestalteten Neubauten umgeben.

Der Tierpark Suhl bietet auf einem 12 Hektar umfassenden Gelände 400 Tiere in fast 100 Arten. Vor allem heimische Wald- und Gebirgstiere sind im reizvollen Gelände in der „Suhler Schweiz" zu beobachten (täglich 9.00-18.00, an Wochenenden bis 19.00, im Winter bis zum Einbruch der Dunkelheit, Tel. 50196).

Gastronomie

Die wichtigsten empfehlenswerten Restaurants sind: Hotel Thüringen-Tourist am Thälmannplatz mit mehreren Restaurants und Nachtbar; die Kaluga-Restaurants in der Pieck-Straße mit russischen Spezialitäten, Tanzcafé, Pizzeria; das Japanrestaurant Waffenschmied, Gothaer Straße 4; Restaurant Sojus, Straße des 7. Oktober; Diana-Keller mit Wildspezialitäten, Pieck-Straße/ Ecke Marx-Platz; die Gaststätten Zum goldenen Hirsch, An der Hasel 91; Suhler Klause am Kirchberg 11; Gastmahl des Meeres, Steinweg 15; Restaurant Henneberg im Hotel Stadt Suhl, Straße des 7. Oktober; und das Café am Herrenteich (Mai-Sept.). Ferner sind zu nennen: Ratskeller in Suhl-Heinrichs; Am Sportplatz in Suhl-Mäbendorf; Jägerstube Suhl-Neundorf; Lauterer Wirtshaus in Lauter; Linsenhof, Naturheilgarten, Zum fröhlichen Mann, Volkshaus, Henneberger Haus, Haseltal und Dombergs Ansicht. Ferner sind die Kaffeestube Ilmenau-

Suhl

erstraße; Stadtcafé, Steinweg; Grüner Kranz, Mühltorstraße; Terrassencafé im Centrum-Warenhaus und das Café im Hochhaus der Kaluga-Restaurants zu nennen.

Veranstaltungen
Die wichtigsten Veranstaltungsorte sind das Kulturhaus 7. Oktober und die gegenüberliegende Stadthalle (Thälmann-Platz); ferner bieten das Urania-Zentrum (Gutenbergstraße), das Kulturhaus (Straße des 7. Oktober) und die Kulturhalle im Ortsteil Heinrichs (Meininger Straße) vielfältige Veranstaltungen an. Junge Leute treffen sich im Haus der jungen Talente, Am Bahnhof 28, sowie in den Klubs, Adlersbergstraße 17, Pieck-Straße und Straße des 7. Oktober 20. Jährlich finden in Suhl ein Sommermarkt und ein Weihnachtsmarkt statt. Die Tage der Volkskunst werden im Mai durchgeführt, alle zwei Jahre gibt es die Werkstattage der Jugendtanzmusik und die Bezirksmusiktage. Am Pfingstsonntag findet jährlich das Tierparkfest statt.

Ausflüge
Wer in Suhl baden gehen möchte, kann die Schwimmhalle mit Sauna benutzen, im Sommer sind die Freibäder in den Stadtteilen Haseltal und Goldlauter sowie der Bergsee Ratscher lohnende Ausflugsziele. Naherholungszentren befinden sich am Domberg (Ottilienkapelle und Gaststätte 250 m über dem Stadtzentrum) und am Bocksberg (mit Touristen-Unterkünften in Blockhütten). Die moderne Schießsportanlage auf dem Friedberg (Richtung Schleusingen) war Austragungsort der Weltmeisterschaften (Gaststätte Schützenklause).
Empfehlenswerte Ausflugsgasthäuser sind außerdem in Mäbendorf die Bergbaude Lange Bahn, das Stutenhaus bei Vesser und die Gaststätte Zur frischen Quelle in Altendambach.
✻ Breitenbach ✻ Gehlberg ✻ Hinternah ✻ Hirschbach ✻ Oberhof ✻ Rohr ✻ Schleusingen ✻ Schwarza ✻ Viernau

Brunnenfest

Tabarz

(Kreis Gotha, Bezirk Erfurt)

Der Ferienort am Nordosthang des Großen Inselsberges wird jährlich von rund 40.000 Urlaubern aufgesucht. Tabarz und der Ortsteil Cabarz wurden Ende des 14. Jh. erstmals erwähnt. Waldwirtschaft und Bergbau bestimmten in jener Zeit das Leben, später setzte der Handel mit Korbwaren, Gras- und Baumsamen ein. Im 19. Jh. entwickelte sich eine eigene Industrie mit Batterie- und Schlauchherstellung. In dem Ort lebte nicht nur der kommunistische Bildungspolitiker und Widerstandskämpfer Theodor Neubauer, sondern auch von 1884-1894 Heinrich Hoffmann, der Verfasser des „Struwwelpeter". Heute leben hier über 4500 Einwohner, die Betriebe stellen Scheinwerfer, Gummi, Schmuck und Baumaterialien (Steinbruch) her.

Museum

Die *Dr.-Theodor-Neubauer-Gedenkstätte,* Lauchagrundstraße 13 (Di, Mi, Fr, So 9.00-13.00; Do 13.00-17.00), befindet sich im ehemaligen Wohnhaus des Pädagogen. Die Ausstellung dokumentiert Leben und Werk des Bildungspolitikers, der als Widerstandskämpfer 1945 im Zuchthaus Brandenburg hingerichtet wurde.

Im *Steinpark* (Mai bis Okt. geöffnet) werden die Geologie des Thüringer Waldes und 22 verschiedene Gesteinsarten vorgestellt, weiter werden Versteinerungen und Wappensteine gezeigt.

Sehenswert

Der Kurpark Winkelhof hat eine Freilichtbühne und Lesehalle, der Alvary-Park oberhalb von Cabarz weist einen wertvollen Baumbestand auf, schließlich gibt es den Bethesda-Park mit Arboretum. Im Theodor-Neubauer-Park befindet sich ein Gedenkstein mit der Urne des Pädagogen und Politikers. Für Urlauber gibt es ein Schwimmbad, ein Reitsportgelände, Tennisplätze, gute Wintersportmöglichkeiten (Lift, Schanzen) und für Bergsteiger ein Trainingsgebiet im Lauchagrund – hier befindet sich auch ein Naturlehrpfad.

Gastronomie
Unterkunft und Verpflegung findet man im Hotel Tabarzer Hof in der Reinhardsbrunner Straße. Speisen und Getränke bieten ferner die Gasthäuser Felsental, Post, Torstein, Floßmann, Stern, Inselsberger Hof, Brauhaus sowie die Restaurants der Ferienheime Theodor Neubauer, Magnus Poser, Einheit und Freundschaft. Zu nennen sind ferner das Café Möncher in der Inselsbergstraße und das Café Waldbahn, Reinhardsbrunner Straße.

Ausflüge
Der Große Inselsberg (916 m) ist das wichtigste Naherholungsziel. Auf dem Berg befinden sich ein Post- und Fernmeldeturm (98 m), ein UKW-Sender, eine metereologische Station sowie zwei Gaststätten (Stöhr und Haus Gotha) und eine Jugendherberge. Mit dem Pkw ist eine Anfahrt bis zur Paßstraße an der Grenzwiese möglich, die letzten 100 Höhenmeter müssen erklommen werden.
2 km von Tabarz entfernt ist das Gasthaus Deysingslust mit Blick auf den Ort und den Inselsberg.
In der Ortsmitte des nahegelegenen Dorfes Winterstein befindet sich die Ruine einer mittelalterlichen Wasserburg, dem Stammsitz der Familie von Wangenheim. Kurios ist das Hundedenkmal von 1630 für den „Stutzel von Wangenheim“, der im Krieg Botendienste versehen hat. Im Wald über dem Gasthaus Zum Hirsch stand die Burg Sommerstein, deren Wallgraben noch zu erkennen ist.
✻ Gotha ✻ Waltershausen ✻ Friedrichroda ✻ Fischbach

Tambach-Dietharz

(Kreis Gotha, Bezirk Erfurt)

Im 13. Jh. wurden die beiden Orte auf der Nordostseite des Thüringer Waldes, die bis zum 16. Jh. zum Kloster Georgenthal gehörten, erstmals erwähnt. Die beiden Walddörfer schlossen sich 1919 zur Stadt zusammen. Heute leben hier 5.000 Einwohner, es werden Schrauben, Holzerzeugnisse, Schuhe und Kunststoffprodukte hergestellt. Für Urlauber stehen ein Waldschwimmbad und Sportstätten zur Verfügung.

Museum
Die Heimatstube (Juni-Okt. Mi, Fr 14.00-16.00 und nach Vereinbarung, Tel. 322) informiert über die Arbeits- und Lebensbedingungen der Menschen in der kleinen Stadt, so sind historische Trachten und Geräte zu sehen.

Sehenswert
Am Lutherbrunnen soll sich der Reformator bei einer seiner Reisen erfrischt haben. Am Mühlgraben ist noch ein historisches Wasserrad zu sehen. Die Gründung der kleinen Bergkirche soll auf Bonifatius (8. Jh.) zurückgehen. Die Gothaer Talsperre des Flüßchens Apfelstädt ist die älteste in Thüringen, sie wurde 1902-05 errichtet und diente zur Trinkwasserversorgung Gothas.

Gastronomie
Die wichtigsten Gasthäuser sind das Volkshaus und Zum Lamm in der Pieck-Straße; Zum Thüringer Wald, Spitterklause, Felsenthal, Tammichgrund und Waldhaus. Auch in den verschiedenen Ferienheimen befinden sich öffentliche Restaurants. Kaffee und Kuchen werden im Waldcafé, Bergcafé und im Schmunzeleck angeboten, zudem gibt es eine Eisdiele.

Ausflüge
Der 7 km lange Naturlehrpfad „Willi Matthias“ bietet nicht nur Erklärungen über Flora und Fauna, sondern auch weite Ausblicke auf die Landschaft. Die Ohratalsperre ist auf einem bequemen Wanderweg zu erreichen. Beliebte Ausflugsgaststätten sind die Waldbaude (1 km), Neues Haus (3 km), Lohmühle (2 km) und Rodebachsmühle (3 km).
✻Gotha✻Finsterbergen✻Luisenthal✻Georgenthal

Tanna

(Kreis Schleiz, Bezirk Gera)

Im 13. Jh. wurde der den Lobdeburgern gehörende Ort erstmals genannt. Im 16. Jh. kam Tanna bis 1918 an das spätere Fürstentum Reuß. Wegen der zahlreichen Brände im 18. und 19. Jh. erhielt der Ort den Spitznamen „Feuerstädtchen“.

Sehenswert
Die Pfarrkirche hat einen spätgotischen Chor, das Langhaus stammt allerdings aus dem 17. Jh, der Altaraufsatz ist im Barockstil gehalten.

Gastronomie
Das Gasthaus Strosche, Frankendorf Nr. 14, bietet Unterkunft und Verpflegung.

Ausflüge
✻ Schleiz ✻ Saalburg ✻ Hirschberg

Tannroda

(Kreis Weimar-Land, Bezirk Erfurt)

Die im 12. Jh. entstandene Burg war Mittelpunkt der kleinen Herrschaft der Herren von Tannroda. Nach einigen Besitzerwechseln gelangte der Ort 1775 an das Herzogtum Sachsen-Weimar. Aus der im 15. Jh. zerstörten Burg entstanden das Rote und Blaue Schloß. Das Rote Schloß fiel einem Blitzschlag zum Opfer. Das Blaue Schloß wurde mehrfach umgebaut und als Wirtschaftsgebäude genutzt. Die Ökonomie des kleinen Orts im Ilmtal ist durch eine Papierfabrik bestimmt, bis heute hat sich hier das Korbflechter-Handwerk erhalten.

Sehenswert
Der runde Bergfried der Burg ist als Aussichtsturm zugänglich. Den Schlüssel erhält man im Burghof. Mauerwerk und Wehrgang blieben erhalten. Die anderen Bauten des Gebäudekomplexes sind bewohnt.

Gastronomie
In Tannroda gibt es den Ratskeller und die Gaststätte Zum Bahnhof sowie das Kaffee Ritter.

Ausflüge
✻ Weimar ✻ Bad Berka ✻ Blankenhain

Teichel

(Kreis Rudolstadt, Bezirk Gera)

Der kleine Ort an der alten Kupferstraße wurde schon im 11. Jh. erwähnt, das Städtchen befand sich bis 1918 im Besitz der Grafen von Schwarzburg. 1867 ließen die Stadtväter ein für den kleinen Ort überdimensionales Rathaus errichten, durch das sich die Stadt über Jahrzehnte verschuldete. Heute sind in dem Gebäude Wohnungen und Büros untergebracht. In Teichel leben etwa 500 Menschen, die „Stadt“ hat ländlichen Charakter.

„Monumentales“ Rathaus in Teichel

Sehenswert
Das Riesenrathaus von Teichel ist dreigeschossig und hat eine Front mit über 40 Fenstern.

Gastronomie
Im Rathaus befindet sich ein Gaststätte.

Ausflüge
❋ Rudolstadt ❋ Großkochberg ❋ Remda

Thal

(Kreis Eisenach, Bezirk Erfurt)

Der Ort wurde im 13. Jh. erstmals erwähnt und entwickelte sich mit der oberhalb Thals gelegenen Burg Scharfenstein. Die Festung wurde im sächsischen Bruderkrieg um 1450 zerstört. In der Mitte des 19. Jhs. setzte der Kurbetrieb mit der Gründung des Luisenbades ein. Heute leben hier über 2.000 Einwohner. Kleine Betriebe stellen Uhren, Schrauben und elektromechanische Geräte her.

Sehenswert
Die Ortsmitte ist von der 600 Jahre alten Linde, dem Unterhof (Rathaus) und dem Oberhof (Schule) geprägt. Im Ortsteil Heiligenstein befindet sich die im 15. Jh. erbaute Kapelle des ehemaligen Wilhelmiterklosters Weißenborn. Die Ruine der oberhalb des Ortes gelegenen Burg Scharfenstein weist noch den Bergfried, ein Tor und Mauerreste auf.

Gastronomie
Der Ratskeller, das Kurhaus Thalfried, das Gasthaus Kloster Heiligenstein und das Café Elfie am Freibad sind die gastronomischen Einrichtungen des Ortes.

Ausflüge
Der nahe Ringberg (639 m) mit Alexanderturm bietet einen Rundblick über den nordwestlichen Thüringer Wald. Auf dem Weg nach Kittelsthal befindet sich die Gaststätte Zur Tropfsteinhöhle (2 km), die Höhle ist zur Zeit nicht begehbar. Ein angenehmer Spaziergang führt zur 5 km entfernten Köhlerhütte bei Schmerbach.
✻ Eisenach ✻ Ruhla ✻ Wutha-Farnroda

Themar

(Kreis Hildburghausen, Bezirk Suhl)

Bereis 796 wurde der Ort erstmals genannt und erhielt im 14. Jh. das Stadtrecht. Die Stadtmauer wurde im 15. Jh. erbaut. Die Gemeinde gehörte im Laufe der Jahrhunderte zu fünf thüringischen Kleinstaaten, bevor sie 1826 zu Sachsen-Meiningen kam. Im 19. Jh. war der Ort Ausgangspunkt der Werraflößerei bis nach Bremen. Mit der Industrialisierung entstanden ein Kalkwerk, Ziegeleien, Möbel- und Korbwarenbetriebe. Heute leben hier knapp 4.000 Menschen, die kleine Stadt ist durch die Baustoffindustrie, die Möbelherstellung und einen Webereibetrieb sowie durch ein agrochemisches Zentrum geprägt.

Sehenswert
Die mittelalterliche Stadtanlage ist noch weitgehend erhalten. Die Stadtmauer mit Türmen ist zum Teil noch 4 bis 5 m hoch. Zu beachten sind das ehemalige Amtshaus (heute Landambulanz), das elfachsige Rathaus am Markt mit beeindruckender Fassade und zahlreiche Fachwerkbauten am Markt und in der Thälmann-Straße.
Die Stadtkirche St. Bartholomäus ist ein spätgotischer Saalbau mit vier Flügelaltären aus der Zeit um 1500; die bedeutendste Arbeit wird dem Bamberger Bildschnitzer Hans Nußbaum zugeschrieben. Am Wohnhaus Schuhmarkt 10 befindet sich eine Gedenktafel für Heinrich Mylius, dem Erfinder des Tretkurbelfahrrades, das im Museum Kloster Veßra ausgestellt wird.

Gastronomie
Im Ort gibt es die Gasthäuser Drei Rosen, Krone, Zum Stern und Grüner Baum sowie die Cafés Thälmannstraße, Waldhof und Bad-Café.
Junge Leute treffen sich im ehemaligen Schützenhaus, dem heutigen Jugendklub.

Ausflüge
Ein Spaziergang zur reizvoll gelegenen Ottilienkapelle, die seit dem 16. Jh. verfallen ist, bietet eine weite Fernsicht ins Grabfeld und zur Rhön. Ein beliebtes Ausflugsziel ist auch die Osterburg (Gaststätte) in Henfstädt mit klassizistischem Gutsherrenhaus.
✻Hildburghausen✻Schleusingen✻Römhild✻ Obermaßfeld Grimmenthal ✻ Kloster Veßra

Treffurt

(Kreis Eisenach, Bezirk Erfurt)

An einer Furt durch die Werra zwischen Creuzburg und Wanfried entwickelten sich im 13. Jh. Burg und Ort. Nach Zerstörung wurde die Burg Normannenstein 1333 wiederhergestellt. Aufgrund einer Ganerbschaft war der Ort vom 14. Jh. bis ins 19. Jh. zwischen Mainz, Hessen und Thüringen dreigeteilt. Bis dahin gab es in der kleinen Stadt jeweils drei Bürgermeister und Kämmerer. 1815 fiel das Städtchen an Preußen. Nach dem 2. Weltkrieg war Treffurt aufgrund der grenznahen Lage von der deutschen Teilung betroffen und lag bis 1989 für Touristen unzugänglich im Grenzsperrgebiet.

Berühmtester Sohn der Stadt ist der SPD-Politiker Egon Bahr. Heute werden in Treffurt Zigarren und Wagenheber produziert.

Museum

Das kleine Heimatmuseum im von Trott'schen Anwesen (geöffnet nach Vorabsprache mit H. Grimm, Schulstraße 7) informiert über die Geschichte der Stadt und das örtliche Handwerk.

Sehenswert

Die Ruine Normannenstein aus dem 14. Jh. hat noch zwei Wohntürme und einen freistehenden runden Bergfried sowie einen Palas. Das Rathaus stammt aus der Renaissancezeit, mehrere Fachwerkhäuser des 17. Jh. blieben ebenso erhalten wie Reste der Stadtbefestigung. Die Pfarrkirche St. Bonifatius ist ein romanisches Bauwerk aus der Zeit um 1260, in der Folgezeit wurde das Gotteshaus mehrfach erweitert. Im Inneren sind noch Reste spätgotischer Fresken zu sehen.

Gastronomie

Empfehlenswert sind der Ratskeller und das Gasthaus Zum Stern am Markt. Junge Leute haben sich einen Klub in der Ruine Normannenstein eingerichtet.

Ausflüge

Der nahegelegene Heldrastein kann erklommen werden und bietet eine beeindruckende Aussicht auf das Werratal.

✻ Eisenach ✻ Mühlhausen ✻ Creuzburg ✻ Großburschla

Triebes

(Kreis Zeulenroda, Bezirk Gera)

Im Jahr 1209 wurde der Rittersitz erstmals genannt, der nach mehreren Besitzerwechseln 1681 zum Haus Reuß-Köstritz kam. Im 18. Jh. bestimmte die Handweberei das wirtschaftliche Leben, im 19. Jh. begann die industrielle Jutespinnerei und -weberei. Heute hat vor allem die Möbelherstellung große Bedeutung. 1919 erhielt Triebes das Stadtrecht, heute leben hier etwa 5.000 Einwohner.

Sehenswert

Vom Rittergut blieb das ehemalige Herrenhaus – heute Rat der Stadt – erhalten. Die Pfarrkirche entstand im Jahr 1716 und ist ein einfacher Bau.

Gastronomie

Die Gaststätte Goldener Löwe, Thälmann-Straße 18, bietet Unterkunft und Verpflegung.

Ausflüge

Der Maler und Bildhauer Max Klinger stammt aus dem nahegelegenen Ort Naitschau, am ehemaligen Klingerhof befindet sich eine Gedenktafel.

✻ Zeulenroda ✻ Hohenleuben

Triptis

(Kreis Gera, Bezirk Gera)

Im 13. Jh. entwickelte sich der Ort im Quellgebiet der Orla aus einem Nonnenkloster, das später aufgehoben wurde. Im 16. Jh. gelangte Triptis zum albertinischen Fürstentum Sachsen-Zeitz, gehörte kurze Zeit zu Preußen und kam schließlich im 19. Jh. zu Sachsen-Weimar. Weberei und Hutmacherei bestimmten zunächst das wirtschaftliche Leben, mit der Industrialisierung wurden eine Porzellan- und eine Teppichfabrik gegründet. Heute leben in dem Ort knapp 5.000 Menschen, wichtigster Erwerbszeig ist die Porzellanherstellung.

Sehenswert
Die Stadtkirche ist ein einschiffiger Barockbau mit einheitlicher Barockausstattung. Von einer mittelalterlichen Wasserburg blieb ein Bergfried (25 m) mit Resten des ehemaligen Schlosses erhalten. Die Friedhofskirche entstand Anfang des 18. Jh. und wurde 1833 umgestaltet.

Gastronomie
Das beste Haus ist das Hotel Zum Mohren in der Thälmann-Straße 21-23.

Ausflüge
Im 3 km entfernten Ortsteil Döblitz befindet sich eine sehenswerte Wehrkirche aus dem 13. Jh., die im Inneren Reste mittelalterlicher Fresken enthält.
✻ Gera ✻ Auma ✻ Neustadt/Orla ✻ Münchenberndorf ✻ Plothen

Trusetal

(Kreis Schmalkalden, Bezirk Suhl)

Die Gemeinde am Südwesthang des Thüringer Waldes entstand 1950 durch den Zusammenschluß der Dörfer Herges-Vogtei, Auwallenburg, Trusen, Elmenthal und Laudenbach. Erstmals wurden die Orte 1185 als Besitz der Abtei Herrenbreitungen genannt. Bergbau und Eisenverarbeitung waren die wichtigsten Erwerbszweige, im 19. Jh. kam die Schwer- und Flußspatgewinnung hinzu. Noch heute wird Bergbau betrieben, außerdem werden im Ort (4.000 Einwohner) Scheren hergestellt, die Landwirtschaft widmet sich der Rinderaufzucht. Den Feriengästen stehen Sportanlagen und ein Skilift im Ortsteil Laudenbach zur Verfügung.

Sehenswert
Der Trusetaler Wasserfall wurde 1865 künstlich angelegt und stürzt 50 m tief. Zu diesem Naherholungszentrum gehört auch ein Gasthaus mit ansehnlicher Geweihsammlung. Die Wallenburg, die 1247 entstand, war im Besitz der Frankensteiner und Henneberger. 1516 war hier Götz von Berlichingen zu Gast. Im 16. Jh. wurde die Burg teilweise abgebrochen, um in Schmalkalden Schloß Wilhelmsburg aufzubauen. Erhalten blieben Bergfried, Brunnen und Wälle. Der Turm ist täglich (außer Mo) als Aussichtsturm zugänglich.

Gastronomie
Zu nennen sind die Gaststätten Zur Linde, Schenkgasse; Thüringer Wald und Wasserfall, Brotteroder Straße; Glück Auf und Zum Stern, Thälmannplatz; Felsenkeller und Zur Erholung, Marx-Straße; ferner gibt es Jägersruh, Casino, Thomas Müntzer und Jungs Gaststätte.

Ausflüge
Der Turm der Wallenburg-Ruine auf dem 514 m hohen Hainberg bietet eine weite Aussicht, hier befindet sich auch die Turmklause. Ein beliebtes Ausflugsziel ist die Hohe Klinge in Laudenbach.
✻ Schmalkalden ✻ Floh ✻ Brotterode ✻ Bad Liebenstein ✻ Breitungen

Vacha

(Kreis Bad Salzungen, Bezirk Suhl)

Der Ort an der alten Verbindungsstraße von Fulda nach Eisenach hatte bereits 1186 die Stadtrechte. Das an der Werra gelegene Vacha gehörte zum Fuldaer Kloster. 1406 übernahm Hessen zwei Drittel der Stadt, die dann im 17. Jh. völlig zu Hessen kam. Erst 1815 trat Kassel das Gebiet an das Großherzogtum Sachsen-Weimar-Eisenach ab. Nach dem 2. Weltkrieg war die „bunte Stadt vor der Rhön“, wie Vacha genannt wurde, in

Rathaus in Vacha

einer extremen Randlage und lag von 1952 bis 1989 im für Touristen unzugänglichen Grenzsperrgebiet. Heute befinden sich hier zwei stark frequentierte Grenzübergänge zum benachbarten Philippsthal.

Sehenswert

Beeindruckend ist die um 1342 entstandene Werrabrücke mit 14 Bögen, sie wurde im 19. Jh. erneuert. Von der Stadtmauer sind noch beträchtliche Reste erhalten. Sehenswert ist das Rathaus, das auch Widemarksches Haus, nach einem Amtmann aus dem 16. Jh., genannt wird; davor befindet sich der Stadtbrunnen mit der Figur des St. Veit (1613). Die Stadtkirche bestand schon im 13. Jh. und wurde im 19. Jh. im klassizistischen Stil erneuert, Westturm und Säulenportal blieben im romanischen Stil erhalten. Die Gottesackerkirche stammt als ehemalige Klosterkirche aus dem 14. Jh., der Altaraufsatz wurde im Jahr 1616 gestaltet.

Ausflüge

Im 4 km entfernten *Völkershausen* wurde im Frühjahr 1989 durch ein Erdbeben, das durch einen Gebirgsschlag in der Werra Kaliindustrie ausgelöst worden war, ein großer Teil der Bausubstanz beschädigt. Die Kirche in der Ortsmitte mußte abgebrochen werden.

✻BadSalzungen✻Merkers✻Stadtlengsfeld✻ Geisa ✻ Berka/Werra

Viernau

(Kreis Suhl-Land, Bezirk Suhl)

Der Ort am Südwesthang des Thüringer Waldes bildete im 15. Jh. die Grenze zwischen hennebergischem und schleusingischem Gebiet. 1815 wurde Viernau mit Schleusingen Preußen angeschlossen. Holz- und Metallverarbeitung sowie das Kleineisenwarengewerbe gehörten zu den wichtigen Erwerbszweigen. Heute leben in der Industriegemeinde 2500 Einwohner, die vor allem in kleinen Handwerksbetrieben arbeiten.

Sehenswert
Der historische Ortskern mit typisch fränkischen Fachwerkbauten blieb im wesentlichen erhalten, zudem gibt es noch zwei Wassermühlen. Der Hergeser Teich bietet Angelmöglichkeiten. Sportstätten, Ski- und Rodelhänge sind in der nahegelegenen Wuhlheide zu finden.

Gastronomie
Unterkunft und Verpflegung findet man in der Gaststätte Grüner Baum, außerdem ist das Gasthaus Thüringer Wald zu nennen.

Ausflüge
Beliebtes Naherholungsgebiet ist der Wolmirsberg, hier hat man eine gute Aussicht auf den Südhang des Thüringer Waldes und auf die Rhön, außerdem kann man in der Berggaststätte Wuhlheide einkehren.
✻Suhl✻Steinbach-Hallenberg✻Schwarza✻ Zella-Mehlis

Volkerode

(Kreis Heiligenstadt, Bezirk Erfurt)

Der kleine Ort wurde von den Rittern von Volkerode beherrscht, die bis 1646 zum Zeichen ihrer Gerichtsbarkeit neben ihrem Schloß einen Galgen aufgestellt hatten. Volkerode gehörte, ebenso wie das gesamte Obereichsfeld, zunächst zum Erzbistum Mainz und im 19. Jh. zu Preußen.

Sehenswert
Der Ort besitzt den am besten erhaltenen Dorfanger im Eichsfeld mit Ringmauer Steintisch und Linde; auch in Misserode, Bickenried, Lenterode und Wüstheuterode gibt es noch ähnliche Anlagen. Die Dorfkirche ist im barocken Stil gehalten und entstand 1780.

Ausflüge
Unterkunft und Verpflegung bietet die in Ershausen gelegene Gaststätte Diederich, Provinzialstraße 51.
✻Heiligenstadt✻Döringsdorf✻Wachstedt✻ Dingelstädt

Wachstedt

(Kreis Worbis, Bezirk Erfurt)

Im 12. Jh. hatten die Grafen von Tonna weite Teile des Eichsfeldes erobert. Die Burg Gleichenstein war vermutlich Mittelpunkt einer Herrschaft, zu der auch die Burg Scharfenstein (✻ Beuren) gehörte. Die Burgen wurden später von Mainz übernommen und im 30jährigen Krieg zerstört. Im Schatten der Burg entwickelten sich die ländlichen Siedlungen Martinfeld und Wachstedt.

Sehenswert
Unter Verwendung von Teilen der gotischen Festung wurde auf dem Burgberg ein Betriebsferienheim ausgebaut, eine Besichtigung der Anlage ist nach Voranmeldung möglich. Am Fuß des Burgberges steht die Wallfahrtskapelle Klüschen-Hagis. Dieser noch regelmäßig von Pilgern aufgesuchte Barockbau entstand 1769. Im Inneren befindet sich ein spätgotisches Vesperbild, die Außenkanzel stammt aus dem frühen 17. Jh.

Ausflüge
Im nahegelegenen Martinfeld bietet das Gasthaus Mootz auch Unterkunft an.
✻ Worbis ✻ Heiligenstadt ✻ Döringsdorf ✻ Dingelstädt ✻ Volkerode

Walldorf

(Kreis Meiningen, Bezirk Suhl)

Das 982 erstmals genannte Königsgut kam 1008 an das Bistum Würzburg. Aus einer mittelalterlichen Burganlage entwickelte sich im 15. Jh. eine der beeindruckendsten Wehrkirchen in Thüringen. Die Ortsbewohner lebten von der Schafzucht und dem Handel mit Scheuersand.
Walldorf hatte bis 1938 eine bedeutende jüdische Minderheit, die eine eigene Synagoge und Schule besaß. Heute wohnen hier etwa 2400 Einwohner, das wirtschaftliche Leben wird durch die Viehzucht und die Herstellung von Lichtschaltern, Textilien, Werkzeugen, Meßgeräten und Betonplatten bestimmt.
Jährlich kommen etwa 100.000 Tagestouristen, die die Sandsteinhöhle besuchen.

Museum
Die Sandstein- und Märchenhöhle (Mai bis Okt. Di-So 9.00-17.00) ist künstlich entstanden und wurde 1957 der Bevölkerung zugänglich gemacht. Über Jahrhunderte bauten die Menschen mit einfachsten Werkzeugen Streu- und Scheuersand ab. Die Höhle umfaßt 65.000 qm und hat 2500 Stützsäulen. Neben Informationen über den Sandsteinabbau können hier Märchenbilder besichtigt werden.

Sehenswert
Die größte Kirchenburg des Werratals aus dem 12. Jh. schließt Ecktürme und Bergfried ein, die Innenausstattung stammt aus dem 17. Jh. Im Ort befindet sich außerdem noch eine gotische Kirche.
Von den zahlreichen Fachwerkhäusern sind das Gasthaus Zum Ritter (17. Jh.), das Rote Haus und die ehemalige Schmiede zu nennen. Am Ortsrand befindet sich der jüdische Friedhof.

Gastronomie
Im Ort gibt es die Gaststätten Zum Adler, Zum Ritter, Zur Brückenmühle, Rhönpforte, Sportlerheim und Sandsteinhöhle.

Ausflüge
Das nahegelegene Hotel Schloß Landsberg entstand im 11. Jh. aus einer Burg des Stifts Würzburg. Im 19. Jh. ließ der Meininger Herzog Georg II. hier ein Lustschloß im neugotischen Stil errichten. Im Rittersaal befindet sich eine beliebte Ausflugsgaststätte. Teile des Bergfrieds der alten Burg blieben erhalten.
Der Melkerser Felsen (470 m, Schutzhütte) bietet einen Blick auf die Vordere Rhön und in das Werratal.
✻Meiningen ✻Wasungen ✻Kaltennordheim

Waltershausen

(Kreis Gotha, Bezirk Erfurt)

Die Burg Tenneberg wurde erstmals im 12. Jh. genannt, es ist aber anzunehmen, daß Ort und Festung wesentlich älter sind. Im 14. Jh. entwickelte sich Walterhausen zu einer befestigten Stadt. Die Burg wurde von den Gothaer Herzögen zum Schloß ausgebaut und diente im 17. Jh. zeitweise als Residenz Ernsts des Frommen. Bis 1922 war im Schloß der Sitz des Landratsamtes. Traditionelles Handwerk waren Woll- und Leineweberei, im 19. Jh. begann die Puppen- und Spielwarenherstellung. Die Leineweber spezialisierten sich auf die Herstellung von Feuerwehrschläuchen. 1848 wurde bereits eine Pferde- und später eine Dampfeisenbahn betrieben. Im Ortsteil Schnepfenthal gründete C.G. Salzmann seine berühmte Erziehungsanstalt, an der auch J. C. GutsMuths, der Pionier der Sporterziehung, lehrte. Die Stadt am Nordostrand des Thüringer Waldes hat heute etwa 14.000 Einwohner und ist von mittleren Industriebetrieben geprägt; hergestellt werden Reifen, Kleinfahrzeuge („Multicar") und Spielwaren.

Museum
Das *Heimatmuseum* in Schloß Tenneberg (Mi-So 9.00-12.00 und 13.00-17.00, Führungen zur vollen Stunde) präsentiert Schloßräume, wie den Festsaal und die Kapelle. Die Ausstellung informiert über die historische Entwicklung der Stadt, im Mittelpunkt steht die Puppenindustrie im 19. Jh. und ihre Erzeugnisse bis zur Gegenwart.
Die *GutsMuths-Gedenkstätte* in der Salzmann-Oberschule im Ortsteil Schnepfenthal (11. Jan bis 19.Dez Mo-Fr 14.00-16.00) vermittelt Kenntnisse über die von Christian Gotthilf Salzmann gegründet Schule und Erziehungsanstalt sowie über das Wirken von GutsMuths, der den Sportunterricht einführte. In der Nähe befindet sich auch der von GutsMuths 1818 angelegte erste deutsche Gymnastikplatz mit alten Geräten.

Sehenswert
Von der Stadtbefestigung sind bemerkenswerte Reste, wie das Nikolaustor und die Töpferpforte, erhalten. Der nahezu quadratische Marktplatz mit dem Rathaus (16.-18. Jh.) hat in der Mitte einen achteckigen Brunnen. Die Gotteshilfkirche ist ein reich ausgestatteter barocker Zentralbau und kunsthistorisch als ein Vorläufer der Dresdener Frauenkirche interessant. Beachtenswert ist das illusionistische Deckenbild. Reizvoll ist auch das Ensemble alter Bausubstanz in der Krummen Gasse. Die heutige Anlage des über dem Städtchen gelegenen Schlosses Tenneberg entstand Ende des 14. Jh. und wurde vom 16. bis ins 18. Jh. umgestaltet und erweitert. Das frühere Vorwerk der Burg, die sog. „Kemnote" war lange Zeit Sitz der ersten deutschen Lehranstalt für Forst- und Jagdkunde (heute Berufschule). Im Ortsteil Schnepfenthal wurde Ende des 18. Jh. die Salzmann Schule mit Wohn- und Wirtschaftsgebäuden gegründet. Sehenswert ist der GutsMuths Turnplatz auf der Hardt und der Waldfriedhof der Schule mit den Gräbern von Salzmann und GutsMuths.

Gastronomie
Die wichtigsten Gasthäuser heißen Bellevue, Burgbergstraße 2; Thüringer Wald, Ruhlaer Straße 6; Zum Kühlen Grund, Wintersteiner Straße 1; Bayerischer Hof, Borngasse 8; Grüne Tanne, Ohrdrufer Straße 6; das Café am Brühl und Café Jungheinrich, Pieckstraße. Im Ortsteil Schnepfenthal befindet sich das Gasthaus Zur Tanne und das Restaurant im Ferienheim.

Veranstaltungen
Im Festsaal des Schlosses Tenneberg finden Konzerte statt. Der Ort ist außerdem eine Karnevalshochburg am Nordostrand des Thüringer Waldes.

Ausflüge
Am nahen Tabarzer Berg befindet sich das Gasthaus Deysingslust.
❋Gotha❋Tabarz❋Friedrichroda❋Fischbach

Wandersleben
(Kreis Gotha, Bezirk Erfurt)

Zum Schutz der Handelsstraße von Thüringen nach Franken entstand im 11. Jh. die Burg Gleichen, die im 13. Jh. an den Erzbischof von Mainz fiel. Die mächtigen Grafen von Gleichen wurden die Lehnsherren (Gräbstätten im Erfurter Dom). Die Burg wurde im 30jährigen Krieg zerstört. Der Thüringer-Wald-Verein bemüht sich seit dem 19. Jh. um die Erhaltung der Ruine. Das kleine Dorf Wandersleben (2.000 Einwohner) entwickelte sich am Fuß der Burg.

Museum
Die Ausstellung in Burg Gleichen (März bis Okt. Di-So 10.00-14.00) vermittelt Informa-

Burgruine Gleichen

tionen über Burggeschichte und Landschaft. Das kleine Museum im Turmzimmer ist geöffnet, wenn die rot-weiße Fahne gehißt ist.

Sehenswert

Von der Ruine der Burg Gleichen blieb der Bergfried (11. Jh.) erhalten, der als Aussichtsturm bestiegen werden kann. Außerdem sind noch die Ruinen des romanischen Palas, des Herrenhauses (16. Jh.) und einiger Wohngebäude zu sehen.
Im Ort befindet sich ein Wohnturm aus dem 13. Jh., der zum Zentrum für Geologie und Regionalgeschichte ausgebaut wird. Die romanische Kirche St. Petri wurde im 17. und 18. Jh. verändert. Grenzsteine mit dem Mainzer Rad finden sich auf dem Schulhof und am Kaffberg.

Gastronomie

Speisen und Getränke bietet die Gaststätte Freudenthal.

Ausflüge

Vom knapp 400 m hohen Kaffberg hat man einen schönen Überblick auf das Burgenensemble „Drei Gleichen“ mit der Burg Gleichen, der Wachsenburg (Hotel, Restaurant ✻ Arnstadt) und der Mühlburg.
✻Gotha✻Mühlberg✻Arnstadt✻Neudietendorf ✻ Wechmar

Wasungen

(Kreis Meiningen, Bezirk Suhl)

Das im 9. Jh. erwähnte Dorf wurde im Schatten der Burg im 12. Jh. zu einer Marktsiedlung erhoben. 1308 erhielt Wasungen das Stadtrecht und wurde kaiserliches Landgericht. Die Stadtmauer um die fast rechtekkige Stadt an der Werra errichtete man im 14. Jh. Die aufblühende Stadt wurde im 30jährigen Krieg und durch eine Pestepedemie heimgesucht. Von den Hennebergern ging Wasungen 1680 an Sachsen-Meiningen über. 1747/48 führten die Herzogtümer Gotha und Meiningen, die beide das Städtchen beanspruchten, den Wasunger Krieg. Ende des 19. Jh. siedelten sich Betriebe an, in denen Papier, Dachpappen, Holzwaren und Metallerzeugnisse hergestellt wurden. Heute werden hier außerdem noch Tuben, Pinsel, Bürsten, Uhren und Sportgeräte produziert. In dem Erholungsort leben über 4.000 Einwohner.

Sehenswert
Wehrtürme, Reste der Stadtmauer und mittelalterliche Straßenführung blieben erhalten. Die gesamte Altstadt weist eine Vielzahl wertvoller historischer Bausubstanz auf. Zu nennen sind die Marktplatzanlage mit Fachwerkbauten aus dem 16. und 17. Jh., das dreigeschossige Rathaus von 1533, das ehemalige Damenstift (heute Stadtbibliothek), das Amtsgericht und die Renaissance-Adelshöfe. Die Stadtkirche ist ein einschiffiger Bau, der als Bergkirche oberhalb der Altstadt errichtet wurde, die Ausstattung stammt im wesentlichen aus dem 17. Jh. Die mittelalterliche Gottesackerkirche wurde mehrfach umgestaltet. Oberhalb der Stadt liegt die Ruine Maienluft, die im 12. Jh. als Sitz des Wasunger Rittergeschlechts entstanden ist. Erhalten blieben der Bergfried – er ist als Aussichtsturm zugänglich – Ringmauern und Wirtschaftsgebäude der Unterburg (heute Ferienheim).

Gastronomie
Bestes Haus am Platz ist das Hotel Thüringer Hof in der Oberen Hauptstraße. Ferner gibt es die Gaststätten Ratskeller, Zur Linde, Erholung, Zum Hirsch, Zum Bären, Wasunger Tor, Köhlersberg, Paradies und Rosenau.

Veranstaltungen
In Wasungen wird seit dem 16. Jh. Karneval gefeiert, die Stadt ist für ihren Festzug und den Straßenkarneval an den „drei tollen Tagen“ bekannt.

Ausflüge
Die Ausflugsgaststätte Burg Maienluft liegt etwa 1 km von der Stadtmitte entfernt im Wald. In der Umgebung gibt es einen forstbotanischen Lehrpfad zum Borntal am nördlichen Stadtrand und einen forstbotanischen Garten mit seltenen Gehölzen auf der Hümburg. Ein schöner Spaziergang führt auch in den reizvoll gelegenen Ort *Bonndorf.* Das 8 km entfernt gelegene Jagdschloß Zillbach stammt aus dem 16. Jh. und wurde im 18. Jh. neu errichtet. Der Forstwissenschaftler Cotta richtete hier 1795 eine Lehranstalt ein, noch heute befindet sich hier eine Bildungsstätte. Sehenswert ist der botanische Garten, der unter dem Namen Plantage bekannt ist. Im nahegelegenen *Schwallungen* ist die sogenannte Kemenate, ein viereckiger Wohnturm aus dem 16. Jh., sehenswert.
✻ Meiningen ✻ Schmalkalden ✻ Walldorf

Wechmar
(Kreis Gotha, Bezirk Erfurt)

Der bereits um 800 erwähnte Ort gehörte zunächst zum Kloster Hersfeld. Im 11. Jh. hielt Kaiser Heinrich IV. hier ein Fürstengericht ab. Nach häufigem Wechsel der Herrschaft kam der kleine Ort schließlich zu Sachsen-Gotha. Das Dörfchen an der Apfelstädt gilt als Stammsitz der Musikerfamilie Bach.

Museum
Die Heimatstube, Gothaer Straße (Mai-Okt. Sa 15.00-17.00, So 10.00-12.00) zeigt Exponate zur Ortsgeschichte und informiert über die Familie Bach.

Sehenswert
Das Bachhaus, ein zweigeschossiger Fachwerkbau, steht in der Bachstraße 4. Es ist das ehemalige Wohnhaus des Bäckers und Müllers Veit Bach, dem Ahnherrn von Johann Sebastian Bach.
Das ehemalige Rittergut in der Hohenkirchenstraße hat einen beachtlichen Rokokosaal. Die Dorfkirche ist ein neuromanischer Zentralbau aus dem 19. Jh., hat aber noch ein Kruzifix aus der Zeit um 1500.

Ausflüge
✻Gotha✻Wandersleben✻Mühlberg✻Ohrdruf

Weida

(Kreis Gera-Land, Bezirk Gera)

Der im 12. Jh. erstmals genannte Ort liegt an der Mündung der Auma in die Weida. Zunächst bestand hier eine slawische Siedlung, um 1155 wurde der deutsche Ort Wünschendorf-Veitsburg hierher verlagert. Die Stadt wurde von den Vögten von Weida gegründet und war bis zum 15. Jh. der Mittelpunkt der gleichnamigen Herrschaft. In den späteren Jahrhunderten hatte sie wechselnde Herrscher, bevor sie 1816 zu Sachsen-Weimar-Eisenach kam. Weida besteht aus einer Altstadt um die Widenkirche und aus der an die Osterburg angelehnten Neustadt mit Rathaus und Peterskirche. Die Stadt hat heute etwa 12.000 Einwohner, Textil-, Leder- und Schuhproduktion sind die wichtigsten Erwerbszweige.

Museum
Das Kreismuseum Weida auf der Osterburg, Schloßberg 14 (Mi-Fr. 9.00-12.00 und 13.00-16.00; Sa-So 10.00-16.00), präsentiert Exponate vom 12. bis 18. Jh. und informiert über die Entwicklung der Gegend, der Osterburg und anderer historischer Gebäude in Weida und Wünschendorf.

Sehenswert
Schloß Osterburg war ursprünglich eine romanische Befestigungsanlage der Weidaer Vögte. Im 15. Jh. bauten sie die Markgrafen von Meißen um. Der 73 m hohe Burgturm kann bestiegen werden, er ist der älteste original erhaltene Bergfried in der DDR. Im Schloß befinden sich das Heimatmuseum und eine Jugendherberge.
Im Ort blieben Reste der Stadtmauer mit Wehrtürmen erhalten. Am Neumarkt befindet sich das Renaissance-Rathaus aus dem 16. Jh. Sehenswert sind die Ruinen der Widenkirche (spätromanischer Bau) und der Peterskirche mit dem vollständig erhaltenen Südturm. Die Stadtkirche war früher eine Franziskaner-Nonnenkirche und wurde im 17. Jh. wiedererrichtet.

Gastronomie
Übernachten und essen kann man im Hotel Haus des Volkes am Markt. Eine empfehlenswerte Gaststätte befindet sich in der Schloßwache aus dem 18. Jh.

Ausflüge
Ein beliebtes Naherholungsziel ist die kleine Aumatalsperre bei Liebsdorf mit Campingplatz und Wassersportgelegenheit. Der etwa 12 km entfernte Weidastausee entstand im den 1950er Jahren und bietet im Ausgleichsbecken Bade- und Wassersportmöglichkeiten.
✻Gera✻Berga/Elster✻Hohenleuben✻Münchenbernsdorf

Mahnmal im ehem. KZ Buchenwald

Weimar

(Kreisstadt im Bezirk Erfurt)

Die ehemalige thüringische Hauptstadt und Residenz des Großherzogtums Sachsen-Weimar-Eisenach im Tal der Ilm ist heute eine Kreisstadt mit 64.000 Einwohnern. In der Burg Wimares hielt Kaiser Otto II. 975 einen Hoftag ab (erste urkundliche Erwähnung). Im 13. Jh. begann man mit der eigentlichen Anlage einer Stadt, 1348 erhielt Weimar die Stadtrechte. Der Ort ging in wettinischen Besitz über und wurde 1547 Hauptstadt des Herzogtums Sachsen-Weimar. Der Maler Lucas Cranach d.Ä. verbrachte hier im 16. Jh. seine letzten Lebensjahre (Cranach-Haus am Markt, Cranach-Gruft auf dem Jakobskirchhof).

Im 17. Jh. blühte das kulturelle Leben der Stadt auf. Der „Palmenorden", eine „Gesellschaft zur Reinigung und Pflege der deutschen Sprache", wurde gegründet. Anfang des 18. Jh. wirkte in der Residenz Johann Sebastian Bach als Hoforganist und -kapellmeister. Die klassische Periode Weimars leitete Herzogin Anna Amalia ein, als sie 1772 Christoph Martin Wieland als Erzieher an den Hof holte. Ihr Sohn, der junge Herzog Carl August, ließ drei Jahre später Johann Wolfgang von Goethe aus Frankfurt folgen. Goethe wirkte hier bis zu seinem Tod 1832 als Minister, Dichter und Naturforscher. Ein Jahr nach Goethe kam Herder als Generalsuperintendent, 1799 siedelte Schiller nach Weimar über. Auch im 19. und 20. Jh. hatte die Stadt eine Anziehungskraft auf Maler, Schriftsteller und Musiker (Franz Liszt, Richard Strauß, Nietzsche, Gropius usw.). 1815 wurde Weimar Großherzogtum und erhielt ein Jahr später die erste Verfassung in Deutschland. 1860 eröffnete der Großherzog eine Kunstschule, an der Lenbach, Böcklin und Liebermann lehrten, 1902 übernahm sie Henry van de Velde und 1919 entwickelte sich daraus das „Bauhaus" mit Walter Gropius als Direktor.

Im Zuge der Industrialisierung entstanden eine Waggonfabrik und Betriebe der Holz-, Papier-, Textil- und chemischen Industrie. 1918 dankte der letzte Großherzog ab, 1919 tagte im ehemaligen Hoftheater die Nationalversammlung der ersten Deutschen Republik, die seitdem Weimarer Republik genannt wurde. 1920 wurde Weimar zur Hauptstadt des neugebildeten Landes Thüringen.
Bereits 1932 kam in Thüringen die NSDAP an die Macht und 1937 entstand auf dem nahegelegenen Ettersberg das Konzentrationslager Buchenwald. Im 2. Weltkrieg wurde die Stadt erheblich beschädigt. Nach dem Krieg siedelten die Landesministerien nach Erfurt über, nach Auflösung des Landes 1952 wurde Weimar Kreisstadt, blieb aber ein Zentrum der Kultur (Theater, Kongresse), Bildung (Hochschulen für Musik und Bauwesen) und Wissenschaft. Auch die Industrie prägt das Bild der Stadt, die größten Betriebe stellen Landmaschinen und Uhren her. Die Stadt wird jährlich von mehr als einer Million Touristen besucht.

Museum

Die *Nationale Mahn- und Gedenkstätte Buchenwald* auf dem Ettersberg (April bis Sept. Di-So 8.00-17.30; Okt. bis März Di-So 8.00-16.00) befindet sich auf dem Gelände des ehemaligen Konzentrations- und Internierungslagers, in dem bis 1949 mehr als 60.000 Menschen aus 35 Ländern ums Leben kamen. Die Gedenkstätte mit Glockenturm, Denkmal und Ringgräbern ist etwa 1.000 m vom eigentlichen Lager entfernt. Das Museum befindet sich in der ehemaligen Effektenkammer auf dem Lagergelände und informiert über die Geschichte des KZ.
Die *Nationalen Forschungs- und Gedenkstätten* der klassischen deutschen Literatur betreiben eine Zentralkasse und Informationsstelle in der Frauentorstraße 4 (8.30-12.45 und 13.30-16.30), für das Goethe- und Schillerhaus müssen hier die Karten gelöst werden.
Das *Goethe-Nationalmuseum* mit Wohnhaus und Museum am Frauenplan (April bis Okt. Di-So 9.00-13.00 und 14.00-17.00; Nov. bis März Di-So 9.00-13.00 und 14.00-16.00) umfaßt das Wohnhaus mit Original-Mobiliar, Sammlungen und Bibliothek des Dichters und eine umfassende literaturhistorisch-biographische Ausstellung über sein Leben und Werk.
Das *Goethe Gartenhaus,* Corona-Schröter-Straße im Park an der Ilm (April bis Okt. Mi-Mo 9.00-12.00 und 13.00-17.00; Nov. bis März Mi-Mo 9.00-12.00 und 13.00-16.00), war der erste Wohnsitz Goethes ab April 1776 in Weimar und ist noch mit originalen Einrichtungsgegenständen ausgestattet.
In der *Goethe- und Schiller-Gruft,* Historischer Friedhof (April bis Okt. 9.00-13.00 und 14.00-17.00; Nov. bis März 9.00-12.00 und 13.00-bis 16.00), können die Eichensärge der beiden größten deutschen Dichter sowie die Grabstätte der Weimarer Herzogsfamilie besichtigt werden.
Das *Schillerhaus,* Schillerstraße 12 (April bis Okt. Mi-Mo 9.00-13.00 und 14.00-17.00; Nov. bis März Mi-Mo 9.00-13.00 und 14.00-16.00), umfaßt das ehemalige Wohnhaus des Dichters und das neugebaute Schillermuseum mit literaturhistorischer Ausstellung.
Das *Liszthaus,* Marienstraße 17 (April-Okt. Sa-So 9.00-13.00 und 14.00-17.00; Nov. bis März Di-So 9.00-13.00 und 14.00-16.00), bietet einen Einblick in das Wohnhaus, in dem der Komponist 17 Jahre lebte. Eine Ausstellung gibt Informationen über Leben und Werk.
Das *Kirms-Krackow-Haus mit Herdermuseum,* Jakobstraße 10 (April bis Okt. Di-So 9.00-12.00 und 13.00-17.00; Nov. bis März Mi-So 9.00-12.00 und 13.00-16.00), widmet sich dem Wirken des Theoretikers der Aufklärung, der 1803 in Weimar starb. Außerdem wird die Lebensweise des Bürgertums im 19. Jh. dokumentiert.
Das *Römische Haus* im Park an der Ilm (April bis Okt. Di-So 9.00-12.00 und 13.00-17.00; Nov. bis März Di-So 9.00-12.00 und

Schloß Belvedere, Weimar

13.00-16.00) entstand Ende des 18. Jhs. Gezeigt werden eine Ausstellung über die Geschichte des Parks sowie Wohnräume des Herzogs mit Louis-Seize- und Empire-Möbeln.

Das *Museum für Ur- und Frühgeschichte Thüringens,* Amalienstraße 6 (Di-Fr 8.00-17.00; Sa, So 10.00-13.00 und 14.00-17.00) präsentiert eine umfassende Sammlung prähistorischer Funde der Region, darunter Großwildskelette (450.000 Jahre alt), Grabbeigaben und frühgeschichtliche Schmuckstücke.

Das *Wittumspalais mit Wielandmuseum,* Am Palais 3 (April bis Okt. Di-So 9.00-12.00, 13.00-17.00; Nov. bis März Di-So 9.00-12.00 und 13.00-16.00), befindet sich im Wohnhaus der Herzogin Anna Amalia, in dem sich die Gelehrten zu Tafelrunden trafen. Leben und Werk Christoph Martin Wielands werden in einer besonderen Ausstellung gewürdigt.

Das *Stadtmuseum Weimar,* Karl-Liebknecht-Straße 7 (So-Do 9.00-13.00 und 14.00-17.00), befindet sich im sogenannten Bertuch-Haus. In 17 Räumen wird die Geschichte der Stadt lebendig präsentiert.

Die *Albert-Schweitzer-Gedenkstätte,* Kegelplatz 4 (Di-Sa 9.00-12.00 und 13.00-16.00), zeigt eine Ausstellung über den Arzt, Philosophen, Organisten und Theologen, in der auch persönliche Gegenstände des „Urwald-Doktors“ zu sehen sind.

Das *Rokokomuseum Schloß Belvedere* (Mi-So 10.00-13.00, 14.00-18.00) zeigt in der Orangerie eine Sammlung historischer Wagen aus dem Fuhrpark des Großherzogs von Sachsen-Weimar-Eisenach.

Schloß Tiefurt, Hauptstraße 14 (April bis Okt. Di-So 9.00-13.00 und 14.00-17.00; Nov. bis März Di-So 9.00-13.00 und 14.00-16.00), war der Sommersitz der Herzogin Anna Amalia. Die Einrichtung entspricht der Wohnkultur der Goethezeit, gezeigt wird auch die Küche des Schlosses.

Die *Kunstsammlungen zu Weimar,* Galerie im Schloß (Mai-Sept. Di, Mi, Do-So 9.00-13.00, 14.00-18.00, Fr 10.00-13.00, 14.00-

18.00; Okt.-April Di, Mi, Do-So 9.00-13.00, 14.00-17.00, Fr 10.00-13.00, 14.00-17.00), stellen deutsche, niederländische und italienische Malerei vom Mittelalter bis zum 19. Jh. mit herausragenden Cranach-Arbeiten aus. Die Grafischen Sammlungen (60.000 Zeichnungen und Grafiken) können nach Voranmeldung besucht werden.
Die *Kunsthalle am Theaterplatz* (Di-So 9.00-13.00 und 14.00-17.00) zeigt Sonderausstellungen.
Zeitgenössische Kunst präsentieren die Galerie im Cranachhaus am Markt (Mo-Fr 10.00-17.00), das Kabinett am Goetheplatz (So-Do 9.00-13.00, 14.00-17.00), die Kleine Galerie, Schubertstraße 10 (Mo-Fr 9.00-12.00, 14.00-16.00) und das Autonome Cultur Centrum, Burgplatz 1 (Sa-So 15.00-19.00, Di-Do 18.00-21.00).

Sehenswert
Die wichtigsten Sehenswürdigkeiten: Am Marktplatz, dessen Nordseite wieder aufgebaut wird, befinden sich der Neptunbrunnen, die Renaissancebauten Cranach-Haus und Stadthaus, das Parkhotel, der Schwarze Bär (älteste Gaststätte der Stadt), Elephant sowie das Rathaus. Am nahegelegenen Platz der Demokratie stehen das Rote und das Gelbe Schloß (heute Verwaltungsgebäude) und das Fürstenhaus (Hochschule für Musik), wo die fürstliche Familie Goethe erstmals empfing, davor dominiert das Reiterstandbild des Herzogs Carl August vom Bildhauer Adolf von Donndorf. Gegenüber im Grünen Schloß ist heute die Zentralbibliothek der deutschen Klassik untergebracht. Das Residenz-Schloß aus dem 16. Jh. beherbergt die Kunstsammlungen.
Einen Spaziergang lohnt der Park an der Ilm mit dem Goethe-Gartenhaus, dem Shakespeare-Denkmal, dem sowjetischen Ehrenfriedhof und dem Römischen Haus. Auf dem Historischen Friedhof vor dem Frauentor befinden sich die Fürstengruft mit der letzten Ruhestätte von Goethe und Schiller, die russisch orthodoxe Kapelle und im hinteren Teil des Friedhofs das Denkmal für die Märzgefallenen von Gropius.
Beachtenswert sind ferner am Wielandplatz das Denkmal des Dichters, am Frauenplan das Goethehaus mit Museum und das Gasthaus Zum weißen Schwan. Die Schillerstraße ist eine Fußgängerzone (mit dem Schillerhaus und Gänsemännchenbrunnen), die zum Theaterplatz führt (Deutsches Nationaltheater, das barocke Wittumspalais und Kunsthalle). Das Goethe-Schiller-Denkmal 1857 von Ernst Rietschel geschaffen, wurde zum Wahrzeichen von Weimar. Am Goetheplatz gibt es mit dem Kasseturm noch einen Rest der ehemaligen Stadtbefestigung. In der sogenannten Altstadt ist die Stadtkirche St. Peter und Paul („Herderkirche") mit einem Cranach-Altar und mehreren Fürstengrabdenkmälern ausgestattet, davor steht das Herder-Denkmal.

Gastronomie
Die besten Hotels in Weimar sind der traditionsreiche Elephant am Markt (mit Restaurants und Nachtbar) und der Russische Hof am Goetheplatz. Unterkünfte und Verpflegung findet man auch in den Hotels Einheit, Brennerstraße 42, und International, Leninstraße 17. Etwas außerhalb befindet sich das Hotel Ettersberg. Das neue Luxushotel Bellevue war 1990 noch im Bau. – Die wichtigsten Restaurants sind Alt-Weimar, Steubenstraße; Weimarischer Hof, Thälmann-Straße; Schwarzer Bär und Ratskeller, Markt; Gastmahl des Meeres, Herderplatz; Theater-Kasino, Theaterplatz; Weimarhalle, Liebknecht-Straße; Schwanseebad, Herbststraße; Birkenhaus, Leibnizallee; Siechenbräu, Freiligrathstraße; Hainfels, Belvederer Allee; Gaststätte am Dichterweg, Bodelschwingh-Straße; Kulturhaus Niederkirchner; Hainfels; Schloßgaststätte Belvedere. – Empfehlenswerte Cafés sind die Esplanade, Schillerstraße; Café am Wielandplatz; Café am Goetheplatz; Café Resi, Grüner Markt. – Junge Leute treffen sich in den

Studentenklubs Kasseturm, Schützenstraße und Jakobsstraße. Außerdem gibt es die Klubs am Goetheplatz, am Stadion und in der Richard-Müller-Straße 20.

Veranstaltungen
Das Deutsche Nationaltheater Weimar gehört zu den bedeutendsten Ensembles der DDR und bietet Schauspiel, Oper und Konzerte. Weitere Veranstaltungen finden in der Weimarhalle, in der Stadtkirche, im Klub Erich Wendt, Schubertstraße und im Kulturhaus Niederkirchner statt. – Jährlich werden die Kulturprogramme „Ostern in Weimar" und „Kultursommer" durchgeführt. Weimar ist auch Veranstaltungsort der Shakespeare-Tage und eines internationalen Musikseminars, im März und April gibt es die Thüringer Bachtage. Zu Goethes Geburtstag findet jedes Jahr am 28. August eine Feier im Goethehaus am Frauenplan statt. Die Weimartage der Jugend werden jährlich Anfang Juli durchgeführt, Jazz-Tage gibt es im November. Traditionsreiches Volksfest ist der Zwiebelmarkt im Oktober.

Ausflüge
Die Rokoko-Schlösser Belvedere (im Süden) und Tiefurt (im Osten) sind vom Zentrum aus auf Spazierwegen, die größtenteils durch Parks führen, zu erreichen. Die Landschaftsgärten, die beide Schlösser umschließen, sind mit zahlreichen Kleinarchitekturen (Tempel, Denkmale) bestückt. Im Norden erhebt sich der Ettersberg mit der Mahn- und Gedenkstätte Buchenwald, dahinter befindet sich der Ort Ettersburg.
✻ Bad Berka ✻ Blankenhain ✻ Buchfart ✻ Buttelstedt ✻ Ettersburg ✻ Hohenfelden ✻ Kranichfeld ✻ Magdala ✻ Tannroda

Weißensee

(Kreis Sömmerda, Bezirk Erfurt)

Der Ort entwickelte sich mit der Runneburg, einer Pfalzburg der Thüringer Landgrafen. Die erste Marktsiedlung im Schatten der Festung entstand um die Nikolaikirche, im 13. Jh. wurde östlich der Burg die 1265 mit dem Stadtrecht versehene Anlage um die Kirche St. Peter und Paul errichtet. Mit Wasser wurde die Stadt mit dem bei ✻ Greußen umgeleiteten Lauf der Helbe versorgt. Im 14. Jh. siedelten die Johanniter nach Weißensee über. 1485 kamen Burg und Stadt an die Albertiner und somit an Kursachsen. 1815 erhielt Preußen die Stadt. Bis zur Gebietsreform 1952 blieb Weißensee Kreisstadt und wurde dann dem Kreis Sömmerda zugeordnet.

Museum
Das Museum zur Geschichte der Milchwirtschaft, Langestraße 6 (Di-Fr 9.00-12.00 und 14.00-17.00, So 14.00-17.00), präsentiert 1400 Exponate über die Geschichte der Milchgewinnung und -verarbeitung. Molkereien im Laufe der Geschichte werden ebenso vorgestellt wie Methoden der Butter- und Quarkherstellung.

Sehenswert
Die Runneburg (gebaut 1168-1172) am westlichen Ortsrand gehört neben Wartburg, Creuzburg und Neuenburg/Unstrut zu den wichtigsten Anlagen der Thüringer Landgrafen. Erhalten blieben die Toranlage, Teile des Bergfrieds und der Palas. Vermutlich hat hier schon im 6./7. Jh. eine befestigte Anlage gestanden, denn die Burganlage liegt auf einem über 1 Hektar großen künstlich angelegten Plateau. Zu sehen sind heute in Weißensee die mittelalterliche Anlage der Kernstadt (Straßennetz mit Oster-, Fischer-, See- und Helbetor), der Stadtmauerring, die ehemalige Nikolai-Kirche aus dem 12. Jh., die

Renaissanceschloß Windischleuba

gotische Stadtkirche St. Peter und Paul mit freistehendem Glockenturm und spätgotischem Flügelaltar sowie das bemerkenswerte Rathaus aus dem 15. Jh.

Ausflüge

Im Norden der Stadt befindet sich das Naherholungszentrum Terrassenbad mit Campingplatz, Gondel- und Fischteich, Bootsverleih, Angelmöglichkeit, Musikpavillon, Schwimmbad und Café, Sportstätten, Minigolf, Kegelbahn und Zeltkino.

✻ Sömmerda

Windischleuba

(Kreis Altenburg, Bezirk Leipzig)

Bereits im 12. Jh. entstand am alten Peter- und Pauls-Weg nach Böhmen eine Wasserburg im Tal der Pleiße. Die Befestigung hatte häufig wechselnde Besitzer, die jene immer wieder umgestalteten. 1880 erwarben die Herren von Münchhausen das Schloß, die es großzügig ausbauten. Der Dichter Börries von Münchhausen lebte hier bis zu seinem Tod 1945. Die Kunstsammlungen Münchhausens befinden sich heute im Altenburger Museum.

Sehenswert

Das Renaissanceschloß entstand aus der älteren Wasserburg, von der noch die vier Ecktürme erhalten blieben. Im Inneren ist das im Rokokostil gehaltene Jagdzimmer beachtenswert. Heute wird die Burg als Jugendherberge genutzt. An den Schloßpark schließt sich der Stausee mit Vogelschutzgebiet an.

Die Dorfkirche, ein spätgotischer Bau mit romanischen Elementen, wurde 1507 vollendet und besitzt eine umlaufende Empore. Der gesamte kleine Ort steht unter Denkmalschutz.

Ausflüge
Die am nördlichen Ortsrand gelegene Talsperre der Pleiße bei Windischleuba ist heute ein beliebtes Naherholungszentrum für die Altenburger mit Campingplatz und Wassersportmöglichkeiten.
✻ Altenburg ✻ Meuselwitz

Wintzingerode

(Kreis Worbis, Bezirk Erfurt)

Das kleine Dörfchen entstand im Schutz der Burg Bodenstein. Die seit 1209 bezeugten Herren von Wintzingerode besaßen zunächst den Scharfenstein und siedelten später zum Bodenstein über.

Sehenswert
Etwa 1 km nordöstlich des Ortes liegt auf dem Felsvorsprung die Burg Bodenstein. Sie wurde als Rittersitz im 12. Jh. erbaut. Vom 15. Jh. bis 1945 war sie Sitz der Herren von Wintzingerode, die die Gebäude öfters umbauten. Burghof, Tor, Zugbrücke und Fachwerkbauten blieben erhalten. Die Kapelle entstand 1688 und ist im gotisierenden Barock gestaltet. Im Burggarten befindet sich die Ruine eines Mannschaftshauses. Teile der als Erholungsheim genutzten Burg können besichtigt werden.

Ausflüge
✻ Worbis

Worbis

(Kreisstadt im Bezirk Erfurt)

Der Ort am Südhang des Ohmgebirges ist mit 4.000 Einwohnern eine der kleinsten Kreisstädte der DDR. Die im 12. Jh. entstandene Siedlung gehörte zur Grafschaft Lohra und kam nach verschiedenen Besitzerwechseln im 14. Jh. an die Landgrafschaft Thüringen. 1280 wurde Worbis das Stadtrecht erteilt. 1373 wurden die Mainzer Erzbischöfe Alleinherren, 1802 kam Worbis zu Preußen. Aufgrund der historischen Entwicklung ist das Städtchen im Eichsfeld katholisch geblieben. Das wirtschaftliche Leben wird durch Betriebe bestimmt, die Möbel, Parkettböden, elektrotechnische Geräte und Tabakerzeugnisse herstellen. Die Stadt hat eine Schwimmhalle, Sportanlagen und ein Tiergehege hinter dem Kulturhaus.

Museum
Das Kreismuseum Worbis, Straße der Jungpioniere 1 (Di-Do 10.00-12.00 und 14.00-16.00, Fr 10.00-12.00; März bis Okt. zusätzlich So 10.00-12.00), befindet sich im ehemaligen kurmainzischen Amtshaus und vermittelt Kenntnisse über Geschichte und Volkskunde des Eichsfeldes.

Sehenswert
Die Klosterkirche St. Antonius gehörte ursprünglich zum Franziskanerkloster, das 1825 aufgehoben wurde. Sie entstand im 17. Jh. nach Plänen von Petrini und besitzt eine sehr reiche Ausstattung mit Haupt-, Seiten- und Nebenaltären. Die barocke Pfarrkirche St. Nikolaus wurde im 18. Jh. unter Einbeziehung eines romanischen Vorgängerbaus errichet. Die St. Rochuskapelle, ein Barockbau, wird als Erinnerungsstätte an die 1682/83 durch die Pest gestorbenen Bürger benutzt. Im ehemaligen Franziskanerkloster (um 1670) befindet sich heute das Kreisgericht, das Rathaus stammt aus dem 17. Jh. Zudem sind im Stadtkern noch einige sehenswerte Fachwerkbauten erhalten.

Gastronomie
Empfehlenswert sind das Hotel Drei Rosen, Thälmann-Straße; das Kulturhaus Worbis und das Haus des Handwerks.

Worbis

Veranstaltungen
Im Saal des Kulturhauses und auf der Freilichtbühne finden regelmäßig Gastspiele der Städtischen Bühnen Nordhausen statt.

Ausflüge
Das nahegelegene Ohmgebirge bietet vielfältige Wandermöglichkeiten.
✻Beuren✻Deuna✻Dingelstädt✻Leinefelde✻ Wachstedt ✻ Wintzigerode

Wünschendorf

(Kreis Gera-Land, Bezirk Gera)

Mit dem Kloster Mildenfurt entstand im 12. Jh. der Ort am Zusammenfluß von Weida und Weißer Elster. Heute leben knapp 4.000 Einwohner in dem von einem Dolomitwerk und der Landwirtschaft geprägten Ort.

Sehenswert
Die Veitskirche im Ortsteil Veitsberg wurde im 10. Jh. gegründet, ist jedoch immer wieder erweitert und umgestaltet worden. Fresken aus dem 14. Jh. sind ebenso zu sehen, wie ein Flügelaltar aus 1480, das überlebensgroße Kruzifix von 1515 und Ausstattungsteile aus dem 19. Jh. Das Prämonstratenserkloster im Ortsteil Mildenfurth stammt aus dem 12. Jh. Erhalten blieben Gebäude aus dem 13. Jh., die im 16. Jh. zum Jagdschloß umgebaut wurden und heute als Altersheim dienen. Das Dominikaner-Nonnenkloster im Ortsteil Cronschwitz aus dem 13. Jh. ist dagegen verfallen.
Sehenswert ist die überdachte Holzbrücke aus dem 18. Jh. (✻ Buchfart), die ein noch immer funktionstüchtiges technisches Denkmal ist.

Ausflüge
✻ Gera ✻ Weida ✻ Berga/Elster

Wurzbach

(Kreis Lobenstein, Bezirk Gera)

Um das im 13. Jh. entstandene Waldhufendorf siedelten sich infolge des im Mittelalter aufblühenden Eisengewerbes mehrere Hütten an. Bis ins 18. Jh. herrschte das Geschlecht von Watzdorff als Inhaber eines Rittergutes, später kam der Ort an die Herrschaft Reuß-Lobenstein. 1922 wurden die umliegenden kleinen Siedlungen eingemeindet, 1930 erhielt der Marktflecken das Stadtrecht. Heute ist die kleine Stadt im Sormitz-Tal von der metallverarbeitenden Industrie geprägt.

Museum
Das Technische Schaudenkmal Heinrichshütte, Leutenberger Straße 44 (geöffnet nach Voranmeldung, Tel. 717), ist eine Anlage, in der der Abstich von Eisen und dessen Guß hinter schützenden Glasscheiben beobachtet werden kann. Die Hütte wurde 1729 gegründet. Gegossene Gegenstände können als Souvenir erworben werden.

Ausflüge
✻ Lobenstein ✻ Lehesten ✻ Leutenberg

Wutha-Farnroda

(Kreis Eisenach, Bezirk Erfurt)

Farnroda am Nordwesthang des Thüringer Waldes entstand mit der gleichnamigen Herrschaft im 13. Jh. Von dem ehemaligen Wasserschloß blieben nur noch Reste erhalten. Wutha im Hörseltal gehörte von 1451 bis 1799 zur Herrschaft Farnroda. 1806 befreite hier der preußische Leutnant Hellwig mit einigen Husaren 4.000 von den Franzosen gefangene Soldaten. In dem Industrieort Wutha werden Landmaschinen und Gartenbaugeräte hergestellt. Die beiden Orte (jeweils etwa 1500 Einwohner) wurden 1987 zusammengeschlossen. Etwa 4.000 Einwohner bewohnen das im letzten Jahrzehnt errichtete Neubaugebiet Mölmen.

Sehenswert
Die Laurentiuskirche in Farnroda aus dem 13. Jh. mit einem freistehenden verwitterten Glockenturm und einem spätgotischen Flügelaltar ist ein reizvolles Ensemble. Im Schloßpark befindet sich das teilweise verfallene Schloß und der 25 m hohe Turm. Ein Gedenkstein an den Leutnant Hellwig und die Gefangenenbefreiung steht nahe dem Bahnübergang in Wutha an der Straße nach Eisenach.

Gastronomie
Nennenswerte Gaststätten sind in Farnroda das Gartenrestaurant Bergblick, die Gasthäuser Zur Linde und Zum Wittgenstein sowie im Ortsteil Wutha das Klubhaus August Rudloff, Gothaer Straße.

Ausflüge
Das Hörselberghaus auf dem Großen Hörselberg und die Raststätte Kleiner Hörselberg sind lohnenswerte Ausflugsziele, an den Buntsandsteinhängen befindet sich die Venushöhle. – Im nahegelegenen Ferienort Mosbach gibt es die Ausflugsgasthäuser Zum Klosterhof und Zu den drei Linden.
✻ Eisenach ✻ Thal ✻ Ruhla

Zella-Mehlis

(Kreisstadt des Kreises Suhl-Land, Bez. Suhl)

Das Kloster Reinhardsbrunn gründete 1112 die Zella St. Blasii, einen Ort, der im 17. Jh. das Marktrecht erhielt. Im Ortsteil Mehlis wurde Viehzucht und Bergbau betrieben, seit dem 15. Jh. werden hier Waffen hergestellt. Bereits im 18. Jh. produzierte man jährlich bis zu 16.000 Rohre. Im 19. Jh. entwickelte sich die metallverarbeitende und feinmechanische Industrie, die noch heute das wirtschaftliche Profil des Ortes bestimmt. 1919 wurden die beiden Orte zusammengelegt und erhielten das Stadtrecht. Der von hohen Bergen umgebene Doppelort liegt in über 450 m Höhe und hat 14.000 Einwohner. Die Stadt ist auch Sitz des Rates des Kreises Suhl-Land; es gibt ein Freibad, eine Sporthalle, Tennisplätze und eine Kegelbahn. Der Ort hat ein gutes Skigelände in unmittelbarer Nähe (Sprungschanze, Rodelbahn).

Museum
Das Heimatmuseum, Weinberg 1 (So 9.00-12.00 und 14.00-17.00, nach Voranmeldung auch zu anderen Zeiten, Tel. 3481), informiert über die Geschichte des Ortes. Schwerpunkt bilden Exponate zum Hirtenwesen und zum Bergbau. Zum Haus gehören eine Freifläche und eine Scheune mit bäuerlichem Gerät und einer Gesindestube.

Sehenswert
Die Stadtkirche St. Blasius ist ein Zentralbau aus dem 18. Jh. mit zwei umlaufenden Emporen und einer wertvollen Orgel.

Gastronomie
Empfehlenswert sind die Restaurants in den Hotels Stadt Suhl, Bahnhofstraße 7; Stadt Wien, Anschütz-Straße, sowie die Gaststätten Waldfrieden, Zur Sporthalle, im Haus des Volkes (Hirtenstube) und Ratskeller. Kaffee, Kuchen und Eis bekommt man in den Cafés Schreier, Otto und der Eisdiele.

Veranstaltungen
Seit einigen Jahren wird Anfang August ein Hirten- oder Schäferfest (seit dem 16. Jh. belegter und wieder aufgenommener Brauch) und im September ein Sommerfest veranstaltet.

Ausflüge
Nahe Ausflugsgasthäuser sind die Waldmühle, Schneidersgrund, das Sportlerheim und die Schäferbaude. *Benshausen* ist ein altes Weinhändlerdorf, am Markt erinnert das Weinhändlerhaus aus dem Jahr 1700 an dieses Gewerbe.

✻ Suhl ✻ Oberhof ✻ Steinbach-Hallenberg

Zeulenroda

(Kreisstadt im Bezirk Gera)

Der als Waldhufendorf in 400 m Höhe angelegte Ort erhielt 1438 die Markt- und Stadtrechte. Bis 1918 gehörte Zeulenroda zum Fürstentum Reuß. Wichtig für die wirtschaftliche Entwicklung waren die Weberei und die Strumpfwirkerei. Seit der 2. Hälfte des 19. Jh. entwickelte sich die kleine Stadt zu einem Industriestandort, in dem Möbel, Textilien, Seife und Metallerzeugnisse hergestellt werden. Durch die Talsperren und die nahen Wälder hat sich auch der Fremdenverkehr ausgeweitet. Heute leben in der Kreisstadt etwa 13.000 Einwohner.

Museum
Das Städtische Kunstgewerbe- und Heimatmuseum, Aumaische Straße 30 (Di-Fr 9.00-11.30 und 13.00-16.30, So 12.30-16.30), präsentiert in 27 Räumen die Geschichte der Stadt und die Lebensweise ihrer Einwohner, dabei wird die Wohnkultur von Strumpfwirkern, Bauern und Fabrikanten im 19. Jh. einander gegenübergestellt.

Sehenswert
Beachtenswert ist das klassizistische Rathaus und die aus gleicher Zeit stammende Dreifaltigkeitskirche. Am Markt stehen klassizistische Bürgerhäuser. Im Bleichenweg 23 ist die älteste Werkstatt des Zeulenrodaer Textilgewerbes. Im Barockstil wurde „Zorns Häuschen“ auf dem Rabensleitehang errich-

tet. Im Stadtgebiet sind rund 100 Karpfenteiche angelegt, die teilweise bereits im 17. Jh. vorhanden waren.

Gastronomie
Das beste Haus am Platz ist die Gaststätte Thüringer Hof am Karl-Marx-Platz (Markt).

Veranstaltungen
Regelmäßig finden im Kulturhaus und in der Stadtkirche Konzerte statt. Im Sommer werden alljährlich Filmtage durchgeführt.

Ausflüge
In den 1950er Jahren wurde zur Verbesserung der Trinkwasserversorgung der Weidastausee (5 km entfernt) angelegt. Die Staumauer des Hauptbeckens ist 30 m hoch. Im unteren Ausgleichsbecken bestehen Gelegenheiten zum Baden und zum Wassersport. 1976 wurde direkt am Stadtrand die Talsperre Zeulenroda mit einem Steinschüttdamm erbaut, auch hier bestehen Wassersportmöglichkeiten. Über den Stausee führt eine 350 m lange Brücke. Ein beliebtes Ausflugslokal ist in Pahren, jenseits der Talsperre, die Gaststätte Goldener Löwe (Übernachtungsmöglichkeit). Auch im 4 km entfernten Pöllwitz bestehen gute Badegelegenheiten.
✻ Auma ✻ Hohenleuben ✻ Pausa ✻ Triebes

Ziegenrück

(Kreis Schleiz, Bezirk Gera)

Der im 13. Jh. den Grafen von Orlamünde gehörende Ort ging später an die Herren von Reuß über, die ihn aber wieder an die Wettiner verloren. 1328 bekam Ziegenrück das Stadtrecht und entwickelte sich im Schutz einer Burg, die im 16. Jh. zerstört wurde. Im 30jährigen Krieg und durch häufige Stadtbrände wurde die historische Bausubstanz erheblich beschädigt. 1815 kam die Stadt an Preußen und wurde Sitz eines Landrates. Der malerisch gelegene Ort an der Mündung von Dreba, Plothe und Sormitz in die kurvenreiche Saale ist von hohen bewaldeten Bergen umgeben. Heute leben in dem beliebten Urlaubsort 1200 Einwohner, wirtschaftliche Bedeutung hat die Herstellung von Pappe und Kartons.

Museum
Das Museum für Wasserkraftnutzung, Lobensteiner Straße 6 (April bis Okt. 9.00-17.00; Nov. bis März Mo-Sa 9.00-17.00), wurde in der ehemaligen Fernmühle an der Saale eingerichtet. Die Mühle erzeugte von 1900 bis 1965 Strom. Die Ausstellung informiert über die alte Technik, die Entwicklung der Saalekraftwerke und die Bedeutung des Wassers für unser Leben.

Sehenswert
Von der im 13. Jh. errichteten Burg blieb die spätgotische Kemenate erhalten, in der jetzt eine Jugendherberge untergebracht ist. Das Rathaus aus dem 16. Jh., die spätgotische dreischiffige Stadtkirche mit reicher Ausstattung und das Pfarrhaus mit eindrucksvollem Renaissanceportal sind einen Besuch wert.

Gastronomie
Unterkunft und Verpflegung bieten die Gaststätten Wagner, Obere Straße 13, und Breternitz, Marktstraße 1.

Ausflüge
Über der Stadt befindet sich Schneidersblick und etwas weiter die Sängerhütte. Ein beliebtes Ausflugslokal ist die Gaststätte Waldfrieden bei Lückenmühle.
Von Ziegenrück aus lassen sich mit dem Rad oder dem Auto in landschaftlich reizvoller Umgebung Ausflüge zur Bleilochtalsperre und zum Hohenwartestausee unternehmen.
✻ Schleiz ✻ Plothen ✻ Hohenware ✻ Ranis ✻ Pößneck

Praktische Tips

Wer keine Bekannten oder Verwandten in Thüringen hat und die Region zwischen Werra und Saale, zwischen Harz und Thüringer Wald nicht kennt, kann das Land auf historischen Spuren bereisen, zur Sommerfrische, zum Wintersport oder zur Kur fahren, ein kulturelles oder sportliches Ereignis aufsuchen oder einfach so durch die Gegend streifen. Für Reisen in die DDR genügt bei einem Aufenthalt bis zu 30 Tagen ein Reisepaß. Kraftfahrer sollten den Führerschein und den Kfz-Schein nicht vergessen. Der Geldumtausch kann an der Grenze oder bei den Staatsbanken erledigt werden.
Fahrzeugführer (auch Radfahrer) müssen beachten, daß im Straßenverkehr der DDR die Null-Promille-Regelung gilt. Die zulässigen Höchstgeschwindigkeiten für Pkw sind 50 km/h in geschlossenen Ortschaften und 80 km/h außerhalb von Städten und Gemeinden, auf Autobahnen sind 100 km/h erlaubt. Die Dichte des Tankstellen-Netzes entspricht in Thüringen nicht der in der Bundesrepublik. Zudem haben viele Tankstellen nur werktags geöffnet und vor den Zapfsäulen des „VEB Minol" bilden sich häufig lange Warteschlangen. Im folgenden sind die Intertank-Stellen der Bezirke Erfurt, Gera und Suhl aufgeführt, bei den meisten ist auch bleifreies Benzin vorrätig:

Tankstellen
<u>Bezirk Erfurt:</u>
Arnstadt, Ichtershäuser Straße 9; *Eisenach,* Kasseler Straße 9; *Erfurt,* Gothaer Landstraße 40; *Erfurt-Eichelborn,* Autobahn (Tag und Nacht geöffnet); *Erfurt-Gispersleben;* Demminer Straße; *Netzkater; Nordhausen,* Freiherr-vom-Stein-Straße 39; *Sondershausen,* Erfurter Straße 16; *Waltershausen,* Gothaer Straße; *Weimar,* Erfurter Straße 31; *Weimar-Buchenwald; Worbis,* Bahnhofstraße 10.

<u>Bezirk Gera:</u>
Gera, Swerdlowskstraße (Tag und Nacht geöffnet); *Hermsdorfer Kreuz,* Autobahn (Tag und Nacht geöffnet); *Jena-Burgau,* Kessler Straße; *Pößneck,* Neustädter Straße 160; *Rudolstadt,* Gartenstraße; *Saalfeld,* Rudolstädter Straße.
<u>Bezirk Suhl:</u>
Bad Salzungen-Allendorf; Ilmenau, Erfurter Straße 60; *Meiningen,* Leipziger Straße 66; *Oberhof,* Poststraße 12; *Schmalkalden,* An der Fuchsenkothe; *Sonneberg,* Am Isaak; *Suhl,* Schmückestraße (Tag und Nacht geöffnet); *Themar,* Hildburghäuser Straße.

Bahnfahrten
Die Deutsche Reichsbahn (DR) unterhält in Thüringen die Eisenbahn- und Bahnbus-Verbindungen. Der Normalpreis, 2. Klasse, beträgt ca. 8 Pfennig pro Kilometer. Kinder bis zum 4. Lebensjahr haben freie Fahrt, Vier- bis Zehnjährige zahlen den halben Preis. Für Sonntagsrückfahrkarten gibt es eine Ermäßigung von 30 Prozent. Zahlreiche Züge sind zuschlagpflichtig. Das Eisenbahnnetz wird durch Autobusse ergänzt. In zahlreichen Bahnhöfen müssen die Karten für den Bus- bzw. Eisenbahn-Nahverkehr an Automaten gekauft werden.

Touristisch interessant sind folgende Nostalgie-Bahnen in Thüringen:
- die *Thüringer Waldbahn von Gotha über Waltershausen, Friedrichroda nach Tabarz (21,7 km);*
- *die Harz-Querbahn von Nordhausen über Eisfelder Talmühle, Drei Annen Hohne nach Wernigerode (60,5 km);*
- *die Oberweißbacher Bergbahn (Seilzugbahn) im Schwarzatal.*

Telefonieren – Notruf
Aus öffentlichen Telefonzellen in Thüringen kann man nicht in die Bundesrepublik anrufen. Dies ist lediglich von privaten Apparaten, von Hotel-Fernsprechern und von Postämtern aus möglich. Die Wartezeiten betra-

gen häufig mehrere Stunden. Ortsgespräche von Telefonzellen aus kosten 0,20 Mark. In den öffentlichen Fernsprech-Häuschen gibt es zumeist keine Telefonbücher. Die Notrufnummern lauten 110 für die Polizei und 115 für die Unfallrettung.

Informationsstellen in Thüringen

Touristische Informationsstellen findet man in zahlreichen Städten Thüringens. Zu ihren Aufgaben gehören Zimmernachweis, Reservierungen, Karten-Vorverkauf, Veranstaltungshinweise, Stadtführungen, Auskünfte und Souvenir-Verkauf. In den meisten Informationsstellen können touristische Programmhefte gekauft oder eingesehen werden. Die Telefon-Vorwahlen sind für Anrufer aus der Bundesrepublik, in der DDR sind diese Nummern örtlich unterschiedlich.

Altenburg-Information, Markt, Ecke Weibermarkt 17, Altenburg 7400, Tel. 0037402-311145.

Arnstadt-Information, Markt 3, Haus zum Palmbaum, Arnstadt 5210, Tel. 0037618-2049.

Bad Frankenhausen-Information, Anger 14, Postfach 35, Bad Frankenhausen 4732, Tel. 00374586-233.

Bad Langensalza-Information, Neumarkt 9, Bad Langensalza 5820, Tel. 2568 (keine Direktwahl).

Eisenach-Information, Bahnhofstraße 3-5, Eisenach 5900, Tel. 0037623-4895 oder 6161.

Erfurt-Information, Bahnhofstraße 38, Erfurt 5000, Tel. 003761-26267.

Gera-Information, Dr.-Rudolf-Breitscheid-Straße 1, Gera 6500, Tel. 003770-26432.

Gotha-Information, Hauptmarkt 2, Gotha 5800, Tel. 0037622-4036.

Greiz-Information, Burgplatz 4, Greiz 6600, Tel. 6537 (keine Direktwahl).

Ilmenau-Information, Ernst-Thälmann-Straße 2, Ilmenau 6300, Tel. 0037672-2358.

Jena-Information, Neugasse 7, Jena 6900, Tel. 003778-24671.

Mühlhausen-Information, Görmarstraße 57, Mühlhausen 5700, Tel. 0037625-2912.

Nordhausen-Information, Rautenstraße 2, Nordhausen 5500, Tel. 0037628-4938.

Oberhof-Information, Haus der Freundschaft, Tel. 00376682-397;

Oberhof-Service, Zellaer Straße 10, Oberhof 6055, Tel. 00376682-204.

Saalfeld-Information, Blankenburger Straße 4, Saalfeld 6800, Tel. 0037792-3950.

Schwarzatal-Tourist, Kurverwaltung am Bahnhof, Bad Blankenburg 6823 (keine Telefonangabe).

Sondershausen-Information, Ferdinand-Schlufter-Straße 20, Sondershausen 5400, Tel. 003762899-8111.

Sonneberg-Information, Karl-Marx-Straße 20, Sonneberg 6400, Tel. 0037674-3207.

Suhl-Information, Steinweg 1, Suhl 6000, Tel. 003766-20052.

Weimar-Information, Marktstraße 4, Weimar 5300, Tel. 0037621-63113.

Hotels, Pensionen, Unterkünfte

In vielen Erholungsorten werden zudem Privatunterkünfte, aber auch Plätze in Ferienwohnungen durch die Räte der Gemeinde, die Kurverwaltungen, über das Reisebüro der DDR oder durch den FDGB-Feriendienst vermittelt.

Allstedt 4702; Hotel Weimarischer Hof, Thälmannstraße 2

Altenburg 7400; Hotel Zum Wenzel, Karl-Liebknecht-Straße 21; Gasthaus Gesecus, Topfmarkt 2; Bettenhaus Zum Wenzel, Thälmannstraße 15

Apolda 5320; Hotel Zur Post, Bahnhofstraße 35

Arnsgereuth 6801; Pension Beuthan

Arnstadt 5210; Bahnhofshotel, Am Bahnhof 8; Hotel Goldene Sonne, Ried 3; Hotel Zum Ritter, Kohlenmarkt 20

Asbach 6081; Gasthaus Zur Linde, Schmalkalder Straße 44

Bad Berka 5302; Kurhotel Bad Berka, Bahnhofstraße 32

Bad Blankenburg 6823; Hotel Eberitzsch

Hausportal in Erfurt

Bad Frankenhausen 4732; Hotel Stolberg, Bahnhofstraße 15

Bad Klosterlausnitz 6532; Hotel Waldhaus zur Köppe

Bad Köstritz 6514; Hotel Goldener Löwe, Thälmann-Straße 5

Bad Langensalza 5820; Hotel Zum Schwan, Thälmannplatz; Hotel Bürgerhof, Steinweg 11

Bad Salzungen 6200; Hotel Freundschaft, E.-Thälmann-Straße 1; Hotel Goldbroiler (Kugler), Wilh.-Pieck-Str. 30; Hotel Deutsches Haus, Wilh.-Pieck-Str. 8

Bleicherode 5502; Wohnhotel Bleichtal, Maxim-Gorki-Str. 117; Hotel Berliner Hof, Maxim-Gorki-Str. 62

Brattendorf 6121; Gaststätte Immenhof, Eisfelder Str. 22

Breitungen 6082; Gasthaus Schmalz, OT Altenbreitungen, Eisenacher Straße 45

Brotterode 6083; Hotel Zur guten Quelle, Schmalkaldener Str. 27; Hotel Zur Krone, Schmalkaldener Str. 43; Hotel Thüringer Wald, Platz der DSF 1

Camburg 6903; Gaststätte Weintraube, Kirchstraße 20

Dermbach 6205; Gaststätte Sächsischer Hof

Döschnitz 6821; Pension Haus Sonnenaue, Döschnitz 20a

Ebeleben 5402; Hotel Thüringer Hof, Wilhelm-Klemm-Str. 35

Eisenach 5900; Stadt Eisenach, Luisenstraße 11/13; Parkhotel, Wartburg-Allee 2; Hotel Auf der Wartburg; Hotel Thüringer Hof, Platz der DSF 11; Hotel Hohe Sonne, Am Rennsteig; Hotel Berghof, Göpelskuppe; Fremdenheim Haus Hünicke, Ph.-Kühner-Str. 9; Gaststätte Phantasie, Marienthal 33; Fremdenheim Kesselring, Hainweg 32; Fremdenheim Mahret, Neustadt 30; Fremdenheim Schönblick, Fritz-Koch-Str. 12; Hotel Liliengrund, Mariental 10; Bettenhaus Bahnhofshotel, Bahnhofstraße; Bettenhaus Burghof, Platz der

DSF 24-26; Hospiz Glockenhof, Grimmelgasse 4; Ferienheim Sophienaue, Mariental 45

Eisenberg 6520; Hotel zum Löwen, Steinweg 30

Eisfeld 6120; Hotel Schaumberger Hof, Karl-Marx-Str. 21

Elgersburg 6303; Gasthaus Linde, Wilhelm-Pieck-Str. 7; Gasthaus Thüringer Hof, Wilhelm-Pieck-Str. 11; Gasthaus Deutscher Hof, Wilhelm-Pieck-Str. 18

Elsterberg 6603; Hotel Grüner Baum, Am Markt

Engelsbach 5801; Gasthaus Zum Paradies

Erfurt 5000; Hotel Erfurter Hof, Am Bahnhofsvorplatz 1/2; Hotel Kosmos, Juri-Gagarin-Ring 126/127; Hotel Bürgerhof, Bahnhofstraße 35/36 und 27/28; Hotel Gaedke, Gartenstraße 74; Hotel Vilnius-Tourist, Vilniuser Str. 2

Erlau 6051; Gasthaus Zur Erholung, Hauptstraße 48

Ershausen 5631; Betriebsferienheim Bergterrasse, Am Eisgraben; Gaststätte Diederich, Provinzialstraße 51

Floh 6084; Pension Gießler, Siebengärtenweg 8; Pension Böhm, Berthold-Brecht-Straße

Friedrichroda 5804; Hotel Tourist, E.-Thälmann-Str. 2; Parkhotel Reinhardsbrunn, Schloß Reinhardsbrunn

Friedrichshöhe 6421; Gasthaus Zum Rennsteig

Gera 6500; Hotel Gera, Straße der Republik; Hotel Stadt Gera, Franz-Petrichstraße 1

Geschwenda 6307; Pension Petra Stibitz, Arnstädter Straße 3

Göschitz 6551; Gasthaus Zur Linde, Nr. 24

Gößnitz 7422; Central-Hotel, Karl-Liebknecht-Straße 2

Gotha 5800; Hotel Stadt Gotha, Huttenstraße ; Hotel Volkshaus zum Mohren, Mohrenstraße 18a; Hotel Waldbahn, Bahnhofstraße 16; Pension Haus Regina, Schwabhäuser Str. 4; Gasthaus Slovan, Jüdenstraße

Gräfenroda 5214; Gasthaus Deutscher Hof, Bahnhofstraße 3-5

Gräfinau-Angstedt 6308; Schwarzburger Hof, Ilmenauer Straße 2

Greiz 6600; Hotel Thüringer Hof, Lutherplatz 2; Hotel Am Markt, Markt

Hainbücht 6541; Gaststätte Geiling

Hainspitz 6521; Pension Baum

Heiligenstadt 5630; Hotel Eichsfelder Hof, Karl-Marx-Straße 56; Fremdenheim Gute Quelle, Karl-Marx-Straße 70; Gaststätte Schwarzer Adler, Karl-Marx-Straße 2

Hermsdorf 6530; Autobahnhotel, Hermsdorfer Kreuz

Hildburghausen 6110; Gaststätte Bahnhofshotel, Leninstraße 7

Hinternah 6051; Erholungsheim Nahetal, Hauptstraße 22

Hirschbach 6051; Ferienheim Einheit, Hauptstraße 88

Holzhausen 5211; Hotel Veste Wachsenburg

Ilmenau 6300; Gaststätte Haus des Handwerks, K.-Liebknecht-Str. 22; Gaststätte Bahnhofshotel, August-Bebel-Str. 22; Hotel Zum Löwen, Lindenstr. 1; Fremdenheim Kühn, Zwetschenberg 3

Jena 6900; Hotel Schwarzer Bär, Lutherplatz 2; Touristenhotel Otto Militzer, Otto-Militzer-Str. 1; Fremdenheim, Ernst-Haekkel-Platz 6

Kahla 6906; Hotel Goldener Stern, Saalstraße 16a

Kaltennordheim 6208; Hotel Zum Löwen, August-Bebel-Straße 1; Gasthof Einkehr, August-Bebel-Straße 24

Kelbra 4712; Hotel Tourist, Frankenhäuser Str. 1

Kieselbach 6201; Gasthof Zur Krone

Kölleda 5234; Hotel Weißes Roß, Roßplatz 43

Königsee 6824; Gasthaus Felsenkeller; Hotel Zum Löwen, Markt 17; Weißes Roß, Otto-Nuschke-Straße 19

Lauscha 6426; Hotel Fridolin, Bahnhofstr. 34

Leinefelde 5600; Hotel Am Stadion, Grotewohl-Straße

Lobenstein 6850; Hotel Oberland, Topfmarkt

Luisenthal 5806; Zimmervermietung Luderer, Karl-Marx-Str. 44

Marksuhl 5901; Gaststätte Goldener Engel, Markt

Martinfeld 5631; Gaststätte Mootz, Dorfstraße 6

Meiningen 6100; Hotel Sächsischer Hof, Georgstraße 1; Hotel Schloß Landsberg (4 km außerhalb)

Mellenbach-Glasbach 6428; Bahnhofshotel, A.-Bebel-Straße 1; Ferienzentrum Stadt Schlotheim, Karl-Marx-Str. 65b

Mengersgereuth-Hämmern 6402; Gaststätte Blechschmidt, Mittelhammer 3

Meuselbach-Schwarzmühle 6429; Ferienheim Hirsch, Laubtalstraße 14

Möhra 6201; Gasthaus Zur Einkehr

Moßbach 6551; Gasthaus Weiser, Nr. 89

Mühlhausen 5700; Hotel Handelshof, Karl-Marx-Str. 12; Hotel Stadt Mühlhausen, W.-Pieck-Platz 18; Gaststätte Stadtberg, Goetheweg 52; Hotel Grüne Linde, Görmarstraße 49/50

Münchenbernsdorf 6505; Hotel Alt-Thüringen, Brühl 1

Neuhaus a.R. 6420; Hotel Hirsch, Sonneberger Straße 132

Neustadt a.R. 6314; Pension Großmann, Hüttenstraße

Neustadt/Orla 6710; Hotel Goldener Löwe, Thälmann-Straße 72

Nordhausen 5500; Hotel Handelshof, Karl-Marx-Str. 12; Hotel Stadt Brandenburg, Kranichstraße 19; Gaststätte Zur Sonne, Hallesche Straße 8; Gaststätte Goldener Hahn, Freiherr-vom-Stein-Str.4; Gaststätte Zur goldenen Quelle, Ullrichstr. 4

Oberhof 6055; Hotel Panorama, Theodor-Neubauer-Straße

Oberschönau 6085; Pension Weisheit, Ernst-Thälmann-Straße 94

Oberweißbach 6432; Gasthaus Schenke, Markt 8

Ohrdruf 5807; Hotel Goldener Anker, Thälmannplatz 3/5

Pahren 6571; Gasthaus Goldener Löwe

Pappenheim 6086; Ferienheim Adler, Neue Gasse 3

Plaue 5216; Hotel Ehrenburg, Hauptstraße 63

Plothen 6551; Gasthaus Zum Plothenteich, Plothen Nr. 50

Pößneck 6840; Hotel Posthirsch, Bahnhofstraße 13

Quirla 6541; Gaststätte Altenburger Hof

Rauenstein 6404; Hotel-Gaststätte Heckel, Burggartenstraße 3

Rohrbach 6821; Ferienheim Sorbitzgrund, Hauptstraße 20

Ronneburg 6506; Hotel Glück Auf, Markt 4

Rotterode 6081; Gasthaus Zum Rennsteig, Hauptstraße 1

Rudolstadt 6820; Hotel Zum Löwen, Markt 5; Thüringer Hof, Bahnhofsgasse 3

Ruhla 5906; Arnstädter Hof/Fremdenheim Kehr, Straße der DSF 18

Saalburg 6555; Hotel Kranich, Am Tor

Saalfeld 5701; Hotel Goldener Anker, Markt 26; Hotel Zapfe, Sonneberg Straße 1; Gasthaus Tanne, Saalstraße 35; Gasthaus Zum Bohlen, OT Köditz, Kapellenstraße 15; Gaststätte Weltrich, Saalstraße 44

Schalkau 6405; Gaststätte Thüringer Hof, Marktstraße 8

Schleiz 6550; Hotel Freundschaft, Straße der DSF 1; Hotel Schleizer Hof, Friedrich-Engels-Straße 11; Hotel Drei Schwanen, Friedrich-Engels-Straße 14; Hotel Luginsland, Schleiz-Oberoschnitz

Schleusingen 6056; Hotel Frieden, Markt; Hotel Schloßkeller, Ernst-Thälmann-Str. 27

Schmalkalden 6080; Zentralhotel Patrizier, Weidebrunner Gasse 17; Gasthof Lindenhof, Suhler Str. 25; Pension Hildebrandt, Weidebrunner Tor 2

Schmölln 7420; Hotel Russischer Hof, Gößnitzer Str. 14

Schwarza 6057; Hotel Stolberger Hof, Irma-Stern-Straße 11

Schwarzburg 6825; Hotel Schwarzburg, Schloßberg

Sitzendorf 6826; Hotel Zur Linde, Hauptstraße 50; Gaststätte Annafels, Bahnhofstraße 4

Sömmerda 5230; Hotel Roter Hirsch, Lange Str. 53; Hoteletage im Hochhaus, Straße der Einheit

Sondershausen 5400; Hotel Zum Possen, Sondershausen-Possen; Hotel Franzberg, Franz-Liszt-Str. 1; Gaststätte Zur Sonne, Conrad-Röntgen-Str. 5; Gaststätte Stille Liebe, Hammatalstraße 1; Hotel Thüringer Hof, Wilhelm-Pieck-Straße 9

Sonneberg 6400 ; Centralhotel, Karl-Marx-Straße 28; Gästehaus Freundschaft, Ernst-Thälmann-Str. 24; Gaststätte Hüttensteinach, Steinacher Straße 118

Steinach 6406; Hotel Loreley, Karl-Marx-Straße 28; Gaststätte Erholung, Sonneberger Str. 24

Steinbach-Hallenberg 6088; Bahnhofshotel, Bahnhofstraße 5; Gasthaus Thüringer Wald, Thälmann-Str. 24

Struth-Helmersdorf 6081; Gasthof Thüringer Wald, Kronsteinstr. 3; Thüringer Hof, Hauptstraße 59; Gasthaus Zur Linde, Hauptstraße 94

Suhl 6000; Hotel Thüringen-Tourist, Thälmann-Platz 2; Hotel Stadt Suhl, Kommerstraße (Bahnhof); Hotel Zum Bären, Karl-Marx-Platz 3

Tabarz 5808; Hotel Tabarzer Hof, Reinhardsbrunner Str. 39

Tambach-Dietharz 5809; Haus Stops, Steigerstraße 12

Tanna 6556; Gasthaus Strosche, Frankdendorf Nr. 14

Thal 5907; Kurhaus Thalfried, Bahnhofstraße 11

Triebes 6576; Gaststätte Goldener Löwe, Thälmann-Straße 18

Triptis 6712; Hotel Zum Mohren, Thälmann-Straße 21

Viernau 6058; Gasthaus Grüner Baum, Thälmann-Straße 30

Volksmannsdorf 6801; Gasthaus Pohl, Nr. 72

Waltershausen 5812; Hotel Zum Hirsch, Wilhelm-Pieck-Str. 11; Hotel Waldhaus, Zeughausgasse 5

Wasungen 6104; Gaststätte Thüringer Hof, Obere Hauptstraße 3; Zimmervermittlung Helmich, Bahnhofstraße 5

Weida 6508; Hotel Haus des Volkes, Markt 18

Weimar 5300; Hotel Elephant, Markt 19; Hotel Einheit, Brennerstraße 42; Hotel International, Leninstraße 17; Christliches Hospiz, Amalienstraße 2; Fremdenheim Haus der Frau von Stein, Ackerwand 27; Hotel am Ettersberg, Auf dem Ettersberg

Wernshausen 6092; Hotel Deutsches Haus, Leninstraße 7; Gasthaus Zur Linde, Rudolf-Breitscheid-Str. 120

Worbis 5620; Hotel Drei Rosen, Thälmann-Str. 76

Zella-Mehlis 6060; Hotel Stadt Suhl, Bahnhofstraße 7; Hotel Stadt Wien, Louis-Anschütz-Straße 2; Centralgaststätte, E.-Thälmann-Str. 82

Zeulenroda 6570; Hotel Thüringer Hof, Karl-Marx-Platz 4

Ziegenrück 6557; Gaststätte Ursula Wagner, Obere Straße 13; Pension Breternitz, Marktstraße 1.

Jugendherbergen

Arnstadt 5210, JH „Werner Gottfeld“, Ichtershäuser Str. 24, Tel. 3559

Bad Blankenburg 6823, JH „Wendolin Schaller“, Am Kesselberg, Tel. 2528

Bad Frankenhausen 4732, Jugendtouristhotel „Käthe Kollwitz“, Bahnhofstraße 6, Tel. 291

Bad Kösen 4803, JH „Erich Weinert“, Bergstraße 3, Tel. 597

Bad Sulza 5322, JH „August Bebel“, Bergsulza Nr. 63, Tel. 567

Bernshausen 6201, JH „Fritz Wagner“, Tel. Dermbach 523

Brotterode 6083, JH „Ernst Knaack“, Am Zainhammer 4, Tel. Trusetal 1259

Burgk 6850, JH „Dr. Richard Sorge“, Isabellengrün, Post Lobenstein 6850, Tel. Remptendorf 231

Eckartsberga 4894, Jugenderholungszentrum „Hanno Günther“, Ernst-Thälmann-Straße 1, Tel. 406

Eisenach 5900, JH „Artur Becker“, Mariental 24, Tel. 3613

Eisenach 5900, JH „Erich Honstein“, Bornstraße 7, Tel. 2012

Erfurt 5000, Jugendtouristenhotel „Völkerfreundschaft“, Juri-Gagarin-Ring, Tel. 65512

Erfurt 5000, JH „Karl Reimann“, Hochheimer Straße 12, Tel. 26705

Freienorla 6901, JH „Walter Fischer“, Tel. Orlamünde 311

Friedrichroda 5804, JH „Rudolf Breitscheid“, Waldstraße 25, Tel. 4410

Gera-Zeulsdorf 6502, JH „Thomas Mann“, Tel. 36031

Gotha 5800, JH „Freundschaft“, Mozartstraße 1, Tel. 4008

Gräfenroda 5214, JH „Olga Benario“, Karl-Marx-Str. 134, Tel. 290

Greiz 6600, JH „Juri Gagarin“, Amselstieg 12, Tel 2176

Ilmenau 6300, JH „Nikolai Ostrowski“, Waldstraße 22, Tel. 4981

Katzhütte 6424, JH „Helmut Just“, Bahnhofstraße 82, Tel. Großbreitenbach 785

Lauscha 6426, JH „Jupp Angenfort“, Oberlandstraße 69, Tel. 558

Martinfeld 5631, JH „Rudi Schwarz“, Kreisstraße 140, Tel. Ershausen 249

Mühlhausen 5700, JH „Heinrich Pfeiffer“, Auf dem Tonberg 1, Tel. 3318

Neidenberga 6801, JH „Magnus Poser“, Schloß, Tel. Drognitz 262

Neuenbeuthen 6801, JH „Patrice Lumumba“, Tel. Drognitz 241

Neuhaus a. R. 6420, JH „Karl Marx“, Apelsbergstraße 54, Tel. 2158

Nordhausen-Salza 5500, JH „Fritz Gießner“, Johannes-Kleinspehn-Str. 1, Tel. 6325

Oberhof 6055, Jugendtouristenhotel „Etkar André“, Tambacher Straße 20, Tel. 249

Plothen 6551, JH „Philipp Müller“, Tel. Dittersdorf 311

Ranis 6843, JH „Jost Schmitt“, Schloß Brandenstein, Tel. Pößneck 3926

Rastenberg 5235, JH „Freundschaft“, Wilhelm-Pieck-Straße 5, Tel. 633

Saalfeld 6800, JH „Anton Saefkow“, Am Schieferhof 4, Tel. 2802

Schmiedefeld 6315, JH „Am Rennsteig“, Rennsteig 5

Schnellbach 6081, JH „Werner Seelenbinder“, Weidmannsruh 1, Tel. Schmalkalden 4124

Schnett 6121, JH „Ernst Heilmann“, Simmersberg, Tel. Schönbrunn 532

Schönbrunn 6851, JH „Nikos Belojannis“, Tel. Lobenstein 87064

Schwarzburg 6825, JH „Georgi Dimitroff“, Am Buschbach 2, Tel. Sitzendorf 223

Seitenroda 6901, JH „Geschwister Scholl“, Leuchtenburg, Tel. Kahla 416

Tabarz 5808, JH „Dr. Theodor Neubauer“, Großer Inselsberg, Post Brotterode 6083, Tel. Trusetal 2551

Tambach-Dietharz 5809, JH „Hugo Gräf“, Oberhofer Str. 3, Tel. 549

Weida 6508, JH „A.S. Makarenko“, Schloßberg 14, Tel. 2138

Weimar 5300, JH „Ernst Thälmann“, Windmühlenstraße 16, Tel. 2076

Weimar 5300, JH „15. August“, Humboldtstraße 17, Tel. 4021
Weimar 5300, Jugendtouristhotel „Maxim Gorki“, Zum wilden Graben 12, Tel. 3471
Weimar-Buchenwald 5300, JH „Albert Kuntz“, Tel. 67216
Windischleuba 7401, JH, Pestalozziplatz 1, Tel. Altenburg 4837
Zella-Mehlis 6060, JH „Joachim Weigert“, Oberzella 22, Tel. 2643
Zeulenroda 6571, JH „Philipp Müller“, Pfefferleite 4, Tel. 2568
Ziegenrück 6557, JH „Dr. Theodor Neubauer“, Schloß, Tel. 255

Reservierungen sind auch bei dem Reisebüro „Jugendtourist“ möglich, entweder zentral in Berlin 1026, Postschließfach 57 oder in:
Erfurt 5000, Fischmarkt 6, Tel. 63113
Gera 6500, Zschochernstraße 32, Tel. 22179
Suhl 6000, Am Bahnhof 28, Tel. 22310, 22077

Campingplätze

Campingplatzvermittlung im Bezirk Erfurt: Erholungszentrum „Stausee Hohenfelden“, Hohenfelden 5301, Tel. Kranichfeld 2081.
Vermittlung im Bezirk Gera: Ziegenrück 6557, Bahnhofstr. 2, Tel. 108

Altenbeuthen 6801, Ortsteil Droschkau, Am Stausee
Breitenbach 6051, Am Waldbad
Catterfeld 5201, Am Paulfeldteich
Dingelstädt 5603, Luttergrund
Dreba 6711, Im Plothener Seengebiet
Drognitz 6801, Hopfenmühle am Stausee
Eckardtshausen 5901, Am Altenberger See
Elsterberg 6603, Wanderquartier im Burgturm Erlau 6051, Am Waldbad (Wintercamping)
Frankenhain 5213, An der Lütschetalsperre
Georgenthal 5805
Gössnitz 6841, Neumannshof am Hohenwartestausee
Goßwitz 6801, „Alter“ am Hohenwartestausee
Gräfenwarth 6551, An der Bleichlochtalsperre, Wetterabucht
Großbreitenbach 6309, Am Schwimmbad
Hainrode 5501, Im Teichtal
Heßles 6081, Nüßlershof
Hohenfelden 5301, Am Stausee
Manebach 6313, Im Meyersgrund
Oettern 5301, Im Ilmtal
Paska 6841, Paska-Linkenmühle am Stausee
Rastenberg 5235, Haselberg
Reitzengeschwenda 6801, Schäferwiese und Greez am Stausee
Ruhla 5906, Alte Ruhl
Saalburg 6555, Saalburg-Kloster, Am Stausee
Saalburg 6555, Am Stausee
Saalfeld 6800, Friedenshöhe
Weißensee 5237, Am Terrassenbad Wilhelmsdorf 6841, Portenschniede
Ziegenrück 6557, Plothental

Schillermuseum in Weimar

Ausgewählte Museen im Überblick

Freilichtmuseen

Hohenfelden: Thüringer Freilichtmuseum (ländliche Gebäude, bäuerliche Beetgärten, Ausstellungen über Bienenzucht), Tel. Kranichfeld 2178

Kloster Veßra: Agrarhistorisches Museum

Römhild: Steinsburg-Museum mit dem Kleinen Gleichberg (bedeutendstes vorgeschichtliches Denkmal der DDR)

Rudolstadt: Volkskundemuseum Thüringer Bauernhäuser, Große Wiese 2

Schaubergwerke, Schauhöhlen, Technische Denkmäler

Asbach: Lehr- und Schaubergwerk

Friedrichroda: Marienglashöhle

Oehrenstock: Bergbaumuseum „Luthersteufe“

Ohrdruf: Tobiashammer

Pferdingsleben: Waidmühle am Anger

Saalfeld: Saalfelder Feengrotten

Schmalkalden-Weidebrunn: Happelshütte

Schweina: Altensteiner Höhle

Walldorf: Sandstein- und Märchenhöhle

Bedeutende Museen

Altenburg: Mauritianum (Naturkunde), Parkstraße 1

Altenburg: Spielkartenmuseum, Schloß II

Altenburg: Lindenau-Museum (Kunst), Thälmann-Straße 5 *Altenfeld:* Musikmuseum, Grundstraße

Apolda: Glockenmuseum, Bahnhofstraße 41

Arnstadt: Puppenstadt „Mon Plaisir“, Schloßplatz 1, *Arnstadt:* Stadtgeschichtsmuseum, Markt 3

Bad Frankenhausen: Bauernkriegsgedenkstätte Panorama (riesiges Rundgemälde von Tübke), Schlachtberg 9

Bad Frankenhausen: Kyffhäusermuseum am Kyffhäuser-Denkmal

Bad Sulza: Salinemuseum, Kurpark
Bleicherode: Heimatmuseum (Regionalgeschichte), Maxim-Gorki-Straße 56
Bürgel: Keramik-Museum, Eisenberger Straße 23
Burgk: Staatliches Museum, Schloß Burgk (Kulturgeschichte, Buchkunst)
Cospeda: Gedenkstätte 1806, Gaststätte „Grüner Baum zur Nachtigall"
Eisenach: Wartburg-Museum, Wartburg
Eisenach: Wartburg-Automobil-Museum, Wartburgallee
Eisenach: Thüringer Museum, Markt 24
Eisfeld: Museum „Otto Ludwig" (Volkskunde, Regionalgeschichte), Schloß
Erfurt: Gartenbaumuseum, iga-Gelände Cyriaksburg
Erfurt: Angermuseum (Thüringer Kunst und Kunstgewerbe), Anger 18
Erfurt: Museum für Stadtgeschichte, Leninstraße 169
Erfurt: Museum für Thüringer Volkskunde, Juri-Gagarin-Ring 140a
Gera: Kunstgalerie, Dimitroffstraße 4
Gera: Museum für Geschichte, Straße der Republik 2
Gera: Museum für Naturkunde, Nicolaiberg 3
Gotha: Museum der Natur, Parkallee 15
Gotha: Museum für Regionalgeschichte und Volkskunde mit Ekhoftheater, Schloß Friedenstein
Gotha: Schloßmuseum (Kunstsammlungen), Schloß Friedenstein
Greiz: Satiricum, Staatliche Museen Sommerpalais
Greiz: Kreisheimatmuseum, Unteres Schloß
Heiligenstadt: Eichsfelder Heimatmuseum, Kollegiengasse 10
Hildburghausen: Stadtmuseum, Marx-Engels-Platz 25
Hohenleuben: Museum Reichenfels (Ur-, Früh- und Regionalgeschichte)
Jena: Optisches Museum der Carl-Zeiss-Stiftung, Carl-Zeiss-Platz 12
Jena: Phyletisches Museum (Abstammungslehre), Vor dem Neutor 1

Heinrich-Schütz-Gedenkstein,

Jena: Kunstsammlung und Romantiker-Gedenkstätte, Unterm Markt 12a
Kapellendorf: Burgmuseum mit Ausstellung „Die Burg in Geschichte und Gegenwart"
Lauscha: Museum für Glaskunst, Oberlandstraße 10
Lauscha: Meininger Museen für Theater- und Musikgeschichte, Schloß Elisabethenburg
Mühlhausen: Gedenkstätte Deutscher Bauernkrieg, Kornmarktkirche
Nordhausen: Meyenburg-Museum, Alexander-Puschkin-Straße 31
Oberhof: Wintersportmuseum, Alte Thüringenschanze
Paulinzella: Ständige Ausstellung zur Jagd- und Forstgeschichte, Zinsbodengebäude
Posterstein: Heimatmuseum (Knopfindustrie), Burg
Reitzengeschwenda: Volkskundemuseum und Landeskulturkabinett

Rudolstadt: Staatliche Museen Schloß Heidecksburg (Kunstsammlungen, historische Ausstellung)
Rudolstadt: Naturkundemuseum in Schloß Heidecksburg
Saalfeld: Thüringer Heimatmuseum, Münzplatz 5
Saalfeld: Naturkundliche Sammlung Emil Weiske, Sonneberger Straße 44
Schleusingen: Ausstellungszentrum Schloß Bertholdsburg (Spielzeug), Schloß
Schmalkalden: Schloßmuseum (Regionalgeschichte), Schloß Wilhelmsburg
Schwarzburg: Kaisersaal (Waffensammlung, 148 Kaiserportraits)
Seitenroda: Museum Leuchtenburg (Thüringer Porzellan, Weinbau, Burggeschichte)
Sondershausen: Staatliches Heimat- und Schloßmuseum, Schloß
Sonneberg: Spielzeugmuseum, Beethovenstraße 10
Suhl: Waffenmuseum, Wilhelm-Pieck-Straße 19
Weida: Kreismuseum (Regionalgeschichte), Schloßberg 14
Weimar: Kunstsammlungen zu Weimar, Schloßmuseum mit Galerie, Burgplatz 4
Weimar: Museum für Ur- und Frühgeschichte Thüringens
Weimar: Stadtmuseum Weimar, Karl-Liebknecht-Straße 7
Worbis: Heimatmuseum, Straße der Jungpioniere 1
Zella-Mehlis: Heimat- und Hirtenmuseum
Zeulenroda: Städtisches Kunstgewerbe- und Heimatmuseum, Aumaische Straße 30
Ziegenrück: Wasserkraftmuseum (ehem. Wasserkraftwerk Fernmühle), Lobensteiner Straße 6

Gedenkstätten für bekannte Persönlichkeiten

Johann Friedrich Böttger (1682-1719)
Burgk: Heimat- und Schloßmuseum
Alfred Edmund Brehm (1829-1884)
Renthendorf: Brehm-Gedenkstätte
Otto Dix (1891-1969)
Gera: Kunstgalerie Gera in der Orangerie
Konrad Duden (1829-1911)
Burgk: Heimat- und Schloßmuseum
Hans Conrad Dietrich Ekhof (1720-1778)
Gotha: Museum für Regionalgeschichte und Volkskunde mit Ekhof-Theater
Friedrich Fröbel (1782-1852)
Bad Blankenburg: Gedenkstätte im „Haus über dem Keller", Museum im Wohnhaus
Oberweißbach: Fröbel-Geburtshaus mit Gedenkstätte
Johann Wolfgang von Goethe (1749-1832)
Weimar: Goethemuseum, Goethes Wohnhaus, Goethes Gartenhaus im Park an der Ilm,
Ilmenau: Amtshaus Ilmenau, Jagdhaus Gabelbach, Goethe-Häuschen auf dem Kikkelhahn,
Stützerbach: Goethehaus,
Großkochberg: Schloß Kochberg,
Dornburg: Dornburger Schlösser,
Jena: Goethe-Gedenkstätte Jena,
J.C.F. GutsMuths (1759-1839,
Waltershausen-Schnepfenthal: Salzmann-Oberschule
Hermann Haack (1872-1966)
Friedrichswerth: Hauptstraße 54 (Geburtshaus mit Gedenkraum)
Ernst Haeckel (1834-1919)
Jena: Ernst-Haeckel-Haus, Berggasse 7
Johann Gottfried Herder (1744-1803)
Weimar: Herder-Museum im Kirms-Krackow-Haus
Athanasius Kircher (1602-1680)
Geisa: Gedenkraum im Schloßmuseum
Karl Liebknecht (1871-1919)
Jena: Gedenkstätte Zwätzengasse
Franz Liszt (1811-1888)
Weimar: Liszthaus, Marienstraße 17

Otto Ludwig (1813-1865)
Eisfeld: Museum „Otto Ludwig" und Otto-Ludwig-Gedenkstätte im Gartenhaus
Martin Luther (1483-1546)
Eisenach: Lutherhaus mit Pfarrhausarchiv und Forschungsbibliothek,
Erfurt: Augustinerkloster: Luthergedenkstätte,
Möhra: Lutherstube in der Kirche,
Schmalkalden: Lutherstube in der Stadtkirche
Carl Joseph Meyer (1796-1856)
Hildburghausen: Heimatmuseum
Thomas Müntzer (1489-1525)
Mühlhausen: Gedenkstätte Deutscher Bauernkrieg,
Bad Frankenhausen: Bauernkriegs-Panorama,
Allstedt: Gedenkstätte im St. Wigpertiturm
Heldrungen: Heimatmuseum Wasserburg,
Theodor Neubauer (1890-1945)
Tabarz: Gedenkstätte im Wohnhaus, Denkmal im Park
Max Reger (1873-1916)
Meiningen: Meininger Museen mit Max-Reger-Archiv
Fritz Reuter (1810-1874)
Eisenach: Fritz-Reuter- und Richard-Wagner-Museum
Friedrich von Schiller (1759-1805)
Weimar: Schillerhaus mit Schillermuseum,
Bauerbach: Schillerhaus,
Jena: Schillerhaus, Schillerkirche,
Rudolstadt: Staatliche Museen Heidecksburg
Heinrich Schütz (1585-1672)
Bad Köstritz: Geburtshaus
Theodor Storm (1817-1888)
Heiligenstadt: Eichsfelder Heimatmuseum
Christoph Martin Wieland (1733-1813)
Weimar: Wielandmuseum im Wittumspalais.

Ausgewählte Burgen und Schlösser

Arnstadt: Neues Palais (18. Jh.)
Bad Blankenburg: Burg Greifenstein (14. Jh. Ruine)
Bad Liebenstein: Schloß Altenstein (19. Jh. Erholungsheim), Burg (16.Jh. Ruine)
Dornburg: Altes Schloß (13. Jh.), Rokokoschloß (18. Jh.), Goethe Schloß (16. Jh.)
Ebersdorf: Schloß Ebersdorf (17. Jh.)
Eisenach: Wartburg (12.-15. Jh.), Schloß (18. Jh.)
Eisenberg: Schloß Eisenberg (17. Jh.)
Erfurt: Festung Petersberg (17.-19. Jh.), Cyriaksburg (15.-19. Jh.)
Ettersburg: Jagdschloß Ettersburg (18. Jh.)
Friedrichswerth: Schloß Friedrichswerth (17. Jh., Heim)
Georgenthal: Schloß Georgenthal (16. Jh.)
Gera: Schloß Osterstein (17. Jh. Ruine), Orangerie (18. Jh.)
Gotha: Schloß Friedenstein (17.Jh.), Orangerie (Restaurant), Schloß Friedrichsthal (18. Jh., Schule)
Greiz: Oberes Schloß (16. Jh.), Unteres Schloß (19. Jh.) Sommerpalais (18. Jh.)
Großkochberg: Schloß (16./17. Jh.)
Holzhausen: Veste Wachsenburg (12. Jh. Hotel)
Kahla: Leuchtenburg (13. Jh.)
Kapellendorf: Wasserburg (12.-16. Jh.)
Könitz: Schloß Könitz (15.-16. Jh., Heim)
Kranichfeld: Oberschloß (16. Jh. Ruine)
Kühndorf: Johanniterburg (13. Jh.)
Leutenberg: Schloß Friedensburg (17. Jh. Gästehaus)
Lobenstein: Schloß (18.Jh.) und Burg Lobenstein (13. Jh., Ruine)
Meiningen: Schloß Elisabethenburg (17. Jh.), Schloß Landberg (19. Jh.)
Mila: Rotes Schloß (16. Jh. Heim), Graues Schloß (16. Jh. Wohnhaus)
Molsdorf: Schloß Molsdorf (18. Jh.)
Mühlberg: Mühlburg (13. Jh., Ruine)
Neustadt/Harz: Burg Hohnstein (Ruine, 12. Jh.)
Neustadt/Orla: Schloß (17. Jh.)

Schloß Friedenstein, Gotha

Ohrdruf: Schloß Ehrenstein (16. Jh)
Oppurg: Schloß Niederoppurg (18. Jh., Heim)
Orlamünde: Burg (12. Jh.)
Ranis: Burg Ranis (15.-17. Jh.)
Reinhardsbrunn: Schloß Reinhardsbrunn (19. Jh., Hotel)
Rudolstadt: Schloß Heidecksburg (18. Jh.), Schloß Ludwigsburg (18. Jh.)
Saalfeld: Burg Hoher Schwarm (14. Jh. Ruine), Schloß Saalfeld (17./18. Jh.), Schloß Kitzerstein (16. Jh.)
Schmalkalden: Schloß Wilhelmsburg (16. Jh.)
Schleusingen: Schloß Bertholdsburg (15.-16. Jh.)
Schlotheim: Schloß Schlotheim (18. Jh.)
Schwarza: Wasserburg (13. Jh.)
Sondershausen: Schloß Sondershausen (16.-18.Jh.)
Trockenborn-Wolfersdorf: Jagdschloß Fröhliche Wiederkunft (16. Jh. Heim)
Weißensee: Runneburg (12.-16.Jh.)
Wandersleben: Burg Gleichen (11. Jh.)
Waltershausen: Schloß Tenneberg (16. Jh.)
Weida: Schloß Osterburg (13. Jh.)
Weimar: Schloß (16.-19. Jh.), Wittumspalais (18. Jh.), Schloß Belverdere, Schloß Tiefurt (18.-19. Jh.)
Wilhelmsthal: Schloß Wilhelmsthal (18. Jh.)
Zillbach: Jagdschloß (16.-18. Jh.)

Nationaltheater Weimar

Theater und Orchester

Altenburg: Landestheater (alle Sparten)
Eisenach: Landestheater (alle Sparten)
Erfurt: Städtische Bühnen (alle Sparten)
Gera: Bühnen der Stadt Gera (alle Sparten)
Meiningen: Das Meininger Theater (alle Sparten)
Nordhausen: Bühnen der Stadt Nordhausen (Schauspiel, Oper, Operette, Musical)
Rudolstadt: Theater der Stadt Rudolstadt (Schauspiel, Oper,Operette, Musical)
Weimar: Deutsches Nationaltheater (Schauspiel, Oper, Ballett, Konzert)

Altenburg: Landeskapelle
Bad Salzungen: Staatliches Orchester
Eisenach: Landeskapelle
Erfurter: Erfurter Kammerorchester
Gotha: Staatliches Sinfonieorchester Thüringen
Jena: Jenaer Philharmonie
Sondershausen: Lohorchester
Suhl: Suhler Philharmonie
Sonneberg: Staatliches Tanz- und Unterhaltungsorchester
Weimar: Staatskapelle

Gaststätte „Das Loch“, Weimar

Historische Gaststätten

Altenburg: Ratskeller
Bad Langensalza: Sonnenkugel
Erfurt: Zur hohen Lilie, Alter Schwan, Penne
Friedrichroda: Schloßhotel Reinhardsbrunn
Gotha: Volkshaus zum Mohren
Holzhausen: Wachsenburg
Jena: Zur Sonne, Zur Noll,
Molsdorf: Schloß Molsdorf
Rudolstadt: Hotel Adler
Saalfeld: Das Loch, Hoher Anker
Suhl: Ratskeller
Weimar: Weißer Schwan, Elephant

Zoologische Gärten und Tierparks

Erfurt: Thüringer Zoopark, Am Zoopark 8-10; Aquarium, Nettelbeckufer 28 (tägl. 8-17 Uhr)
Suhl: Tierpark, Ilmenauer Straße (tägl. 7-18 Uhr)
Gera: Tierpark, Am Martinsgrund (tägl. 9-18 Uhr)
Altenburg: Inselzoo, Großer Teich, Brücke über Bebel-Straße
Arnstadt: Tiergarten, An der Eremitage
Bad Köstritz: Tiergehege, Schloßpark
Bad Langensalza: Tiergarten
Bad Liebenstein: Tiergehege, Park des Friedens
Gotha: Tierpark
Greiz: Tiergehege, Erholungsgebiet Waldhaus
Eisenberg: Tiergarten
Königsee: Tiergehege
Meiningen: Heimattiergarten
Nordhausen: Wildgehege, Straße nach Wernigerode (F 4)
Saalfeld: Tierpark
Sondershausen: Tiergarten, Erholungsgebiet Possen
Waldhaus: Tiergehege
Worbis: Tiergarten
Zeulenroda-Rötlein: Tiergehege, Thälmann-Allee

Veranstaltungen im Jahreslauf

Januar

2. Januar: Hullefranznacht in Schnett

Internationale Rennrodel- und Skisprungveranstaltung in Oberhof;

Taubenmarkt in Naumburg;

letzter Donnerstag des Monats: Kalter Markt (Töpfermarkt und Volksfest) in Römhild.

Februar

Fastnachtswochenende: Straßenkarneval in Wasungen, Unkeroda, Seebach, Neustadt/Orla, Stadtilm, Waltershausen und anderen Orten;

Nationales Kinderfilmfestival in Gera.

März

Thüringer Bachtage in verschiedenen Städten (Arnstadt, Eisenach, Gotha, Mühlhausen, Weimar);

Chopin-Tage in Weimar;

Sonntag Laetare: „Sommergewinn"-Volksfest in Eisenach.

April

Frühlingsfest in Erfurt;

Thüringer Bachtage in verschiedenen Städten (Arnstadt, Eisenach, Gotha, Mühlhausen, Weimar);

Veranstaltungsreihe „Ostern in Weimar";

Greizer Universitätswochen;

Thüringer Musiktage in Gera;

Shakespeare-Tage in Weimar.

Mai

Himmelfahrt: Wallfahrten im Eichsfeld (Döringsdorf, Klüschen Hagis bei Wachstedt);

Anfang Mai: Maibaumsetzen in vielen Orten Thüringens;

Wochenende vor Pfingsten: „Heiratsmarkt"-Volksfest in Paulinzella;

GutsMuths-Rennsteiglauf (größte Massensportveranstaltung in Thüringen) von Eisenach und Neuhaus a.R. nach Schmiedefeld;

Pfingsten: Holzlandfestspiele mit Maibaumsetzen in Bad Kloster Lausnitz;

Pfingsten: Heimatfest an der Werraquelle bei Fehrenbach;

2. Pfingsttag: Benneckensteiner Finkenschlagen (Waldbühne); Blüten- und Kreisjägerfest in Gierstädt (Kreis Erfurt);

Steigerfest (Volksfest) in Erfurt;

Tage der Volkskunst in Suhl;

Mai bis September: Schloßkonzerte in der Heidecksburg in Rudolstadt;

Sommerkonzerte des Rundfunks auf der Wartburg;

Holzhauer- und Fuhrmannsfest in Finsterbergen.

Juni

Thüringer Folklorefest in Schmalkalden (alle 5 Jahre „Nationales Folklorefest");

Rolandsfest in Nordhausen;

Volkstanz- und Musikfest in Rudolstadt;

Park- und Heimatfest in Apolda;

Wollmarkt (Volksfest) in Arnstadt;

Meininger Parkfestspiele;

Burgfest in Ranis.

Juli

Anfang Juli: Weimartage der Jugend;

Tag des Bergmanns (Volksfest) in Sondershausen und Bad Salzungen;

Hirtenfest in Zella-Mehlis;

Altenburger Sommerfestspiele;

Suhler Sommermarkt;

Internationales Musikseminar in Weimar;

Parkfest in Plaue;

Brunnenfest in Bad Berka;

Sommerfilmtage in allen größeren Städten;

Motorsportrennen auf dem Schleizer Dreieck;

Geraer Orgelwoche;

Rosentaufe, iga, Erfurt.

August

Zooparkfest in Erfurt;

Pferderennen am Boxberg bei Gotha;

Kirmes

Talsperrenfest an der Ohratalsperre bei Luisenthal;
3. Wochenende: „Kerwa" (Kirmes) in Steinach (Kreis Sonneberg)
28. August: Fest zu Goethes Geburtstag in Weimar;
Ende August/Anfang September: Kirmes in Mühlhausen;
Lichter- und Laternenfest, iga, Erfurt.

September
Burgfest in Plaue;
Jenaer Jazztage;
Internationales Keramiksymposium in Römhild;
Dahlienfest in Gera;
iga-Blumenball und Tage der Volkskunst in Erfurt.

Oktober
Geraer Kulturfesttage;
Schützenfest in Gotha;
1. bis 15. Oktober: Heinrich-Schütz-Tage in Bad Köstritz;
Krämerbrückenfest in Erfurt;
Zwiebelmarkt in Weimar;
Kirmes in zahlreichen Dörfern und Städten;
Werkstattage der Jugendtanzmusik in Suhl (alle zwei Jahre).

November
Musikwochen mit Stavenhagen-Wettbewerb in Greiz.

Dezember
Weihnachtsmärkte in allen größeren Städten;
Weihnachten: Lichtfest in Pößneck.

Bad Langensalza

Ortsregister

Übersichtskarte Thüringen – Nord

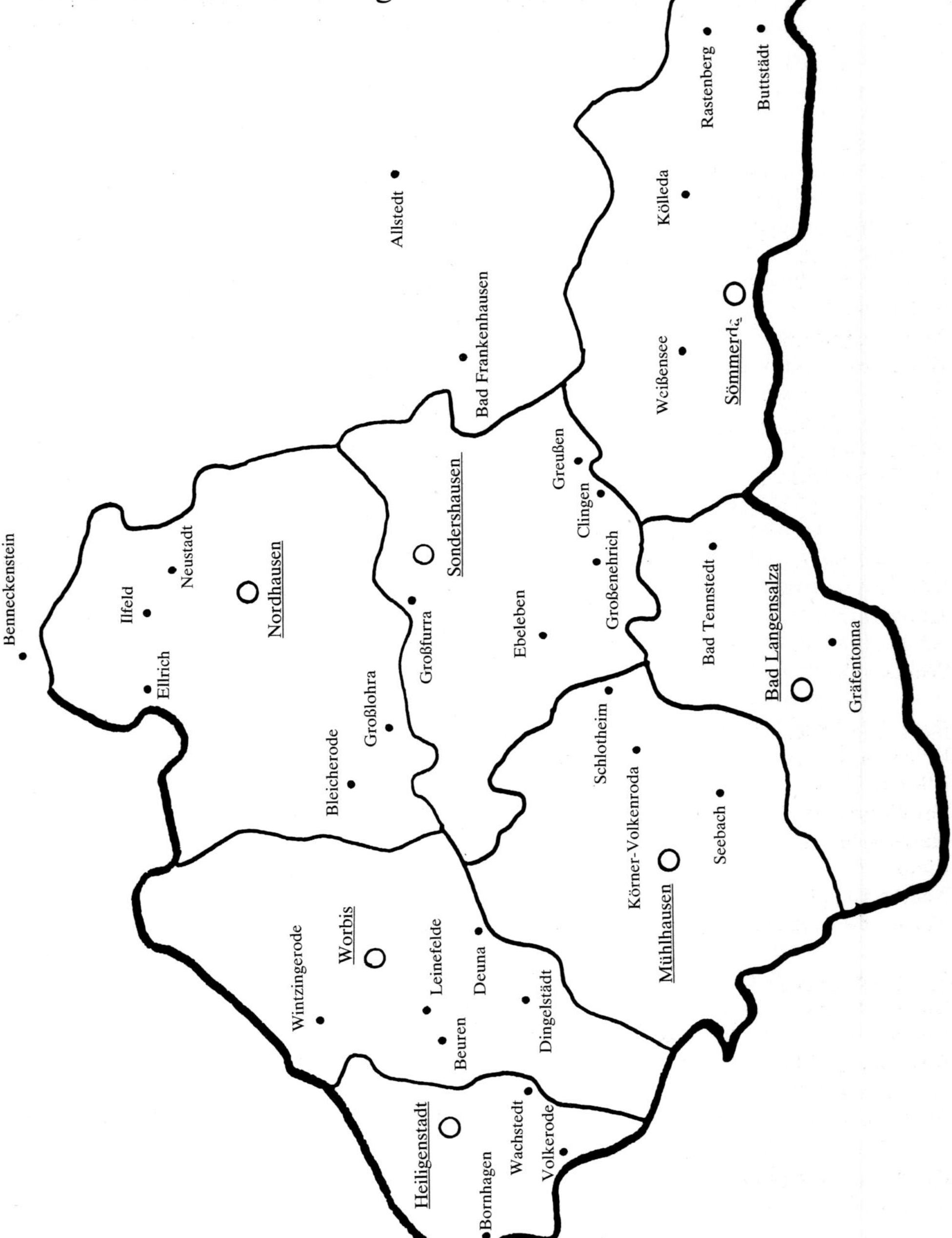

Aufgeführte Kreise und Orte im Bereich Thüringen – Nord

Übersichtskarte Thüringen – West

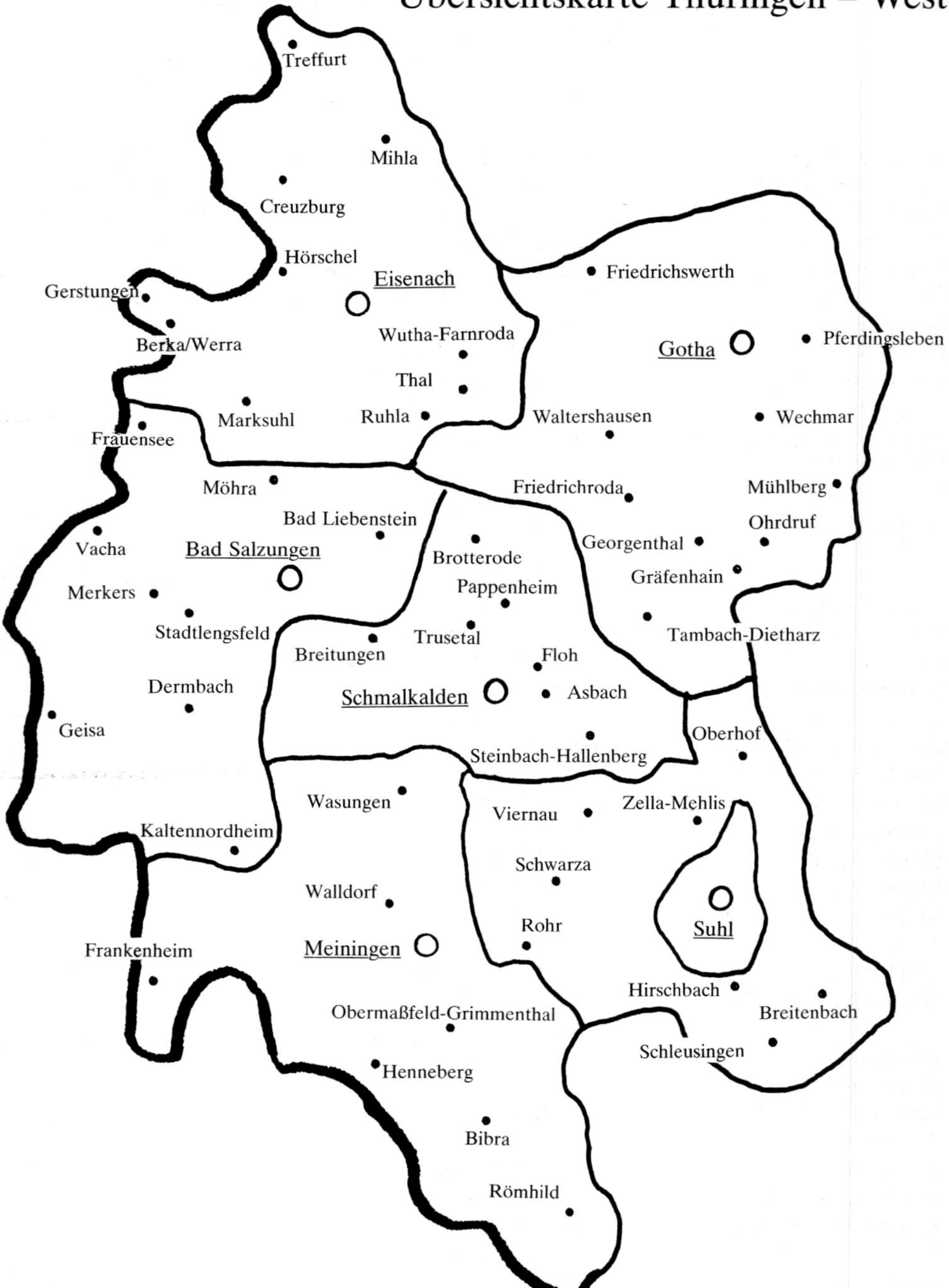

Aufgeführte Kreise und Orte im Bereich Thüringen – West

Übersichtskarte Thüringen – Mitte

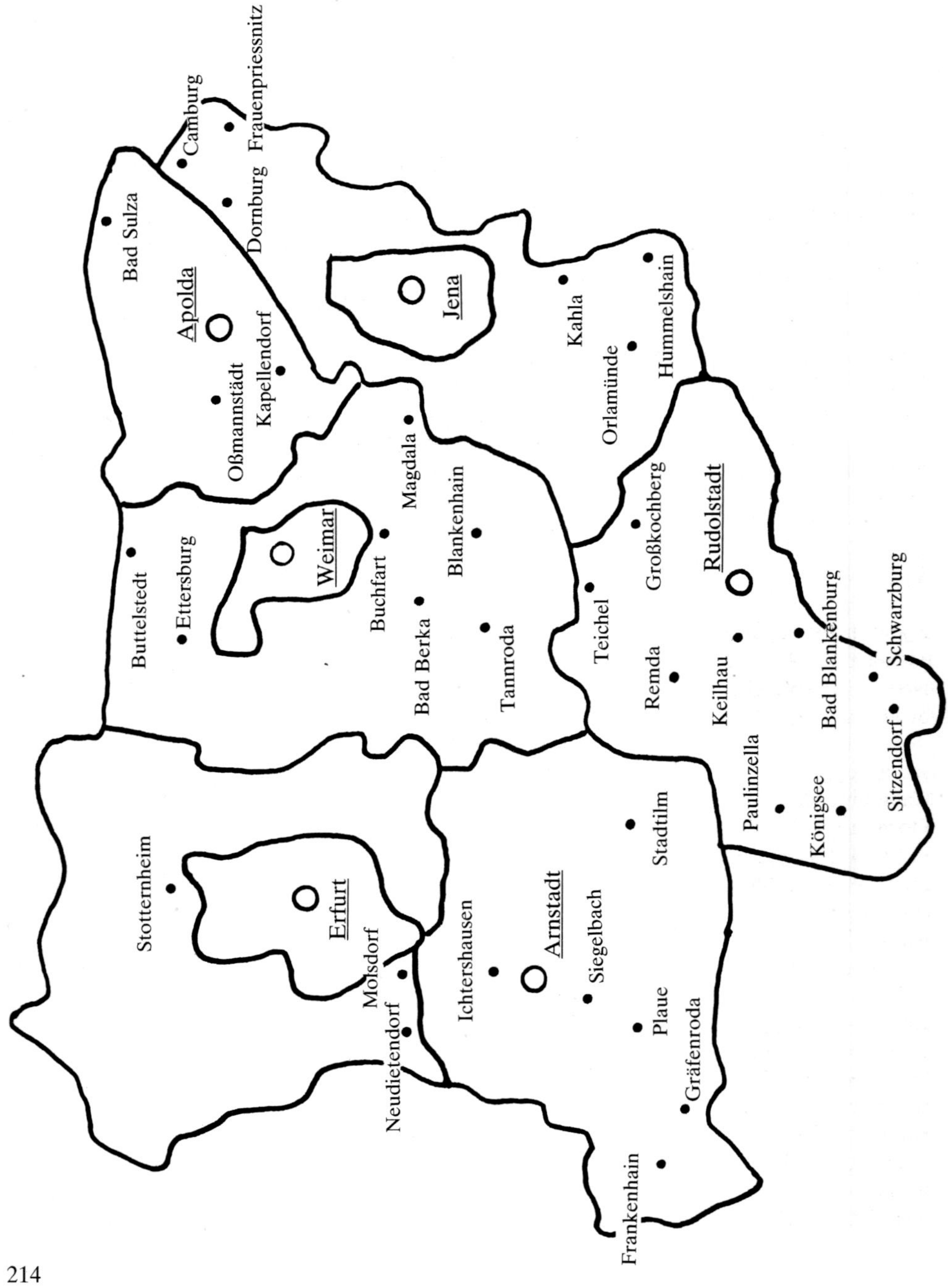

Aufgeführte Kreise und Orte im Bereich Thüringen – Mitte

Übersichtskarte Thüringen – Ost

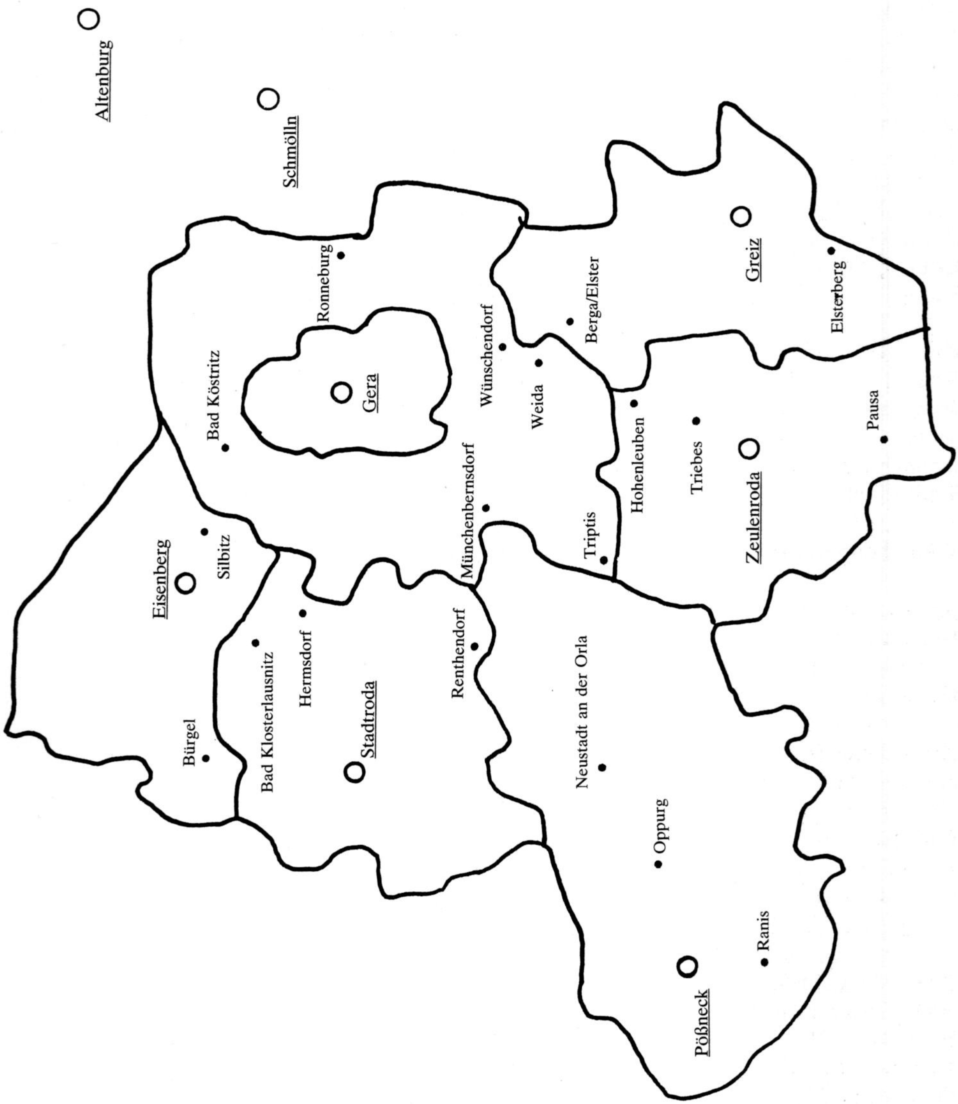

Aufgeführte Kreise und Orte im Bereich Thüringen – Ost

Übersichtskarte Thüringen – Süd

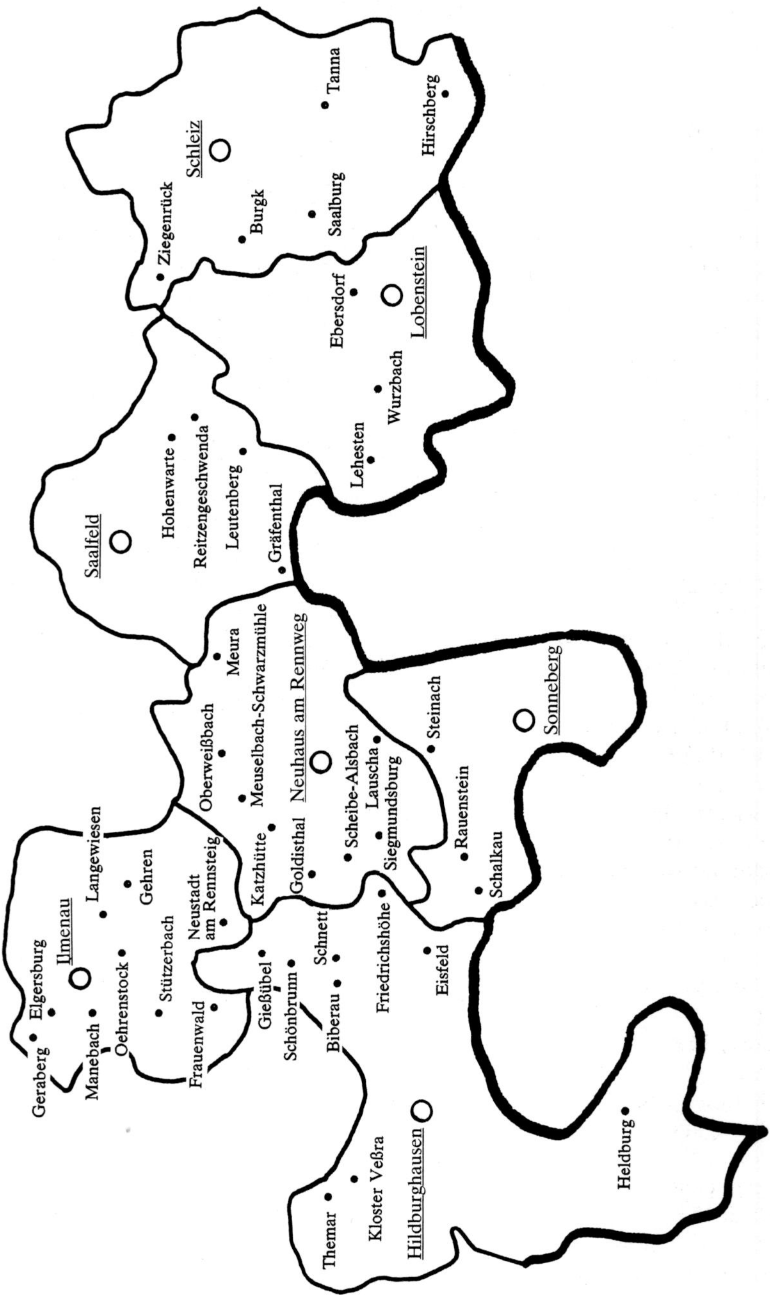

Aufgeführte Kreise und Orte im Bereich Thüringen – Süd